中国职业技术教育学会
智慧旅游职业教育专业委员会推荐用书

专家指导委员会主任 / 韩玉灵
总 主 编 / 康 年
副总主编 / 卓德保

| 定制旅行管理与服务系列教材 |

定制旅行概论

毛润泽 徐 璐◎主编
李 辉 李 淼 王取银 张彩虹◎副主编

立体化教学资源

旅游教育出版社
· 北京 ·

图书在版编目（CIP）数据

定制旅行概论 / 毛润泽，徐璐主编. -- 北京 : 旅游教育出版社，2022.8

定制旅行管理与服务系列教材

ISBN 978-7-5637-4458-9

Ⅰ. ①定… Ⅱ. ①毛… ②徐… Ⅲ. ①旅游服务—教材 Ⅳ. ①F590.6

中国版本图书馆CIP数据核字(2022)第126608号

定制旅行管理与服务系列教材

定制旅行概论

毛润泽　徐　璐　主　编

李　辉　李　淼　王取银　张彩虹　副主编

总 策 划	丁海秀
执行策划	施云峰
责任编辑	施云峰
出版单位	旅游教育出版社
地　　址	北京市朝阳区定福庄南里1号
邮　　编	100024
发行电话	（010）65778403　65728372　65767462（传真）
本社网址	www.tepcb.com
E - mail	tepfx@163.com
排版单位	北京旅教文化传播有限公司
印刷单位	鸿博昊天科技有限公司
经销单位	新华书店
开　　本	710毫米 × 1000毫米　1/16
印　　张	15.5
字　　数	228千字
版　　次	2022年8月第1版
印　　次	2022年8月第1次印刷
定　　价	59.80元

（图书如有装订差错请与发行部联系）

定制旅行管理与服务系列教材
专家指导委员会、编委会

专家指导委员会

编委会

《定制旅行概论》
编委会

总序 PREFACE

随着人民群众对美好生活的品质化、便利化、定制化需求不断提升，我国逐步进入大众定制旅游时代。定制旅游是旅游业高质量发展的必然要求，是传统旅行业务的变革和更新，更是旅游产业的迭代与升级。近年来，我国定制旅游的市场规模快速增长，并呈现出大众化、个性化、技术化、体验化的发展趋势。

定制旅游的快速发展，对旅游市场的专业化能力提出了更高的要求，行业亟须旅行定制师、定制旅行管家等专门人才。为此，上海旅游高等专科学校在全国率先提出以快速、集中的微专业方式培养定制旅行专门人才。自2019年起，上海旅游高等专科学校与旅游行业头部企业携程集团合作开设定制旅行微专业，组建校企教学团队，研发课程体系和课程标准，出版教材，开发旅游定制师岗位标准和定制旅行服务技能与管理职业技能等级标准。2020年，以携程集团为申报主体、联合上海旅游高等专科学校等单位申报的“定制旅行管家服务职业技能等级证书”，成功入选教育部第四批“1+X”证书制度试点名单。2021年，教育部在《职业教育专业目录（2021）》中新增“定制旅行管理与服务”专业，上海旅游高等专科学校成功申报该专业，并于2022年首次招生。

新专业需要相应的教学资源做支撑，定制旅行管理与服务专业亟须一套与之相适应的专业系列教材。在教育部全国旅游职业教育教学指导委员会、旅游教育出版社的大力支持下，我们开始筹划全国首套定制旅行管理与服务系列教材的编写与出版工作。出版本系列教材的目的，一是科学引导定制旅行新业态的发展，为行业新兴岗位和业务标准提供相应的基础理论、知识体系和实践案例的支撑，促进我国旅游业高质量发展；二是对接行业需求，培养新型人才，为旅游类高职高专院校相关专业学生提供系统的专业教材，为从业者提供培训教材，更好地满足旅游产业发展对定制旅行专门人才的需求。

2021 年 6 月，上海旅游高等专科学校和旅游教育出版社牵头组织了“定制旅行管理与服务”核心课程设置暨系列教材编写研讨会。来自全国 30 多家院校和 10 多家行业企业的近 60 名专家参加了研讨会。研讨会上，专家团队研讨了定制旅行管理与服务专业的核心课程设置，审定了该专业系列教材大纲，确定了教材编委会名单，并部署了教材编写的具体工作。系列教材编写团队历时一年多，完成了其中首批教材的编写，并将于 2022 年 8 月后陆续出版。

本套教材既可作为中高职旅游类专业教学用书，也可作为职业本科旅游类专业教学参考用书，同时可作为工具书供从事定制旅行管理与服务的企事业单位专业人员借鉴与参考。

作为全国第一套定制旅行管理与服务系列教材，书中难免存在缺陷与不足，恳请读者指正，我们将在再版过程中予以完善与修正。

总主编：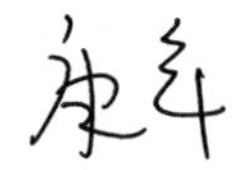

2022 年 8 月

前言 FOREWORD

随着小众团队、散客出游比例增加，定制旅行在文旅行业个性化需求背景下逐步发展壮大。目前定制旅行已从高端小众化服务向大众化市场覆盖。与市场需求旺盛对应的是定制旅行专业建设相对滞后，人才培养没能跟上行业发展的步伐。在此背景下，教育部在《职业教育专业目录（2021）》中新增了“定制旅行管理与服务”专业。

为了进一步推进定制旅行人才培养工作，完善高校定制旅行相关专业教学，培养“会服务、精设计、懂运营、能管理”定制旅行新型人才，我们组织高校和行业专家学者编写了《定制旅行概论》一书，这也是定制旅行管理与服务专业系列教材的开篇之作。为此，中国旅游人才发展研究院执行院长、北京第二外国语学院韩玉灵教授在指导本教材编写时指出：“教材编写从内容到形式要突出新颖，既要有趣，又要务实，还要注意规范性和科学性。”这既是要求也是鞭策，促使我们努力编写好本教材。

本教材围绕解决“定制旅行从哪里来”“定制旅行是什么”“定制旅行如何运行”这三个根本问题，阐明定制旅行产生与发展、基本内涵、基本要素和运行体系，让学生树立对定制旅行的整体性和系统性认知，为后续课程的学习打下基础。

全书共分为七章，其中第一章阐述了定制旅行的产生与发展，主要从宏观上了解定制旅行的产生背景、发展现状和未来趋势；第二章阐述了定制旅行的内涵与理论基础，主要归纳了定制旅行的内涵与类型、本质与特征，并解析了定制旅行的理论基础与价值意蕴；第三章阐述了定制旅行产业链与市场分析，主要剖析了定制旅行产业链构成以及主要业务市场特征；从第四章到第七章分别从产品、服务、管理、营销角度阐述了定制旅行的运行体系，从而回答了定制旅行如何运行的问题。

本教材由上海师范大学旅游学院 / 上海旅游高等专科学校毛润泽副教授、全国旅游职业教育教学指导委员会委员徐璐女士担任主编，共同编写大纲、统稿、定稿。辽宁经济管理干部学院旅游与康养学院李辉教授、上海旅游高等专科学校李森副教授、普洱学院经济管理学院张彩虹副教授、佛山职业技术学院王取银副教授担任副主编。郑州旅游职业学院戚丁钒和金慧慧老师、上海旅游高等专科学校关旭老师、佛山职业技术学院王芳菲老师、上海师范大学旅游学院研究生张馨瑞等参与部分章节编写。携程旅游学院李丛崚先生参与了大纲编写、审稿等工作。具体编写分工如下：

第一章	定制旅行的产生与发展	张彩虹
第二章	定制旅行的内涵与理论基础	毛润泽　张馨瑞
第三章	定制旅行产业链与市场分析	关　旭
第四章	定制旅行产品	李　森
第五章	定制旅行服务	李　辉
第六章	定制旅行管理	戚丁钒　金慧慧
第七章	定制旅行获客与营销	王取银　王芳菲

本教材在编写过程中，得到了北京第二外国语学院韩玉灵教授、吕宁教授的指导和支持，在此特别感谢！一并感谢策划本教材的旅游教育出版社的辛勤付出！

本教材既可以作为旅游大类定制旅行管理与服务专业的基础教材，又可以作为定制旅行 1+X 证书及行业培训教材，对于定制旅行从业人员来说，本教材也会有不错的借鉴参考作用。

由于编者水平有限，书中难免存在错漏不妥之处，敬请读者批评指正。

编者

2022 年 8 月

目录
CONTENTS

第一章 定制旅行的产生与发展

本章导读

随着社会经济与科学技术的不断提升，旅游需求、旅游活动与旅游服务等诸多方面呈现出新的变化。旅游业也由此出现了转型与创新发展，定制旅行应运而生。本章主要介绍了定制旅行的产生背景，梳理了定制旅行的发展过程、发展困境及其与国外定制旅行的发展差距，并对定制旅行的发展趋势做出了分析和预测。通过本章内容的学习，学生可以了解定制旅行的发展脉络与趋势，对定制旅行的产生与发展有一个总体把握，为后续定制旅行相关章节的学习做好铺垫。

思维导图

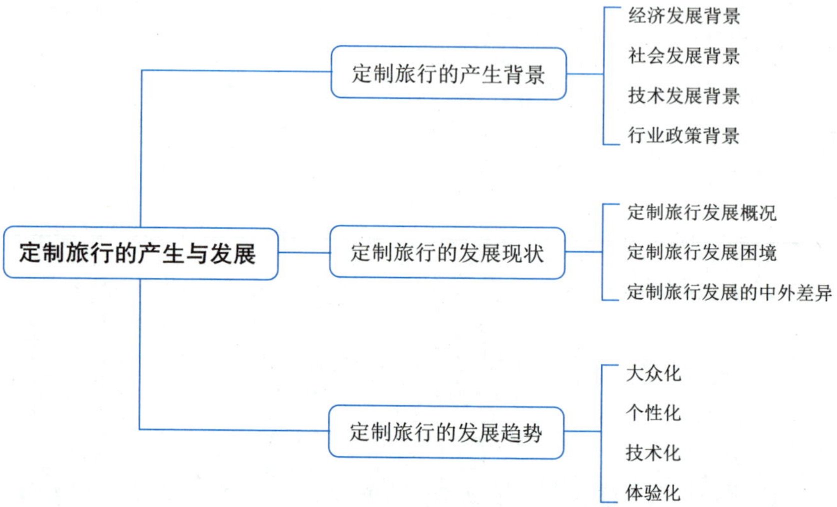

学习目标

职业知识：理解并掌握定制旅行产生与发展的原因及其发展趋势。

职业能力：能够辨识定制旅行发展的要求，针对定制旅行的挑战做出应对。

职业道德：明确发展定制旅行的重要意义，激发学生从事定制旅行的职业理想与信心。

案例导入

定制旅行计划

小王和丈夫正在计划到一个他们不熟悉的目的地去进行蜜月旅行。经过网络搜寻，他们初步将目的地确定为马尔代夫，并看到了许多关于这一目的地的令人兴奋的广告。他们又通过广告所提供的客服联系方式进行了相关的旅游咨询。之后，收到了很多介绍这个目的地的住宿、景点、交通及行程安排的宣传信息。面对如此复杂的信息，他们难以辨别真假，而且这些信息也不能完全满足其旅行需求。因此，他们感到犯难，不知如何是好。请问，小王和她的丈夫应该坚持通过自身努力确定旅行计划，还是寻找一家能够提供相应帮助的旅行定制师制订旅行计划？

【案例分析】

如果选择自由出行，通常需要游客独立完成旅游攻略并提前做好出行计划。尽管网上有诸多可供参考的信息，但一般而言，网上的信息繁多复杂，因此根据网络信息制定旅游攻略非常耗费时间和精力，加上部分旅游者自身专业知识和能力的限制，导致了很多游客在旅游决策阶段便感到身心疲惫。这无疑会在很大程度上降低游客的旅游体验。如果游客将自己的旅游需求与意愿告知专业的旅行定制师，在旅行定制师的建议和指导下完成旅行规划，由旅行定制师专业安排行程中的一切事务，那么游客可以获得更加轻松、愉悦的旅游行程体验。

正是旅游市场变迁及旅游者需求的刺激，催生了定制旅行。除了上述社会发展背景外，还有哪些因素促进了定制旅行的产生呢？

第一节　定制旅行的产生背景

一、经济发展背景

（一）中国经济的快速发展

1. 经济进入高质量发展阶段

只有国家经济发展到一定阶段，才能更好地开发出优质旅游资源，吸引更多的旅游者参与到旅游活动中来。世界旅游组织研究表明，人均 GDP 水平是影响旅游业发展阶段的关键因素。当人均 GDP 达到 1000 美元时，观光游将急剧增长；当人均 GDP 达到 2000 美元时，休闲游将获得快速发展；当人均 GDP 达到 3000 美元时，以度假游为主的旅游需求将出现爆发性增长；当人均 GDP 达到 5000 美元时，度假旅游经济迈向成熟，休闲需求和消费能力日益增强并出现多元化趋势，即消费者的个性化旅游需求明显。改革开放以来，中国经济迅速发展。据统计，2019 年我国人均 GDP 首次突破 1 万美元，到 2020 年中国人均 GDP 已经达到了 10 276 美元，连续两年超过 1 万美元[①]。当前，中国的经济保持着持续正增长状态，总量在世界排名稳居第二，人均 GDP 呈继续上升趋势。党的十九大报告明确指出，中国经济已由高速增长阶段转向高质量发展阶段。经济的快速与高质量发展为社会财富的积累提供了可能，也为人们的旅游消费奠定了基础。因此，人们的旅游频率不断提高并成为了日常生活中不可缺少的一部分。可以说，我国经济的快速发展，为价格相对较高的定制旅行消费提供了有力支撑。

2. 我国城镇化进程持续加快

在中国经济发展的同时，城镇化进程也在快速推进。数据显示，到 2020 年末，我国常住人口城镇化率已超过 60%[②]。城镇化进程的推进也容易引发交通拥挤、环境污染等“城市病”，同时加快人们的生活节奏，给人们生存与发展带来了巨大的压力，让人们更加渴望逃离日常生活。而旅游则是人们放松身心、缓解压力的一种重要方式，能够对人们的身心健康产生积极的重要作用。特别是定制旅行，更能够满足城市居民消费升级的需求。同时，城镇化的持续推进也会直接或者间接引导城乡居民消费模式升级，提升旅游消费水平，加速旅游产业投资，促进旅游产业的结构优化与发展。定制旅行是当前旅游业转型升级的新方向，也是旅游业高质量发展的有效路径。因此，在城镇化进程深入推进的影响下，定制旅行消费也得到了发展的动力。

健康旅游迎来黄金时代

（二）生活消费水平的提高

旅游者在旅行中都需要一定的消费支出以购买相关的产品或服务，比如餐饮、住宿、交通等。因此，消费者的购买力是促进旅游市场形成与发展的动力。据统计，进入 21 世纪以后的近 20 年（2000—2020 年），我国城镇居

---

① 每日经济新闻 . 2020 年统计公报出炉：我国人均 GDP 连续两年超 1 万美元［EB/OL］. https://baijiahao.baidu.com/s?id=1692949507278770422&wfr=spider&for=pc，2021-02-28.

② 国家统计局 . 中华人民共和国 2020 年国民经济和社会发展统计公报［EB/OL］. http://www.stats.gov.cn/tjsj/zxfb/202102/t20210227_1814154.html，2021-02-28.

民的可支配收入出现了稳步增长（见图 1-1）。中国于 20 世纪 70 年代末 80 年代初提出了“建设小康社会”的战略构想，并于 2012 年提出全面“建成小康社会”的发展目标。在“小康社会”这一发展目标指引下，我国居民生活水平更是有了大幅提高，至2020年，我国居民人均可支配收入高达32 189元。而在一线城市上海，其居民人均可支配收入更是超过了 7 万元[①]。

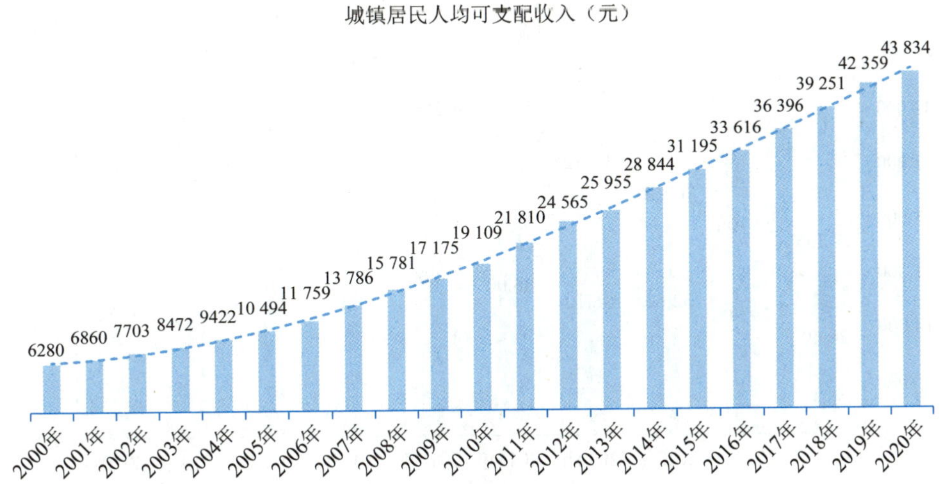

图 1-1　我国城镇居民可支配收入趋势图

（资料来源：根据统计局历年国民经济和社会发展统计公报数据整理绘制）

出国游十大最热门旅游城市

一般来说，人们的收入水平越高，其旅游消费的需求会越强烈，外出旅游的可能性也越大。目前，我国大部分人已有用于购买旅游产品的可自由支配收入，中国的旅游消费能力得以持续增长并成为世界第一大出境旅游消费国[②]，休闲旅游已经成为一种居民生活常态。据统计，近十年来，在新型冠状病毒肺炎疫情暴发前（2019 年前），我国旅游收入和消费人次一直保持着稳步增长的态势（见图 1-2）。在旅游收入方面，2016 年接近 4 万亿元，2018 年突破 5 万亿元；在旅游消费人次方面，2017 年国内旅游市场首次突破 50 亿人次，2019 年便突破了 60 亿人次。尽管 2020 年度国内旅游收入降低至 2.23 万亿元，消费人数减少至 28.79 亿人次，但随着对疫情的有效控制，国

① 中国新闻网 . 2020 年居民收入榜：上海人均可支配收入超 7 万元［EB/OL］. https://baijiahao.baidu.com/s?id=1689462939887268918&wfr=spider&for=pc，2021-01-21.

② 旅游经济 . 国家旅游局：中国已连续四年成为世界第一大出境游消费国［EB/OL］. http://www.199it.com/archives/536225.html，2016-11-13.

内旅游业也开始复苏，甚至有舆论表示，在疫情结束后，我国旅游业还会呈现报复性的发展。还有调查发现，在人们的主要日常消费中，旅游消费占比最高，为28%①。随着旅游消费的不断增长，人们也开始追求更高的体验质量。因此，从大众旅游向定制旅行消费升级成为一种必然趋势。

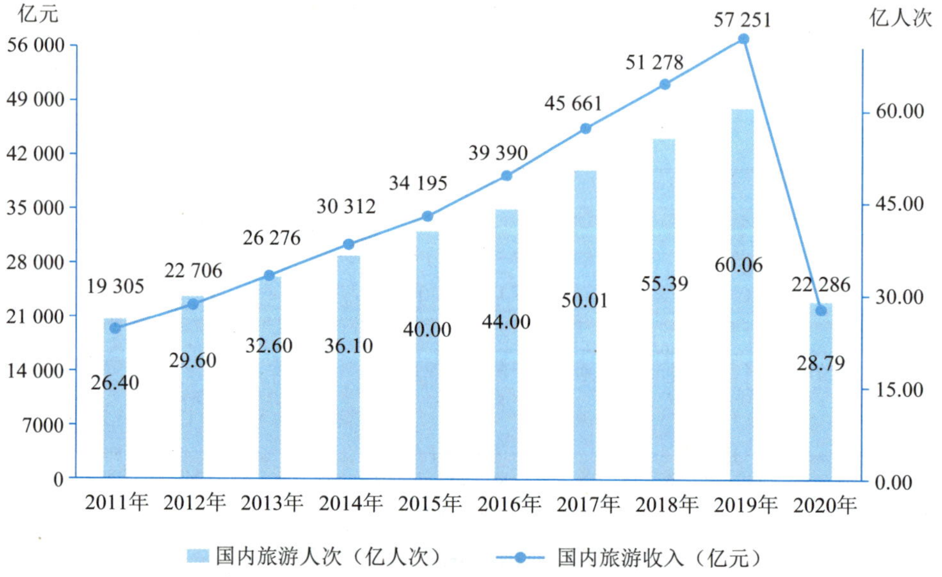

图 1-2　2011—2020 年中国国内旅游消费人数和收入情况

（资料来源：中国文旅部历年文化和旅游发展统计公报，作者整理绘制）

二、社会发展背景

（一）旅游者对体验质量的重视

1. 体验经济时代的到来

到目前为止，经济的发展主要包括农业经济、工业经济、服务经济、体验经济这四种形态，21 世纪属于体验经济时代。与其他经济形态不同的是，体验经济的独特性在于它是可以回忆的，更加强调消费者的个性化参与和感受，且注重差异化的市场竞争②。近年来，传统旅游形式在旅游业务中占有的比例逐年减少，旅游市场也出现了从卖方市场走向买方市场的趋势。伴随着

① 生活数据．胡润研究院：2017 中国千万富豪品牌倾向报告［EB/OL］．http://www.199it.com/archives/560917.html，2017-01-26.

② 派恩，吉尔摩．体验经济［M］毕崇毅，译．（2 版）．北京：机械工业出版社，2012.

旅游业的快速壮大与旅游市场的不断细分，中国散客旅游的比例远远大于团队旅游，旅游者的旅行经验也变得日益丰富，他们开始追求自由、个性、多元的旅游体验且对个性化、特色化旅游产品和服务的要求越来越高。而定制旅行则是一种能够满足消费者个人体验需求的旅游形式。具体来说，在定制旅行中，由旅游企业根据旅游者吃、住、行、游、购、娱等方面的个性化需求，提供能够满足旅游者需求的旅游产品或服务，且在这一过程中，旅游者可以参与到旅游产品或服务设计的每一个环节中，最终实现旅游价值。可见，体验经济时代的到来，对旅游企业的经营理念、运营模式以及旅游者的消费需求都产生了重要影响，并促使定制旅行成为当代旅游市场的一种新业态[①]。

山东文旅推出6款创新旅游产品

2. 旅游者的个性化需求

伴随着经济的发展，人们对于美好生活的需求也日益增长。当前，我国社会的主要矛盾已经转化为人民日益增长的美好生活需要和不平衡不充分的发展之间的矛盾。人们的旅行观念与行为方式也在逐步变化，特别是对于个性化、差异化、品质化的需求也逐渐凸显，表现为从传统的走马观花开始重视旅游体验质量，强调旅游服务的参与性、情感性与体验性，希望在旅行中能够获得差异化、个性化、人性化的旅游服务或产品。而定制旅行能够充分考虑旅游者的个人需求，由经验丰富的定制师帮助顾客解决住宿及交通选择、预订等繁杂琐事，设计富有个性化的旅行路线，提升旅游者的整体行程体验品质。且在定制旅行中，旅游者在吃、住、行、游、购、娱等旅游各要素方面也更有自主选择权，人们的受尊重、自我实现及自我发展的需要更容易得到满足。因此，定制旅行的理念日渐深入人心。《中国经济生活大调查》的数据表明，"旅游"连续四年排在被访者消费意愿的首位，其中亲子游、毕业游、定制游已成为旅游热点[②]。可以说，定制旅行是旅游消费需求发展到一定阶段的社会产物，是传统旅游在供给侧改革中的消费升级。

3. 旅游者对文化的追求

文化是人类劳动和智慧创造的结晶，贯穿着社会发展变迁的整个过程，体现在人类所创造的物质产品和精神产品中。因此，文化对旅游者的心理和行为起着重要的影响作用。随着人们受教育程度的提升，旅游者对文化层面的体验需求也日益凸显。从本质上来说，旅游是一种文化活动，文化是旅游

① 李茜燕．体验经济视域下定制旅游发展研究［J］．江苏商论，2018（4）：75-78.

② 央视财经．重要发布！美好生活指数：这个收入人群，幸福感最强！看看你在列吗？［EB/OL］．https://baijiahao.baidu.com/s?id=1594272802552000773&wfr=spider&for=pc，2018-03-07.

河南省西峡县重阳镇的孝文化旅游

的主要吸引力。特别是对异域文化体验的向往刺激了旅游者旅游行为的产生，人们希望有机会进行不同于自己生活场所和文化的交流，接触或感受不同地域和不同风格的文化。同时，由于社会文明程度的提高，人们也认识到通过体验旅游文化在开拓个人视野、提升个人综合素质、寻求认同并提高生活质量等方面的重要意义。因此，文化体验追求符合定制旅行深度体验的要求，刺激了定制旅行的产生。

（二）旅游市场发展的逐步成熟

1. 旅游服务设施的逐步完善

中国自古以来就是基建大国，拥有世界上覆盖面积最大的铁路和公路运输网。社会基础设施比较完善，有利于人们实现跨区域的旅游活动。经过前期的发展，旅游的交通、住宿等基础设施也得到了明显改善，比如旅游交通设施的不断完善，使得中小城市的航空、火车、汽车的线路不断增加。旅游景区景点、酒店、交通站点等主要旅游场所还为游客提供了 Wi-Fi 等信息技术服务，进一步促进了旅游者出行的方便与快捷，推动了我国旅游市场不断走向成熟，从而促进了定制旅行业的快速发展。

2. 旅游目的地资源日益丰富

在社会经济的快速发展下，旅游市场发生了极大的变化，居民的休闲旅游活动日益丰富，场地建设也越来越多。据《中华人民共和国文化和旅游部2020 年文化和旅游发展统计公报》显示，至 2020 年末，我国共有艺术表演场馆 2770 个、美术馆 618 个、A 级旅游景区 13 332 个。其中，5A 级旅游景区为 302 个、4A 级旅游景区 4030 个、3A 级旅游景区 6931 个，较 2019 年相比，均有所增加[①]。但丰富的旅游产品也推动了买方市场的形成，加大了旅游市场的竞争，导致传统的旅游市场已处于饱和状态，旅游产品同质化比较明显，很难满足人们的个性化与差异化的需求。因此，旅游业迫切需要寻求一种新的服务方式，定制游便成为旅游市场发展的新方向。

3. 国际旅游发展的带动作用

国际旅游是一个国家或地区的居民离开本国或本地区到其他国家或地区所进行的旅游活动。自第二次世界大战结束以来，国际旅游持续增长，特别是 2000 年以后，选择出境游的人数就明显增多。至 2019 年，我国国际旅游收入为 1313 亿美元，中国公民出入境旅游总人数 3.0 亿人次，其中出境旅游

---

① 文化和旅游部网站. 中华人民共和国文化和旅游部2020年文化和旅游发展统计公报［EB/OL］. http://www.gov.cn/xinwen/2021-07/05/content_5622568.htm，2021-07-05.

人数为1.55亿人次[①]。在新兴经济体中，中国多年连续保持着全球第一大出境旅游客源国的地位。可见，我国出境游的参与人数多，发展速度快，潜力巨大。因此，部分旅游企业为适应市场的需求便以定制的方式为其提供出境旅游服务。

此外，由于多数国际旅游者并不熟悉异域的语言文化、交通住宿及旅游资源，加上对旅游中安全因素的考虑，该群体的旅游者便将自己的偏好与需求及时与旅行社沟通，以获得行前安排和行中帮助。定制旅行的优势使得其在出入境旅游中所占比例的增幅大大提高，分别占订单总量的70%和90%以上[②]。携程的统计数据也显示，2017年全国定制旅行需求已超百万单，营收增长超200%。选择定制旅行的消费者来自1658个不同地区，定制旅行出境目的地覆盖了141个国家和地区[③]。尽管受到新冠肺炎疫情冲击全球的影响，出境旅游市场份额降低，但从定制旅行的整个发展历程来看，我们仍不能否认国际旅游的发展带动了定制旅行产生的事实。

（三）新冠肺炎疫情的推动作用

新冠肺炎疫情无疑给全球经济、社会发展和人们的日常生活都造成了系统性的负面影响，旅游业更是遭受了重创。在新冠肺炎疫情的影响下，部分景区开始控制游客流量，实行线上预约制，提倡分散式游览。同时，由于疫情防控所限，旅游市场转为以本地游客为主，而本地游客喜欢追求更新和更有深度的玩法，对体验更为重视。因此，旅游者开始深度挖掘周边游的价值与乐趣，高端化、小团体、精品化的旅游项目受到市场青睐，国内旅游市场便开始为该部分需求提供相应的优质产品。据携程发布的“2020暑期定制游复兴报告”显示，定制游订单在跨省游恢复后出现了成倍增长，个人定制、高端定制和公司定制等三类定制服务的用户均明显增加，环比增长分别为156%、103%和80%[④]。所以说，新冠肺炎疫情也在一定程度上推动了我国定制旅行的发展。

上海市A级旅游景区疫情防控工作

① 人民网－旅游频道.2019年中国公民出境旅游人数达到1.55亿［EB/OL］. http://www.kjw.cc/lvyou/2020/0311/9880.html，2020-03-11.

② 经济日报－中国经济网.报告：2018年中国定制旅行总额突破1000亿元［EB/OL］. http://www.lvjie.com.cn/research/2019/0710/12808.html，2019-07-10.

③ 旅行预订.携程：2017年度定制旅行报告　私人定制大众化［EB/OL］. http://www.199it.com/archives/701256.html，2020-03-19.

④ 中国网中国商务.定制游快速复兴，携程订单倍增［EB/OL］. https://www.sohu.com/a/411604626_564549，2020-08-05.

三、技术发展背景

（一）科技进步带来的积极效益

1. 为旅游企业提供了信息支持

互联网信息技术的蓬勃发展为旅游供应商发布旅游信息、获得客源市场搭建了服务平台，也为用户获取旅游信息、搜寻或分享旅游信息、发表旅游评论提供了社交渠道。由此出现了新型 O2O（Online To Offline）电商模式，实现了线上营销带动线下消费，在较大程度上改变了人们对旅游产品或服务的体验状况。OTA（Online Travel Agency）等在线旅行社以及其他旅游网站的大量涌现，为居民在旅游中寻找产品及其价格的差异化提供了丰富、便利的信息支持。通过现代信息技术手段，定制旅行企业可以将吃、住、行、游、购、娱以及定制师等信息全面整合，供旅游者自由选择。因此，为定制旅行的发展奠定了信息基础。

同时，定制旅行企业也可以建立旅游消费者信息系统并及时更新消费者的个人基本资料和个性化消费需求等信息。通过结合数据资源平台丰富的信息资料，旅行定制师可以根据旅游者的个性化需求对旅游行程、旅游资源、旅游交通、旅游目的地等要素进行优化组合，再将信息反馈给旅游者。比如 SaaS（Software-as-a-Service）技术的发展，就是通过信息支持大大提高了定制师工作效率的典例。目前，部分旅游企业已在内部建立了自己的 POI（Point of Interest）数据库，通过这一数据库与人工智能系统的结合，可以在已经成功销售的定制方案中，由系统自动生成符合游客需求的定制书。而对于部分客户的特殊需求，经专业的定制师介入辅助设计后，系统也能在较短时间内完成客户的特殊旅行定制。因此，信息技术的应用，实现了将管理者、导游、领队、计调等所积累的个人行业经验、知识与技能，通过数据的形式进行有效的信息关联，解决了人效比难题，极大地提升了定制效率且大幅降低了成本。

2. 为旅游者提供了优质的服务

受益于信息技术的发展，旅游者可以通过对网上旅行产品和服务内容、价格的对比，确定满足自己需求的最优产品和服务。同时，旅游者也可以在线完成消费购买，查询订单详情，从而使得旅游消费更加便捷、透明。

再者，在购买定制旅行产品后，借助互联网技术的支持，旅游者在行程中可以随时搜寻餐厅、旅游交通、旅游景点等方面的相关信息，避开旅游行程中的拥挤感知，甚至获得应对旅游中突发事件的帮助。在行程结束后，旅游者还可以对旅游服务做出评价，为其他潜在的消费者选择满足自己需求的定制旅行产品与服务提供建议和帮助。

3. 增强了旅游产品的市场竞争力

科学技术是推动社会进步的巨大生产力，云计算、AI 等新兴技术已经被广泛应用于各种消费场景与商业模式，对人类生产与生活产生了不容忽视的影响。大数据、互联网 +、智慧旅游的时代背景，也催生了系列智慧景区。通过对科技的应用，具有 VR（Virtual Reality）体验功能的旅游项目逐渐进入市场，比如迪士尼乐园中的游玩项目、敦煌莫高窟文物古迹的活化都有效利用了科技的支撑，旅游景点与旅游资源的竞争力大大增强。

其次，网络技术的成熟，也推动了在线旅游企业的发展，各旅游企业如携程旅游、美团、同程旅游等，都积极创建了自己的网站或平台，并在此进行产品的推荐与营销，效果明显。随着信息技术发展的成熟，利用大数据后台也更容易实现精准营销，比如通过对消费者用户偏好的分析以及消费者的搜索、浏览记录推荐可能关联的产品和服务。这为定制旅行企业拓宽营销渠道、优化营销策略、提高服务质量提供了可能，从而提高了定制旅行在市场营销中的竞争力。

总之，科学技术的发展，克服了传统旅行社经营中难以满足大规模化、顾客需求个性化与多元化的旅行需求等障碍，为定制旅行的企业、消费者及产品市场竞争提供了支持。

（二）消费者对技术的高度接受

随着科技对人们生活的渗透，人们对互联网信息技术的使用已经普遍接受。据统计，中国是世界上拥有网民和智能手机用户数量最多的国家。中国互联网络信息中心发布的第 47 次《中国互联网络发展状况统计报告》数据显示，截止到 2020 年 12 月，我国网民规模为 9.89 亿，互联网普及率达 70.4%；手机网民规模达 9.86 亿，使用比例高达 99.7%，且手机上网已成为最常用的上网渠道之一。[①] 互联网技术的普及以方便、快捷的优势在一定程度上使得人们产生了网络依赖，越来越多的人通过网络进行沟通交流，甚至习惯于选择各项网上服务，比如网络购物、网上政务服务。旅游者也习惯于通过旅游网站提供的景点、住宿、交通等信息，自由选择旅游路线、安排旅游行程。从鸿鹄逸游发布的多项报告来看，新媒体和网络媒体已成为定制旅行游客获取产品信息的主要来源，移动端是其定制产品的主要渠道[②]。可以说，旅游消费者对线上定制旅行服务并不陌生，更不会产生强烈的排斥心理。所以，消费

① 中国互联网络信息中心. 第47次《中国互联网络发展状况统计报告》[EB/OL]. http://www.cnnic.net.cn/hlwfzyj/hlwxzbg/hlwtjbg/202102/t20210203_71361.htm，2021-02-03.

② 旅游舆情. 高端定制旅游市场研究报告 [EB/OL]. https://www.sohu.com/a/169160134_186475，2020-09-02.

者对信息技术的接受甚至是依赖，也为定制旅行的产生提供了有利的环境。

四、行业政策背景

（一）休假制度与旅游政策

新中国成立以来，我国的休假制度几经变革。休假制度的调整与完善，使得我国公民享有了更多的休闲时间。1949 年，我国开始实行周末单休制度，加上元旦、春节、劳动节和国庆节，共仅有 59 天的休息日。1994 年，开始试行 5 天半的工作制。1995 年，正式实行双休。到了 1999 年，国务院发布《全国年节及纪念日放假办法》，决定增加法定休假日，规定春节、“五一”“十一”休假 3 天，并与前后的两个双休日拼接，形成了 3 个连续 7 天的假日旅游“黄金周”。这为人们的中长距离旅游提供了时间保障，极大地激发了人民群众的旅游消费意愿。

图 1-3 旅游黄金周中的华山

由于长假集中旅游，带来了旅游资源的过度使用、旅游产品价格飞涨、交通住宿困难、安全事故增多等系列问题。2008 年开始，中国的休假制度做了新的调整，“五一”休假从 3 天缩短到 1 天，增加了清明节、端午节和中秋节 3 个传统节日，且各休息 1 天，这四个假期被称作“小长假”。国庆节、元旦、春节保持不变，分别休息 3 天、1 天、3 天。这样，在我国形成了为期 11 天的法定节假日。同年，还开始实施《职工带薪年休假条例》，并规定：“机关、团体、企业、事业单位、民办非企业单位、有雇工的个体工商户等单位的职工连续工作 1 年以上的，享受带薪年休假”，同时将带薪年休的时间确定为 5~15 天。再加上 104 天的双休日，如此，中国广大工薪阶层每年的休假时间为 120~130 天，即我国公民的闲暇时间占比约为 1/3，进入了普遍有闲时代。我国公民的人均年休息时间从 1949 年的 59 天，到 1995 年的 111 天，再到 1999 年的 114 天，直至 2008 年的 115 天，呈现出逐步增加的趋势[①]。

当然，在执行中，考虑到部分特殊的实际因素，休假制度仍在不断的调整中。2019 年“五一”劳动节放假安排通过与周末调休形成了 4 天的假期，而 2020 年、2021 年“五一”劳动节通过周末调休形成了 5 天的假期。总体来说，休假制度的调整不但增加了居民的空闲日，还扩大了居民空闲时间的覆盖时间段，为人们出游提供了所需的时间保障，因此，有效激发了人们的旅游动机，带动了自助游等短线旅游及多种旅游模式的发展[②]。尤其是带薪休假制度的推行，进一步增强了人们的旅游意识。此外，休假制度调整中传统节日的增加，也将有效营造出节假日的文化内涵，满足旅游消费升级中对文化体验的需求。

虽然，从理论上来说，我国已形成“双休日 + 法定节假日 + 带薪休假”的休假制度，但从实际执行来看，按照制度规定落实的难度非常大，特别是带薪休假制度。为此，相关的政府部门又进一步制定了《关于进一步发展假日旅游的若干意见》《国民旅游休闲纲要 2013—2020 年》等相应的政策规范文件以保障国民的旅游休闲时间，促进节假日旅游的发展。同时，这些政策纲领性文件还为休闲旅游基础设施的建设、产品的开发、产业链的完善起到了推动作用[③]。当然，这也为后来定制旅行的兴起提供了时间保障和较为完善的社会支持配套系统，并刺激了消费者的旅游意愿，获得了良好的经济和社会效益。

（二）旅游行业的规范制度

2013 年 10 月 1 日起，《中华人民共和国旅游法》（以下简称《旅游法》）正式实施。该法不但在规范旅游市场、保障旅游消费者权益等方面起到了积极作用，还为实现将旅游业培育成国民经济发展的战略性支柱产业和人民满意的现代服务业奠定了制度基石[④]。《旅游法》的实施，对定制旅行产生的意义主要体现在以下几个方面。

中华人民共和国旅游法（全文）

1. 保护了旅游者的权益

《旅游法》中“旅游者”自成一章（第二章），体现了以旅游者为本的理

① 张世满．休假制度与旅游需求实现之间的制约因素［J］．旅游学刊，2009，24（11）：7-8.
② 胡善风．浅谈节假日制度变动对我国旅游业的影响［J］．旅游学刊，2009，24（10）：9-10.
③ 杨磊．《国民旅游休闲纲要》解读：国家喊咱去休假［J］．旅游时代，2013（4）：6-7.
④ 杨富斌．《旅游法》的十大制度创新［J］．法学杂志，2013，34（10）：19-28.

图 1-4 《旅游法》封面

念，并从权利和义务两方面对旅游者做出明确规范和要求。其中旅游者的权利包括自主选择权、知情权和要求旅游经营者履约权（第九条）、受尊重权（第十条）、特殊旅游群体的优惠权（第十一条）以及求助权和求偿权（第十二条）。将上述权利写进《旅游法》，利于在定制旅行中切实保护好旅游者的合法权益，也在很大程度上缓解了旅游消费者的后顾之忧。

2. 规范了旅游市场经营

《旅游法》同时规定和保障了旅游经营者的合法权益，明确了旅游经营者的免责条款。同时，还对旅游企业的不法经营行为做出了规范与要求，比如“要求旅行社不得以不合理的低价组织旅游活动，诱骗旅游者，并通过安排购物或者另行付费旅游项目获取回扣等不正当利益”（第三十五条）。这一规定使得旅游企业的产品价格被迫公开化、透明化，许多旅游线路产品与服务的价格也由此出现大幅上涨。因此，导致了很多旅游者开始放弃跟团游，转而选择自由行。在此背景下，旅游企业为了获得利益开始推出“私人定制”产品。此外，旅游法还提倡旅游经营者要“为旅游者提供安全、健康、卫生、方便的旅游服务”，从而实现对旅游者合法权益的保护。这些规定，都有效促进了定制旅行市场的持续健康发展。

3. 确保了旅游产品质量

《旅游法》主要通过确定旅游合同以及旅游纠纷处理机制，确保了提供给旅游者的产品与服务质量。首先，该法明确规定旅行社在组织和安排旅游活动时，应当与旅游者订立合同。“旅游合同”的提出，是对我国合同立法的健全与完善。在旅游合同中，该法对确保旅游者权益的落实做出了如下明确规定：明确要求旅行社详细告知旅游者行程安排、标准、旅游安全注意事项以及责任减免等信息。同时，旅行社还应严格履行合同的责任，包括不擅自变更旅游行程，并依法承担造成旅游者人身损害、财产损失的赔偿责任。

《旅游法》还确立了旅游纠纷处理机制，对旅游纠纷解决的方式方法有了明确规定。首先，旅游法要求县级以上人民政府应当指定或者设立统一的旅游投诉受理机构，确保有负责处理消费者投诉的管理部门。其次，明确了纠纷的处理途径，包括旅游者与旅游经营者双方协商，向消费者协会、旅游投诉受理机构或者有关调解组织申请调解，根据与旅游经营者达成的仲裁协议提请仲裁机构仲裁，以及向人民法院提起诉讼四种。

目前，诸多消费者对定制旅行这一新兴事物还缺乏必要的深入了解，比如，在“定制旅行是什么”“如何完成定制旅行”等系列问题方面，旅游消费者的认知都还较为模糊。旅游合同以及旅游纠纷处理机制的提出，确保了当出现纠纷时，有责任机构协助处理。如若出现人身损害或财产损失，旅游者也能依法获得赔偿。这无疑在很大程度上为定制旅行消费者提供了定制旅行产品与服务的质量保障。

4. 提供了旅游安全保障

安全与品质一样，也是定制旅行消费者关注的一大焦点。尤其是在新冠肺炎疫情的影响下，人们的旅行方式出现了明显的变化，疫情后不愿接受与陌生人拼团的消费者比例从 38.57% 大幅升高至 50%，且近 90% 的消费者偏向于选择私家团或私人定制。不难看出，定制旅行旅游者对安全问题的重视程度，且他们更倾向于选择组成小团或与朋友、家人组团以降低安全风险。调查还发现，占比 25% 的旅游消费者选择定制旅行机构是因为他们认为，在紧急情况下，定制旅行更有安全保障①。

《旅游法》特别注重旅游者的安全，并将其作为独立的一章，充分体现了我国社会主义法的人道主义精神以及对人权的尊重与保护。该法提出旅游安全责任的主体包括旅游经营者、政府和旅游者。这样，在面对重大的自然灾害、社会动乱等安全事故或突发事件时，旅游者和旅游经营者不至于因个人力量的有限性而束手无策。更为重要的是，在《旅游法》中确立了事前、事中以及事后的全程安全责任制度（具体规范与要求见表 1-1），从而为定制旅行提供了坚实的保障机制。

表 1-1　旅游安全责任全程制度

责任主体 / 事发阶段	政府	旅游经营者	旅游者
事前	风险提示、事件检测和评估、制定应急预案	制定应急预案、安全检验与评估、救援技能培训、对风险的说明与警示、提示旅游者购买意外保险	掌握相关信息和告知健康信息等
事中	安全监管和救助	报告和救助	自救、求救
事后	救援、协助旅游者返程或到达合理地点	必要的救助和处置、妥善安排旅游者	配合和依法承担费用等

（资料来源：根据《旅游法》整理。）

① 中青旅 . 中青旅遨游：发布《2020 私人定制旅行趋势报告》[EB/OL] . https://www.sohu.com/a/418829553_209146，2020-09-16.

可见，《旅游法》全面构建了一个以旅游者为核心的法律制度，切实保障了旅游者和旅游经营者的合法权益，减少了消费者旅行的后顾之忧。同时，对规范旅游市场秩序，促进旅游业持续健康发展起到了不容忽视的作用，从而为定制旅行的产生营造了一个非常好的市场环境。

第二节　定制旅行的发展现状

案例导入

黄果树与定制游

在旅游市场的不断发展中，黄果树景区根据自身优势，结合市场要求，积极进行了定制旅行的发展探索。主要来说包括以下三个方面。

第一，定制资源升级。贵州黄果树旅游集团股份有限公司立足自身超级IP的优势，联动整合龙宫、坝陵河等周边景区资源，完成了大黄果树旅游区的构建。而大黄果树旅游区的建成也起到了很好的引领作用，为黄果树周边定制游提供了良好的资源基础。同时，黄果树景区对旅游设施也进行了精品化配套的打造。在社会支持与自身努力下，黄果树智慧旅游股份有限公司（即快行漫游，黄果树景区官方唯一指定的电商平台）专注于智慧旅游建设与营运、旅游目的地O2O一体化服务的提供，将吃、住、行、游、购、娱等多方信息整合，为定制游提供了丰富的数据资源，并于2017年在北京成功挂牌新三板，成为中国首个旅游目的地平台，有效促进了定制游的进一步发展。

第二，定制服务升级。传统的黄果树一日游产品行程路线重复性高，可复制性强，不容易满足旅游者个性化的需求。黄果树景区跳出价格战的怪圈，将传统的黄果树一日游产品升级为VIP定制游产品，根据消费者的需求，从环境、服务、配套和特色等各方面进行升级优化，更强调服务的个性化、专属化。从游客行前咨询开始，指定土生土长的定制师为其提供一对一的专属服务。在服务过程中，以游客为主，定制师通过与游客的互动沟通深入了解游客个性化的需求，进而从环境、服务、配套和特色项目等各方面进行升级优化，为用户打造专属的行程。在出行中，更是为游客提供了全程VIP专车，由当地老司机全程保驾，最大程度地保证了游客的私密空间与舒适度；在旅行向导的提供上，也多以具备专业知识与良好服务态度的当地人为主。如果行程中发生了紧急情况，消费者还可以随时与工作人员联系，寻求协助解决。

第三，定制体验升级。除了景区一日游类的定制产品，快行漫游还在季节性上深挖旅游目的地玩法，确保游客每个季节来到贵州都能有不同的体验。比如在冬季，推出“青少年滑雪体验”“浪漫冰雪”“雪上亲子游”等线路，让滑雪冬季旅游成为贵州省冬季旅游亮点和新的旅游品牌。同时，积极挖掘对周边景点体验的特色项目，推出了在高荡村的石头建筑中体验布依文化，在关岭坝陵河大桥体验世界最高的商业蹦极，以及在黄果树周边体验深受欢迎的民宿和柏联温泉酒店。定制旅行的体验升级，也受到了一致认可与好评。

（资料来源：互联网时代下的定制游：重新定义旅游的意义）

【案例分析】

随着旅游市场的成熟发展，定制旅行成为旅游市场的主流产品。从黄果树旅游景区在定制游这一发展过程中的积极探索可以看出，市场对旅游供给方在资源与服务等方面都提出了新的高标准要求，定制旅行也在升级中不断发展。

一、定制旅行发展概况

定制旅行在我国的发展历程较短，主要经历了萌芽期、探索期、成长期、爆发期四个时期（见图 1-5）。经过前期的发展，定制旅行与跟团游、自助游成为当前旅游市场中的三种主要旅游形式①。

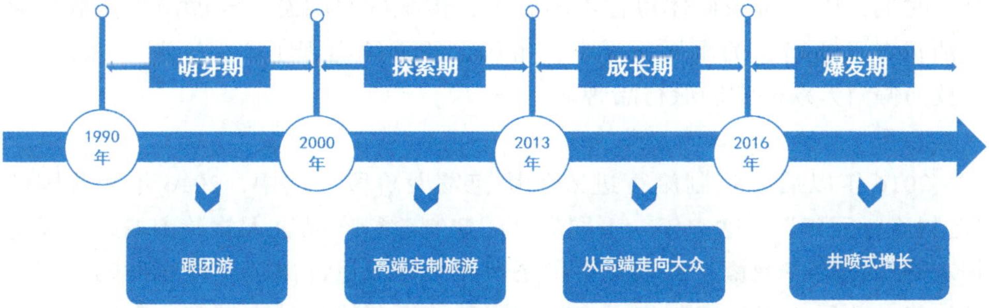

图 1-5　定制旅行的发展阶段

① 杨芸，张卉婷．“一对一”私人定制旅行的发展与展望［J］. 知识经济，2020（11）：73，76.

（一）发展阶段

1. 萌芽期

改革开放以后，我国社会经济的飞速发展大大刺激了国内居民的消费。特别是1990—2000年，我国居民旅游消费意愿明显增长，但个人旅行经验较为缺乏。因此，大部分旅游者都选择了跟团游。至20世纪90年代前后，中国开始出现了定制旅行的雏形，但其形式多为大型公司的会议或奖励旅游。所以，一般将1990—2000年这一时期作为定制旅行的萌芽期。

2. 探索期

进入21世纪，我国定制旅行才开始了真正意义上的发展，通常将2000—2013年视为我国定制旅行的探索期。2000年以后，随着经济的迅速发展，国家对出境旅游配额管控的放松，将出境旅游作为消遣方式的高端人群数量越来越多，而当时跟团游在出境旅游这一领域也尚未成熟。因此，部分旅游企业开始尝试以定制的方式为这部分人群提供出境游服务，高端定制旅行机构开始进入市场，定制旅行也逐步被人们所关注。但这一时期，其主要的旅行消费者属于高端收入人群，由“碧山旅行（Wild China）”“德迈国际”“无二之旅”“鸿鹄逸游”等少数高端旅游定制公司为其提供系列产品，价格相对较高，受众群体数量也较小。

3. 成长期

2013—2016年，定制旅行便进入了成长阶段。2013年以后，跟团游的捆绑销售、购物回扣、自费项目等消费陷阱问题不断被曝光，大大降低了旅游者对跟团游的信任。而自助游对游客的自主规划能力要求较高，有个性化需求的大众用户便开始选择通过定制的方式来获取适合自己的旅游行程。此外，这一时期，中产阶级群体也在不断壮大，传统的跟团游、自助游无法满足旅游消费者日益增长的多元化需求，市场上便陆续出现了“6人游”“指南猫”等较为偏向大众的定制旅行品牌。

4. 爆发期

2016年以后，定制旅行进入了快速发展阶段。其中，2016年为我国的“定制旅行元年”。这一年，不同类别的定制旅行产品进入旅游市场，且无论是定制旅行的咨询量、需求提交量还是交易完成量都出现了持续性的大幅上升趋势。此后，提供定制旅行产品与服务的运营机构越来越多，定制旅行企业受到了资本和消费者的关注。即便在旅游市场一片低迷的情况下，理想国之旅、游小二、选旅行、无二之旅等多家定制旅行服务商仍获得了融资，定制旅行的思想观念也被社会各界普遍接受。根据艾瑞咨询研究显示，2017年中国在线定制旅行市场交易规模为68.0亿元，在线化率为7.9%；2018年上半年国内定制游订单量同比增长 120%，订单已经覆盖 1658 个国内外城市，营收增长超 200%；2019 年，国庆长假国内旅游共接待 7.82 亿人次，其中选择定制旅行的游客有 27.03%，且有高达 62.3% 的游客表示有定制旅行意愿。因此，可以说，定制旅行已成为旅游市场的一股新生力量。

回顾定制旅行的发展历程，可见定制旅行从萌芽到快速发展，只用了十余年的时间，所以说，国内定制旅行的发展速度非常快。但就发展阶段而已，定制旅行市场目前并不成熟仍处于初级阶段，介于自助游与跟团游之间，市场需求小、价格也较高，可挖掘的潜力依然很大。

（二）客户画像

1. 散客

目前，散客旅游的规模已大大超过了跟团游的比例，而定制旅行的服务对象主要是散客。为了提高服务效率，旅行企业也在积极借用互联网优势，建成了世界邦、无二之旅、路书星球等定制旅行网站。当前旅行产品的定制主要采用 B2C 模式，以定制旅行平台在线收集游客需求后由定制师或系统完成相关的定制服务，再与旅游者进行线下联系的方式开展推行；也有定制师与客户通过平台互相沟通完成定制旅行的 C2C 模式，如指南猫。但总的来说，为定制旅行买单的游客规模并不大。因此，如何获取客流量是定制旅行未来发展应该考虑的重要问题。此外，对大部分的定制旅行企业来说，其所掌握的景区、酒店等资源也是有限的。所以，受获客难度大、资源库存有限的双重制约，目前的定制旅行多是小而美的，是难以实现规模化的①。

2. 家庭游

中国自古以来就是一个礼仪之邦，尊老爱幼是我国传统文化的精髓，家庭游是我国定制旅行的一大特色。现实中迫于压力，儿女通常忙于工作，少有时间与家人共处。所以，儿女们希望通过旅游尤其是特别的定制旅行来增强夫妻之间的交流与沟通、表达对父母的孝敬之心以及对孩子陪伴缺失的弥补，从而促进家庭成员之间的亲密情感。而老人和孩子对定制师的要求非常高，亲子游和带父母的家庭出游是中国定制旅行的主流，其定制需求占比总和高达 80%。30~45 岁的中年人是定制旅行消费的主要群体，带父母的家庭旅游和带孩子的家庭旅游分别占比 28% 和 38%。同时，市场上能够满足三代同游的产品也越来越丰富，占比 14%②。

---

① 钱瑜，王胜男 . 6 人游连亏　定制游“钱途”茫茫［EB/OL］. https://www.bbtnews.com.cn/2017/0808/205522.shtml，2017-08-08.

② 邓杨民 . 在线旅游定制平台的分析与研究［D］. 北京：北京交通大学，2018.

（三）区域特征

21 世纪后，我国旅游业得到了飞速发展。但由于国内各地区的综合经济条件和旅游资源存在着一定的差异，因此定制旅行产业在区域空间上也表现出了不均衡，特别是在高端定制旅行方面，其差距非常明显。从地域分布来说，高端旅游客群主要集中在华北、华东和华南地区的北京、上海、广州、深圳等大城市。在上述城市中，其定制旅行需求升级明显，定制游客的人均消费高达 23 800 元（普通定制旅行的人均消费仅为 5500 元）。数据还显示，我国的十大高端定制增长城市分别为上海、北京、广州、深圳、杭州、成都、香港、南京、西安和天津。其中，北京、上海、广州的高端旅行定制需求量增长均在 100% 以上[①]。此外，据不完全统计，目前我国有鸿鹄逸游、中青旅耀悦、德迈、世界邦旅行等 50 多个高端定制旅行社，这些旅行社大多分布在北京，其次是上海、深圳和广州[②]。究其原因，主要包括如下几点：第一，各地区的经济发展水平差异大。主要体现在经济发达地区，特别是长三角、京津冀、珠三角等主要经济圈覆盖的区域得到了率先发展，其雄厚的资本积累为定制旅行产业的发展提供了资金支持。第二，我国旅游资源分布相对分散。我国国土面积辽阔，旅游资源分布差异大。在中西部有着高质量的定制旅行资源，但由于地区经济发展水平及旅游基础设施的相对落后，人口密度相对较低，在旅游客源的开发上困难重重。

案例分析：旅游资源的开发

（四）管理方式

1. 规范化管理

定制旅行作为旅游发展中兴起的新事物，目前有针对性的相关行业管理制度还比较缺乏，旅游经营者也意识到定制旅行的管理制度应不断完善。为此，部分定制旅行经营者开始了积极的探索。如携程制定了《携程定制平台供应商管理标准》，阐明了定制旅行的定义，还从准入要求、服务规范、质量考核办法、安全生产要求、信息安全规范、供应商退出机制等方面对平台供应商做出了管理规定[③]。而鸿鹄逸游发布的《高端（奢华）定制旅游产品和服务标准》也明确了高端（奢华）定制旅行的产品标准、导游服务标准、供应商服务标准

---

① 品橙旅游.携程定制旅行 &COTRI：中国高端出境定制游报告［EB/OL］. http://www.pinchain.com/article/192412，2020-05-22.

② 中青旅.中青旅遨游：发布《2020 私人定制旅行趋势报告》［EB/OL］. https://www.sohu.com/a/418829553_209146，2020-09-16.

③ 潇湘晨报.定制旅行时代到来，携程发布定制旅行企业标准［EB/OL］. https://baijiahao.baidu.com/s?id=1638666267620164322&wfr=spider&for=pc，2019-07-10.

等[①]。上述个性化企业标准的提出，有效规范了定制旅行的服务流程、保障了定制旅行产品与服务的质量，从而推动了定制旅行行业的健康发展。

2. 专业人才培养

定制旅行的持续健康发展，离不开专业定制师的人力支持。目前，为了有效提升旅游者体验，针对专业旅行定制师人才缺口大的难题，定制旅行企业也开始自行培养定制师，确保能够提供专业性的服务。其中最有代表性的是携程旅游平台，率先创立了定制师认证制度，专门开设旅游学院，并针对定制行业人才培养发布了《携程 C+ 定制师培训认证项目》，培养的旅行定制师分为初、中、高三级。携程定制师认证制度的确立，不但是对行业人才制度的完善，更是对行业人才专业化培养与雇佣的实践，为定制旅行的高质量发展提供了优质的人力资本。

定制师培训认证项目

图 1-6 定制师岗位证书

3. 第三方评价

在旅游业的发展中，第三方评价制度已经得到大量应用与推广，并受到了消费者、经营机构以及媒体的广泛关注。比如受到全世界餐饮业追捧的《米其林指南》和背包客及其他低消费旅游者推崇的《孤独星球》，为消费者提供了有效参考，因而，赢得了高度的社会认可。目前，定制旅行在发展中，也引入了第三方评价，比如中国旅游研究院和艾瑞咨询等发布的定制旅行报告，引起了人们对定制旅行服务产品和发展趋势的关注，深化了人们对定制旅行的认识。同时，第三方评价也更容易打消旅游消费者对旅游经营者可能存在的单方面不信任或对旅游经营者所提供的服务安全性和舒适性的诸多质疑等消费顾虑，从而提升其在旅游过程中对旅游经营者的信任感，进而推动定制旅行的持续发展。

二、定制旅行发展困境

尽管定制旅行的发展非常迅速，但我们也应认识到，定制旅行在我国的

① 品橙旅游.鸿鹄逸游：高端（奢华）定制旅游产品与服务标准［EB/OL］. https://www.pinchain.com/article/196641，2020-07-09.

兴起时间并不长，当前定制旅行的发展仍处于初级阶段，有很多问题尚未解决，其所面临的挑战也较为严峻。

（一）定制旅行专业人才缺乏

1. 所需定制师的数量多

在定制旅行服务中，对定制师数量的需求较大。一般来说，旅游者通常会咨询多家定制旅行供应商、多名定制师，在进行价格、行程设计和服务态度等对比后最终确定其旅行定制。携程定制旅行平台的数据显示，咨询 1 个定制师、2 个定制师和 3 个定制师的用户分别为 27%、56% 和 17%，其中咨询 3 个定制师的用户虽然占比较少但其订单完成率最高[①]。所以，定制旅行对定制师的数量需求是非常大的。

2. 对人才质量的要求高

定制旅行在设计思想、流程服务、营销方式等方面与传统的旅游都有很大的区别。定制旅行的实践性与综合性非常强。因而，对从业人员的素质要求也更高。定制旅行从业者除了要熟悉旅游中的咨询、预订、行程设计与安排等业务外，还要能够根据顾客的个性化需求进行合理的旅游资源整合与旅游行程规划，甚至能够熟练掌握和应用外语和地方语言。另外，旅行定制师还要有良好的学习能力，不断更新知识、提升自己，这样才能跟上时代发展的需求，从而给予旅游者满意的旅游产品。携程旅行网在 2018 年 3 月揭晓了《旅游 3.0：2017 年度定制旅行报告》，并在此报告中首次发布了旅游定制师的认证系统，“旅游定制师”这一职业也开始吸引了不少求职者。但一名优秀的旅游定制师需要具备专业的知识技能、丰富的行业经验、良好的沟通技巧、创新的服务意识等高质量的知识、技能和素养。

3. 定制师的培养难度大

一般来说，一名旅游定制师从入门学习到进入工作岗位创造收益所需的周期长达 2~3 年。以携程平台所创办的“定制学院”为例，要求员工必须接受三周的专业培训，然后通过五门考试，最后与旅游供应商进行双向匹配，上述步骤都完成后才能拿到旅游定制师的证件正式上岗，培养难度非常大。因此，定制师培养的周期导致了其数量及质量仍与市场需求存在较大距离，旅游企业定制团队人才队伍建设也非常缓慢。也就是说，定制师的培养难度进一步扩大了定制师的人才缺口。

---

① 邓杨民 . 在线旅游定制平台的分析与研究［D］. 北京：北京交通大学，2018.

（二）定制旅行产品质量不高[①]

1. 产品严重同质

定制旅行的发展为旅游企业带来了拓宽利润的空间，许多企业便打着“定制”的广告进行宣传，吸引旅游者进行消费，但实际销售的仍是传统的自助游产品或跟团游产品。优质的定制旅行产品需要花费的时间较长，投入的人力资源也更多。因此，旅行供应商为了降低成本便将市场上已有的定制旅行产品稍加改动变为己有，甚至有的直接照搬挪用，或者仅仅是对自助游、团队游的简单组合，导致市场上存在大量伪定制旅行产品，现在定制旅行产品的独特形式、内容以及深层次含义并未凸显。另一方面，旅游企业自身能力的不足或高素质旅行定制师的缺乏也是导致各旅游企业所提供的产品资源单一、缺乏新意、不同定制平台产品相近的关键原因。所以，目前我国的定制旅行产品的内容非常相似，创新能力不足，缺少个性特色、人性化与吸引力。

2. 供应链不完善

我国目前定制旅行还处于初级发展阶段，受众相对较少，无法通过传统旅游产品的批量采购获得规模价格。作为一种新兴的旅游模式，与国外相比，国内定制旅行企业的发展目标尚不清晰，所提供的产品在类别、价格、质量、效率等方面还存在较大差距，定制旅行的整体规划也比较缺乏。此外，尽管各旅游门户网站都创建了自己的智能移动平台 App，但受其制作水平的限制，移动端定制旅行的资源整合功能较弱，旅游者在使用中也很难准确地搜索到符合自身需求的信息或旅行方案。同时，旅行者还可能面临卡顿、闪退、客服回答问题慢等问题。只有当消费者需求不断增加，规模定制旅行条件发展成熟，形成较为完善的供应体系，定制旅行才能克服价格高等不利因素，提升服务效率，实现更好的发展。

3. 游客参与度低

大量定制旅行机构在市场上的突然进入，并不意味着高质量旅行定制师的存在。现阶段，很多定制旅行仍局限于行程安排，忽视了对游客旅游体验的深层次挖掘。在目前的定制旅行过程中，定制师主要通过分析消费者的个人需求，依赖系统所推荐的定制旅行产品的简单组合提供定制服务，消费者与定制师沟通的互动性、有效性均比较低，系统所推荐产品的体验性并不高。因此，消费者的自我需求不能充分得到满足，定制旅行产品也尚未真正做到“因人而异”，游客深度参与定制旅行整个过程的可能性较小。

① 寇小萱，卜祥峰. 在线定制旅游产品创新对消费者购买意愿的影响——基于感知风险的视角［J］. 中北大学学报（社会科学版），37（2）：65-71.

（三）定制旅行服务成本过高

早期的旅游市场是由卖方主导的，传统旅行社可以将旅游消费者视作无差异的整体而提供标准化的旅游产品和服务，即旅行社通常通过批发采购旅游产品再销售给散客来获得差额利润。但定制旅行是旅游企业在旅游者提出需求后，根据游客不同的消费偏好、出游人数、预算与意愿进行旅游产品的生产，是专门为有深度旅行体验需求或是有目的的小型团体提供的个性化服务。所以，定制旅行产品通常是针对散客个人或小团体的一次性、个性化旅游产品，重复利用率低，很难满足大部分旅游消费者的需求，旅游企业也无法通过产品批量生产与销售的模式获利。加上定制旅行临时变化的可能性极大，对服务时间、专业知识与技能方面的高要求，自然会增加定制旅行产品的生产、旅游服务的提供与销售等方面的难度，从而导致定制旅行总成本偏高，在人们的观念中形成了“高端”“奢侈”的刻板印象。

（四）定制服务标准还需完善

目前，定制旅行市场的运营模式尚不成熟，各旅游供应商对定制游的理解和实际操作方式也不尽一致。因此，各供应商所提供的旅游产品与服务的定制程度与定制方式也各不相同。同时，定制旅行涉及旅游定制师、旅行商、旅游者等多个相关利益主体间的权利与义务关系，并需要在定制合同上明确呈现出来，而不同的旅游定制师、旅行商提供的格式合同也有所不同。部分合同存在减轻旅行定制师、旅行商责任或限制旅游者权利、加重旅游者责任的条款，或未对相关重要事项、风险等进行重点标注、提示，从而导致旅游消费者的权益受损。因此，相关部门应明确定制旅行服务的标准，拟定规范的服务合同等范本，为行业监督与消费维权提供指导性的政策依据。

（五）定制旅行获客的难度大

旅游本是一种低频的消费活动。随着定制旅行企业大批量进入市场，目前定制旅行的线下社群获客已经饱和，线上流量获客成本也逐渐上升，激烈的竞争进一步导致了在线获客的订单转化率很低。此外，当前旅行定制师或定制机构的营销能力也不高，表现在获取客源的方式和手段非常有限，主要是在 OTA 或者在百度上投放关键词，或者做线下分享会的活动。因此，定制旅行的获客面临着高成本、难度大的问题。

三、定制旅行发展的中外差异

（一）国外定制旅行发展起步较早

定制旅行最初的形态是自助游。“定制”最早起源于 16 世纪欧洲法国巴黎的服装界，由于其精细完美的做工、唯一尊贵的特性，深得皇室贵族的青睐。他们在时装周期间会自行前往巴黎，进行品牌高端定制之旅，定制旅行就是这一消费方式的延伸①。目前，定制旅行仍流行于欧美等发达国家和地区，并在世界范围内逐步流行开来，而我国定制旅行的发展出现于 20 世纪 90 年代前后。因此，从定制旅行的起源与历史来看，国内定制旅行的时间还较为短暂，远远晚于西方国家。

图 1-7　巴黎

（二）国外定制旅行管理更加规范

旅游业的有序发展离不开规范的管理制度与政策。国外很多国家为推进旅游业的品质发展，都进行了相应的顶层制度设计或相关的政策制定。比如，法国实施的“旅游质量计划”就为其旅游在发展中的规范管理提供了相应的政策保障。因此，当定制旅行蓬勃发展时，旅行社依然能够提供规范的服务，并采取聘请有资历的司机和导游、定期检查车辆和设备、向客户展示安全检查和许可证的结果等系列相应措施，为游客在旅行中的健康和安全提供保障，消除定制旅行者在旅行中的顾虑。相比较而言，国内的定制旅行规范服务与管理的意识还比较薄弱，目前仅是部分企业开始了对服务标准化的探讨，但并未上升到国家层面的高度。

（三）国外定制旅行市场较为成熟

经过长期的发展积淀，国外的定制旅行社日趋完善，通过对旅游智能大数据与训练有素的定制师的结合，能够根据客户个人要求，灵活地为其提供量身定制的产品和服务。目前，欧美主流的定制游市场已较为成熟，消费者更加注

① 快行漫游 . 互联网时代下的定制游：重新定义旅游的意义［EB/OL］. https://www.sohu.com/a/361771822_408285，2019-12-20.

重享受，不需要对目的地有太多了解，甚至可以没有明确的目的地，只需要将个人偏好、出行人情况和预算与定制服务机构沟通，即可获得一系列具有特色的创意行程。而且，国外定制旅行资源与展示形式的主题都非常鲜明、丰富，比如法国巴黎时装周旅行、瑞士阿尔卑斯山滑雪、南非寻找野生动物旅行、澳大利亚自驾游等，能够满足游客的多元化、高质量体验需求。但国内大部分定制旅行服务机构在短时间内还无法满足游客如此高度的个性化需求。

图 1-8　阿尔卑斯山滑雪

尽管我国的定制旅行相比较而言起步更晚，其管理的规范性及市场的成熟度都与西方国家存在一定差距。但这也说明，我国定制旅行的发展空间与潜力是很大的，我们应该充分借鉴国外定制旅行的成功经验并结合我国的实际情况，积极推进定制旅行的健康、持续发展。

第三节　定制旅行的发展趋势

案例导入

中国定制旅行呈现出快速发展的良好势头

我国很早就存在定制旅行的模式，但到2016年，大规模定制旅行的出现，才真正推动定制旅行驶入了快车道。据统计，2017 年，线上线下定制旅行总额高达865亿元。到2018年，则突破了1000亿元。另有数据显示，我国定制旅行消费群体在向低线城市渗透，定制旅行的客单价也在不断降低。凯撒旅游副总裁汪辉认为，定制旅行将是最具市场潜力的旅游业务之一。凯撒旅游的数据显示，在出境游方面，定制旅行已成为一种增幅最快的旅行方式，占订单总量的70%以上；在国内游方面，定制出行占比也在逐渐提升，且国内主题定制已经成为发展趋势；而在入境游方面，定制旅行的数量更是超过了90%。对此，中国旅游研究院院长戴斌表示，定制旅行时代已经到来，它是大众旅游从初级阶段向中高级阶段演化的必然要求，也是旅游业高质量发展的必然要求。

（资料来源：中国经济网，报告：2018年中国定制旅行总额突破1000亿元）

【案例分析】

你认为定制旅行能够在中国得到快速发展的原因有哪些？

定制旅行在我国的发展起步虽然较晚，但在旅游业发展不断升级与转型的背景下，定制旅行旅游者人数大幅度增加，定制旅行的规模不断扩大，呈现出良好的发展势头。就当前发展状况而言，我国定制旅行的市场预计仍将不断扩大，并呈现出大众化、个性化、技术化与体验化发展的趋势。

一、大众化

（一）空间：大城市向中小城市的渗透

2012年以前，在市场发展阶段、定价、人效比等因素制约影响下，定制旅行主要服务于高端小众市场，被认为是一种“奢侈”的消费方式。尽管定制旅行是在出境游的拉动下产生的，但随着定制旅行的逐步发展，其专业化分工逐渐明晰，业务范围也逐步扩大到整体旅游市场。特别是六人游、无二之旅、指南猫等定位大众且重视技术研发的旅游企业相继创立，以及携程、同程等平台定制事业部的设立，2016年后定制旅行便加速走向规模化，并不断向低线城市渗透。从携程定制平台的订单数据来看，二线城市的订单占比（42%）已超过一线城市（36%）[①]。

（二）群体：高收入向中低收入的扩张

随着定制旅行企业的增多，部分供应商为了在市场竞争中获得客源而降

① 旅业头条．张杨|定制旅行要向精细化高质量发展［EB/OL］．https://www.sohu.com/a/338494711_168067，2019-09-03.

低了价格，定制旅行业正在走向大众化。与发展初期时相比，目前定制旅行产品或服务的价格已经大幅下降，其与传统旅游产品或服务的价格差距也在不断缩小，加上人民收入水平的提高以及对旅游消费支出的扩大，都使得定制旅行已经不再是专属于某些高收入人群，而是有可能成为人人皆可参与的大众旅游产品或服务。携程定制旅行平台的数据显示，2017 年国内定制旅行的人均消费约 3200 元，同比下降 20%；境外定制旅行的人均消费约 7800 元，同比下降 8.2%①。无论是国内游还是出境游，价格的下降都表明定制旅行的门槛正在不断降低。而价格的下调则将推动定制旅行逐步扩大消费群体，朝向中低端收入人群发展。携程所发布的《旅游 3.0：2017 年度定制旅行报告》认为，“私人定制”已并非有钱人的特权，普通老百姓家庭同样可以获得并享受这一服务。事实上，定制旅行的“高端”应该体现出对旅游者的重视，强调以旅游者的需求为中心，旅游者在旅游产品或服务中具备更多的主动权、选择权②。这样，相较于传统旅游方式中旅游者的角色，旅游者在旅行中所处的地位更高，发挥的作用更大，得到的体验也会更好。

二、个性化

在发展中，定制旅行除了要克服规模化生产的困难外，对消费者的个性化需求也不能忽视，符合消费者独特需求的小众化旅游产品是未来定制旅行市场发展成熟后细分的必然结果。随着互联网技术的普及、社会经济形态的不断发展，人们对信息接受的量和质都会大幅提升，对个人自由和个人需求的追求也会更加明显，人们在旅行中也更希望根据自己的偏好进行个性化设计。定制旅行是一种从消费者主权出发，以旅行商的专业化运营为依托，在分众和分层的基础上为旅游者提供个性化品质服务的商业模式③。比如，目前市场上存在亲子定制旅行、医疗健康定制旅行、研学定制旅行、美食定制旅行等多种主题的定制旅行产品。近年来，在高端游客选择中，极地探索体验的旅游产品逐渐流行。这一现象表明，未来定制旅行客户可能会更加追求旅行主题的独特性和个性化。在消费主体的个性化旅游需求及消费能力不断增强的刺激下，定制旅行的服务提供者只有立足自身优势，精准把握旅游者的个人需求，完善服务细

---

① 旅行预定 . 携程：2017 年度定制旅行报告　私人定制大众化［EB/OL］. http://www.199it.com/archives/701256.html，2018-03-19.

② 社科院旅游研究中心 . 中国定制旅游发展分析与展望［EB/OL］. https://www.sohu.com/a/296281702_126204，2019-02-21.

③ 张杨 . 定制旅行要向精细化高质量发展［N］. 中国旅游报，2019-08-12（3）.

节、优化服务流程、丰富服务内容，由专业的定制团队提供更加专业化的旅行全过程服务，为其量身打造出旅游产品，才能提升旅游者的满意度，赢得良好的口碑。因此，定制旅行市场中，旅游企业会出现分层，其提供的产品也将朝着更为精细化的方向，不断推出小众私人定制旅行项目，实现产品路线设计、旅行产品文化内涵与主题、交通工具、住宿的多维定制，赋予旅游者最大的个人自由选择权，最大限度地满足其个性化需求。

三、技术化

据统计，2017 年中国定制旅行市场的在线定制旅行交易规模达到 68 亿元，在线化率为 7.9%。因此，可以说，在线旅行是中国定制旅行发展现状的典型。而旅游信息技术化是发展定制旅行的关键所在，尤其是智能移动应用系统，将是定制旅行信息化的主要趋势，路书科技、妙计旅行等科技公司的建立与发展就是这一趋势的证明。但定制旅行产品的信息化和智能化水平远远落后于现代移动互联网的发展速度，尤其是定制旅行在旅游资源的整合优化功能方面存在着诸多薄弱之处。而定制旅行的智能化生产，具有降低旅游成本、精准定位旅游者消费需求、降低定制旅行的获客难度、准确提供旅行服务内容、缩短旅游企业和旅游者的沟通时间与渠道等优势，能够大幅度提升定制旅行的业务效率。

所以说，定制旅行应充分利用科技优势，建立并完善自己的客户管理数据，重视人工智能算法和智能推荐形成的产品，提高旅游企业对旅游资源的规划与整合能力以及消费者重复购买定制旅行产品的意愿，减少人力资源成本，获得更大的成长空间。但应注意的是，技术在应用发展中的迭代非常快，旅游企业应及时、充分利用新的技术优势大力推进信息网络平台建设，从而实现定制旅行生产模式的智能化。需要提醒的是，如果旅游经营者为了追求服务效率而过分依赖技术，则容易忽略人与人之间或与不同客户群体之间的交流与沟通，提供的旅游服务也容易变得生硬，没有人情味。

技术驱动下的智慧旅游迭代新景

知识链接

路书，定制游智慧赋能体系的创导者

路书是国内领先的定制游智慧赋能平台，定位于为定制游从业者或定制

旅行机构服务，主要通过智慧系统、智慧学院、智慧营销的全套解决方案，为定制游机构解决获客营销、人才培养、行程服务效率、供应链整合等难题。

智慧系统主要通过“路书云”平台提高定制师的服务效率并跟进服务落地环节。“路书云”是定制游行业的第一个 SaaS 平台，它可以在 PC 端的网站上直接登录使用。该工作台将每组客人的需求视作一个独立的项目，而定制师和前后端协作的同事，则针对这个项目需求展开项目的行程制作、费用核算、行程报价等合作。且在任何时间，都可以通过路书的小程序、App、H5 及微信小程序导出已制作的行程，用不同的方式分享给客人。

智慧学院主要通过“定制师来了”这一平台对接人才培养和企业用人需求。“定制师来了”是一个定位于帮助定制师更好地掌握职业技能的知识分享型教育平台，涵盖了 Live 轻课堂、定制游创新营、全球旅课和企业内训四个模块的课程。其中，Live 轻课堂以在线学习入门技能知识为主，包括旅游目的地相关基础知识、交通、签证、法律等多方面内容，以帮助定制师随时随地掌握职业技能；定制游创新营是该平台的拳头旗舰课程，通过邀请行业大咖集中分享式的课堂教学，进行进阶思维训练，高效解决资源筛选、产品研发、沟通获客等问题；全球旅课模块是一种高级体验式学习方式，通常以实地考察和行中教学的形式来开展；企业内训主要针对定制游企业转型的战略发展需求、员工的成长需求，共同开发课程，量身定制企业专业考试学习体系，提供定制化的培训解决方案，从而解决定制人才的培养及其业务能力提升的难题。

智慧营销则通过“定制师头条”平台解决定制师获客难、流量贵的痛点。该平台是一个基于移动端的平台，对接了不同的场景和场景化的流量平台，比如银行、地产、车企、商旅以及一些社区平台。通过“路书 X 计划”项目，“定制师头条”平台将很多“小而美”的定制机构，和这些有流量但希望增加流量黏性以及客户满意度的流量平台联系到了一起，从而最终实现了智慧营销服务。

以上就是路书智慧定制游体系赋能的三条主要路径。目前，路书通过智慧赋能，已服务于三千家海内外专业旅行机构，两万余名定制师，形成了行业最大的定制师网络和最全面的定制游专业数据库。

（资料来源：执惠，详解定制游发展前景与模式，如何破解五大痛点，为行业赋能？）

四、体验化

体验是定制旅行的内在要求。对于旅游者来说，通过定制旅行，他们可以把更多的时间与精力放在旅游体验上，同时还能全程享受旅游服务机构提供的专业服务支撑。随着旅游活动的普及，旅游者的旅行经验逐渐丰富，在旅行中也更加追求自由，重视自己的主动决策权，希望深度参与旅游活动。定制旅行的价值就在于通过不断打磨，丰富并创新定制旅行的产品或内容，在满足游客的基本需求外，对旅游者的潜在深度需求也给予了满足，甚至给游客创造惊喜。因此，在未来的定制旅行服务中，定制旅行的体验内容会不断多元化，且定制旅行体验服务的提供也会朝着专业化发展，定制师的服务价值更为凸显。因为只有高业务水平与策划能力的定制师才能在定制旅行服务产品设计与提供过程中，敏锐捕捉旅游者的个性化需求，不断进行创新，真正满足游客对体验品质的追求，实现定制旅行产品的升级，最终适应市场发展的需求。

总之，定制旅行已成为中国旅游业的新生力量，代表了未来旅游市场发展的新兴方向和主要力量。尽管定制旅行在我国发展的时间较短，但其发展速度很快，也受到了越来越多的地区和游客的青睐。然而，并不能因此就说定制旅行的市场已经发展成熟。在未来的发展中，定制旅行仍面临一些困境与难题，同时也避免不了发展的不确定性及发展瓶颈，但若能不断调整并有效克服，这也是定制旅行的发展空间与机会，定制旅行的前景依然乐观。

中英文专业词汇

旅游业	Tourism industry
定制旅行	Tailor-made Travel /Customized Travel
国际旅游	International tourism
国内旅游	Domestic tourism
出境旅游	Outbound tourism
入境旅游	Inbound tourism
旅游体验	Tourist experience
旅游参与	Tourist participation

满意度　　　　Satisfaction
在线旅行社　　Online Travel Agent（OTA）

思考与练习

1. 定制旅行产生的背景有哪些？
2. 简述我国定制旅行的发展历程。
3. 比较定制旅行发展的中外差异。
4. 试分析定制旅行的发展趋势。
5. 定制旅行的发展可能会带来哪些好处？
6. 根据你所了解到的国内定制旅行业发展现状，分析其所面临的机遇与挑战。
7. 你如何看待定制旅行的未来？你认为10年后的定制旅行会发展成什么样呢？30年后呢？
8. 定制旅行与传统旅游相比有哪些新要求？我们应如何调整以适应定制旅行的发展？
9. 通过对定制旅行产生与发展的学习，你得到了哪些新的认识或启示？

实训项目

1. 请对你周边的人进行一项社会调查，了解他们在过去一年中是否有过定制旅行的经历。如果有，进一步追问其定制旅行的次数、消费水平，探讨其定制旅行的动机与意义及其对定制旅行服务的评价；如果没有，则进一步了解其顾虑是什么。

2. 假如你以后会从事定制旅行的相关工作，请为自己制订一份未来的学习计划。

第二章 定制旅行的内涵与理论基础

本章导读

随着旅游业的发展、相关基础设施的完善、人均收入水平的提高，单纯传统的标准化旅游产品已经不能满足广大游客的需求，一种满足游客个性化、多样化需求的新型旅游方式——定制旅行应运而生。在如今全球化、信息化的时代，作为旅游类相关专业的学生，有必要紧跟时代步伐，了解定制旅行的内涵，熟悉定制旅行的理论基础。本章重在讨论定制旅行的基本概念和基础理论问题，涉及定制旅行的定义、定制旅行的类型、定制旅行的本质和特征、定制旅行的理论基础、定制旅行的价值意蕴等。通过本章内容的学习，培养学生定制旅行方面的基础知识，为后续定制旅行相关章节的学习奠定基础。

思维导图

- 定制旅行的内涵与理论基础
  - 定制旅行的内涵与类型
    - 定制旅行的内涵
    - 定制旅行的类型
  - 定制旅行的本质与特征
    - 定制旅行的本质
    - 定制旅行的特征
    - 定制旅行与传统旅行方式的区别
  - 定制旅行的理论基础
    - 需求理论
    - 驱动理论
    - 期望理论
  - 定制旅行的价值意蕴
    - 市场新空间
    - 产业新动能
    - 未来新发展

学习目标

职业知识：掌握定制旅行的定义与类型、定制旅行的本质与特征、定制旅行的基础理论、定制旅行的价值意蕴。

职业能力：能辨析定制旅行与跟团游、自由行等旅行方式的区别与联系，能够运用需求理论、驱动理论及期望理论指导定制旅行的实践。

职业道德：明确定制旅行是以消费者为核心的旅行方式，树立以消费者为中心的服务理念。

案例导入

四川药王谷

四川药王谷旅游度假区位于绵阳市北川羌族自治县与江油市接壤的药王山上，是国内首个以中医药健康调理为主题的景区，也是国内将定制旅行的概念较好地诠释出来的景区。

药王谷所在区域盛产中药材，山林遍生百年药树，相传中华医药：始祖岐伯、药王孙思邈、刘神威、李时珍等等许多名医都曾都来此山采药治病，山上居民一直有供奉药王菩萨的习俗，药王谷也因此得名。依托这一片生长了五六百年的中药材原始森林，药王谷聘请了当地有名的老中医师、老药师，将传统中医理疗调理引入其产品线中，为都市亚健康人群提供全套的传统中医体检，根据每个人不同的体质特点制定专门的身体健康调理方案。在这些调理方案中，有药茶药枕药浴，也有药酒药膳，传统国粹太极拳、五禽戏等也在调理处方里。根据客人的不同诉求，甚至禅修也在其产品组合中。客人在优美的环境下，沉浸在充满中草药分子的湿润空气中，根据中医师的方案完成三五日的中医调理体验后，度假区还合理地把产品服务延伸到客人返程后的日常生活中，将客人的调理处方制作成成品汤药，配送至客人指定的地址。一个疗程后，客人还可以通过互联网、电话及视频通话等方式让度假区的中医师回访，得到后续的养生调理建议。从定制旅行的角度来讲，药王谷实现了真正意义上的定制旅行产品流程——从产品设计，到产品服务，关注点始终放在消费者的身上，产品只是为关注点提供的实现途径。

（资料来源：成都到药王谷避暑养生游攻略）

【案例分析】

药王谷之所以成为国内定制旅行诠释比较好的景区，是因为其将定制旅行的内涵真正地应用到实际产品及服务中，能够根据每一个消费者的需求与特点，为客户量身打造适合其本身的调理方案，无论是售前还是售后，都提供了一种专属化、“一对一”式的高品质服务。

第一节　定制旅行的内涵与类型

一、定制旅行的内涵

（一）定制的内涵

在新的市场环境中企业迫切需要一种新的生产模式，大规模定制（Mass Customization，MC）由此产生。1970 年，美国未来学家阿尔文·托夫勒（Alvin Toffler）在《未来的冲击》（Future Shock）一书中提出了一种全新的生产方式的设想：以类似于标准化和大规模生产的成本和时间，提供客户特定需求的产品和服务①。这种全新的思想与理念被美国著名的营销学教授菲利普·科特勒（Philip Kotler）喻为 21 世纪市场营销最新领域之一②。

之后，约瑟夫·派恩二世（B. Joseph Pine II）将大规模和定制概念进行了系统化的阐述，"企业从大规模生产标准产品转向有效地提供满足单人客户愿望和需求的产品和服务"③。1972 年，甘恩（Gun）在旅游功能系统模型中首次将定制理论引入旅游行业，至此，许多学者纷纷提出自己的见解，开启定制旅行的广泛研究。

在国内，学者卢苓霞、王彦勋最早把"定制"这个概念具体化，认为"定制是企业在大规模生产的基础上，将每一位消费者都视为一个单独的细分市场，根据个人的特定需求来进行市场营销组合，以满足每位消费者的特定需求"④。袁秀霞认为对定制最简单的理解，就是生产者分别为不同的顾客制造他们所要求的产品或服务，一切以顾客为中心，尽量满足顾客对商品的个性化需求，以提高顾客对产品或服务的满意度和忠诚度⑤。简而言之，定制是一种基于客户的个性化需求的崭新的生产方式。

---

① 仲锡徽，胡宇娜.关于我国定制旅游运作模式及出路的思考［J］.旅游纵览（下半月），2020（8）：83-87.

② 张红 . 定制旅游的特征及其在旅游企业中的应用研究［J］. 旅游研究，2012，4（2）：58-61.

③【美】B.约瑟夫·派恩二世，詹姆斯·H.吉尔摩.体验经济（修订版）［M］.北京：机械工业出版社，2008.

④ 卢苓霞，王彦勋，定制营销：个性化时代的营销［J］. 经济论坛，2004（11）：90-87.

⑤ 袁秀霞 . 个性化需求与定制营销［J］. 中国物流与采购，2005（7）：50-51.

（二）定制旅行的概念

现代意义上的定制旅行大体产生于20世纪80年代。相比于传统跟团游，定制旅行因在一定程度上能更好地满足消费者的需求，所以很快就在国外流行起来。阿尔文·托夫勒（Alvin Toffler）早在20世纪70年代就提出了定制旅行的概念雏形，即“定制化”[①]。这个概念被多个学者所推崇，比如学者哈特（Hart）指出实行规模定制化是服务业巨大机会[②]。琳达·皮特（Linda Peters）探讨了定制化在旅游服务业中的应用及可行性[③]。可见，国外学者对于定制旅行的研究起步较早，研究内容也更深入。而在国内，因为定制旅行兴起较晚，对定制旅行的系统性研究相对于国外来说比较少，目前主要的研究成果体现在发表的学术论文上，相关学术著作较少。

阿尔文·托夫勒未来学

学者们对于定制旅行的概念表述，目前常见的有以下几种。

（1）定制旅行是根据游客需求对现有资源进行整合，进而对旅游产品进行个性化改进的一种行为[④]。

（2）定制旅行是旅游业发展到新的阶段后出现的一种旅游方式，旅行社完全按照客户需求，对行程和目的地等要素进行组合，形成具有鲜明个性化特征的产品。

（3）定制旅行是由专业旅游咨询人士根据旅游者具体的旅游意愿，从吃、住、行、游、购、娱等方面设计并提供个性化的旅游方案，给出完全符合旅游者个性需求的高端旅游产品或服务。

（4）从设计的角度来说，定制旅行是在精准的目标人群细分、兴趣细分、需求细分的基础上，遵循以客户体验价值为导向的产品设计原则，不仅关注产品的成本和销售价格，更关注游客的时间成本和体验成本[⑤]。

（5）艾瑞咨询发布的《2018年中国在线定制旅游行业研究报告》中对定制旅行的狭义与广义概念进行了区分[⑥]。狭义的定制旅行是定制旅游企业或私人旅行顾问针对消费者的个性化需求和体验感受制定旅游方案并提供相关服

---

① 张建强，赵林丹.国内定制旅游的发展困境与对策——以携程旅行网为例［J].教育教学论坛，2020（40）：101-102.

② Hart C. Mass Customization：conceptual underpinnings，oppotunities and limits. International Journal of Service Industry Management，1995，6（2）：36-45.

③ Linda，et al. IT and the mass customization of services：the challenge of implementation - ScienceDirect［J］. International Journal of Information Management，2000. 20（2）：103-119.

④ 林爱芳．定制旅游研究综述［J］．中国科技信息，2012（12）：214.

⑤ 陈一越．分众市场催生定制旅游［N］．中国旅游报 2010：2.

⑥ 艾瑞咨询．2018 年中国在线定制旅游行业研究报告［R］．2018.

务的一种旅游形式。广义的定制旅行指的是市场中所有非标准的旅游产品，即需求导向型产品，用户先提出需求，服务商根据用户需求购买资源形成产品。

通过上述定制旅行定义的梳理可知，尽管学者们的视角有所差异，但绝大多数的表述中存在以下共同之处：

第一，定制旅行的管理模式是以旅游消费者为中心的管理；

第二，定制旅行强调旅游者的参与，也就是说，旅游产品或服务的整体设计过程中强调旅游者亲身参与其中，开发满足旅游消费者多样化、个性化需求的旅游定制产品及服务；

第三，定制旅行要将个性化服务贯穿于整个行程，这也是有别于传统旅行的特征，强调满足旅游者对旅游体验的多样化、个性化追求，最终实现旅游价值。

据此，本书对定制旅行的定义为：定制旅行是以满足旅行者个性化需求为宗旨和目标，适应其追求品质和高体验感心理，进行个性化设计与安排的旅行方式。

（三）定制旅行与定制旅游的概念辨析

定制旅行与定制旅游的不同之处在于“旅行”与“旅游”的区别。旅行与旅游是一对相互关联的范畴，在内涵和外延上都多有重叠。旅行是实现旅游的前提，没有旅行就不存在旅游。许多旅行方式本身就是一些旅游活动项目，比如远足、划船、漂流等。与旅游相比，旅行是一个含义更为宽泛的概念。有些人可以算作旅行者，如商务人士、留学生等，但不是所有的旅行者都是旅游者。区分旅行者和旅游者的核心标准通常是出行目的，由此也常常决定了两者在利用时间方面的本质差异。根据出行的目的不同，典型的旅行有商务旅行、会议旅行、观赛旅行、研学旅行、就医旅行、宗教旅行、观光旅行、度假旅行等。其中观光旅行和度假旅行在很大程度上甚至完全就是旅游①。

近年来，“定制旅行”的说法在业界比较普遍，并且得到了官方的认可。教育部印发的《职业教育专业目录（2021 年）》中，新增与定制旅行相关的专业名称为“定制旅行管理与服务”。在学界“定制旅游”的说法比较常见，在内涵上与“定制旅行”基本一致。

① 邵琪伟 . 中国旅游大辞典［M］. 上海辞书出版社，2012.

二、定制旅行的类型

目前，旅游服务商及专业研究者对于定制旅行的类型有着不同的划分和归纳。究其原因，定制旅行本身就是以旅游者为中心，为了满足旅游者不同的需求而出现，也正是因为旅游者的需求千差万别，定制旅行产品或服务类型的划分相对来说比较灵活，比如可以从旅游者角度、消费角度、产品角度、旅游服务商角度等多方面对其进行分类。下面我们主要讨论一些较为常见的定制旅行分类。

（一）按照服务群体的类型划分

在设计产品时，旅游企业往往会依据不同的服务群体给出不同的定制方案，在定制旅行中基于服务群体的不同通常划分为两类，即大众定制旅行和高端定制旅行。

1. 大众定制旅行

大众定制旅行是指以消费升级带来的大众旅游定制需求为主，提供性价比比较高的旅游产品及服务。

相对于高端定制，大众定制旅行掌握的优势资源偏少，一般是整合现有旅游资源，为中低收入群体提供相关的定制旅游产品或服务。用户对稀有资源的需求不大，现有资源已经可以满足，且更加注重产品资源的搭配和组合能力。

2. 高端定制旅行

高端定制旅行是指以高端人群的旅游定制需求为主，为其提供高端产品与服务。高端定制旅行的判定核心是资源的稀缺性和服务环节的极致性。与大众定制旅行相比较，高端定制往往以独具优势的旅游资源，服务侧重面向高端市场和高端消费群体，更加注重旅游者的体验和享受。旅行定制师则更注重对客户需求的独特理解、匹配资源的能力以及对于目的地的高认知。

从本质上来说，大众定制与高端定制的根本区别在于服务的深度与广度，高端定制的资源需求较大众定制旅行来说更需要独特资源和深度体验。而大众定制旅行更需要资源的搭配与组合能力。

大众定制 / 高端定制案例

（二）按照渠道性质的类型划分

根据旅游者定制产品的渠道类型，一般可将其划分为线下定制旅行和线上定制旅行两种类型。

1. 线下定制旅行

线下定制旅行是指旅游者通过旅行社门店、个性化服务旅行企业及机构预订定制旅行产品，对其提出相应的要求，由商家进行全程对接服务。

这种形式更加接近传统的旅游市场，主要包括针对团体和针对个人（家庭）的定制旅行模式。针对团体的定制旅行，一般由旅游者或由相关组织组团，以团队为单位与旅游企业确定旅游线路等具体内容，在旅游产品定制过程中，旅游企业会根据其要求提供相应的产品或服务；针对个人（家庭）的定制旅行以个人（家庭）为单位向旅游企业提出诉求，线下的旅游企业一般会安排专人，与家庭成员进行一对一服务，共同商定旅游产品及服务的相关需求，继而给出专业的定制旅行方案。

2. 线上定制旅行

线上定制旅行是指以旅游网站 /App/ 小程序等为主要经营体，旅游者通过旅游网站 /App/ 小程序等提供的景点、机票、酒店等个体服务，自由组合旅游线路、安排行程时间，主要客群为自由行客群。

这种形式给予客户最大限度的选择权，由游客自由设计产品路线，旅游网站起到辅助设计作用，也是目前应用最为广泛，也最受中青年群体欢迎的方式。相较于线下定制旅行，线上定制旅行能够最大程度地实现时间资源的有效性，目前线上定制旅行已经逐渐发展成为一个巨大的市场，是拉动旅游产业发展的潜在动力。根据线上定制旅行的运营模式的不同，又可进一步分为 B2B（Business to Business）、B2C（Business to Consumer）、C2C（Consumer to Consumer）三种运营类型（见表 2-1）。

表 2-1 线上定制旅行的运营模式

类型	运营模式	特点
B2C	企业自主招募定制师为客户提供定制旅行产品及服务	可为定制师的职业发展提供良好的空间，有利于定制旅游企业长远发展
B2B	定制机构为线下旅行社提供定制供应商服务或工具类产品	发展迅速，推广困难
C2C	个人定制师或达人通过平台为客户提供定制旅行产品及服务	产品无法标准化，二次消费率较低

B2C 模式中主要分为自营模式的定制机构和平台模式的定制机构，其中自营模式的定制机构会通过招聘与培训，搭建自己的定制师队伍，直接向客户提供定制服务，平台模式的定制机构会在平台上以店铺的形式向客户提供

定制服务，两种模式相较而言，自营模式资产较重而平台模式较轻，但平台的口碑较难建立。

B2B 模式指定制旅游企业代其他定制旅游企业或线下旅行社等同业企业为客户提供定制旅游服务。这种模式相对来说发展比较迅速，但定制旅游分销平台的推广仍然存在不少困难，行业标准的建立和统一仍需要不断探索。

C2C 模式又称作伴游模式，起源于国外友人或留学生来华学习，邀请汉语教师结伴旅游，以达到迅速提高汉语口语能力的目的。这种模式还处于初期发展阶段，主要是定制旅游企业招募旅游达人向客户提供旅游知识咨询或定制旅游相关服务。但定制师的认证和培训在互联网环境下比较单薄，出行安全无法得到保障，且相当一部分个人定制师或旅游达人的定制能力水平参差不齐，同时对于旅游者的相关服务配套不够系统，造成 C2C 模式定制旅游的二次消费率也相对较低。

（三）按照产品的类型划分

从产品的角度考虑定制旅行的划分，有多种划分方式，涉及的种类也更繁多，但目前市场上对于定制旅行的划分，大体上划分为三种主要的产品类型，即单项组合定制旅行、主题定制旅行以及私人定制旅行。

1. 单项组合定制旅行

单项组合定制是指按照旅游消费者的旅行预算进行单订房、单订车或单订机票等旅游项目的零售或组合售卖的旅游产品，属于较为初级的定制旅行服务。

简单来说，这种形式就是旅游定制师接单后根据客户需求和预算为其推荐酒店、机票、租车、景点等旅游单项产品，并可以代为预订。

2. 主题定制旅行

主题定制旅行是指由专业的服务团队针对旅游消费者的人群特征及旅行目标，提炼某一主题概念并围绕该主题设计、实施具体的行程计划，例如以购物、美食、品酒、摄影甚至美容、医疗、宗教等为主要旅行计划的旅游产品。

这种形式通常是针对某一个具体的主题，如世界杯旅行、演唱会旅行、蜜月旅行、温泉旅行等，主要吸引小众旅行者制作的特色旅游线路，所有的行程都将围绕主题展开。相对于传统的旅行，主题定制旅行更具有专属、私密、趣味和深度性的特点。

图 2-1 蜜月主题旅行

3. 私人定制旅行

私人定制旅行是指完全按照旅游消费者的主张，充分满足其消费实力、时间成本和旅行体验来设计旅游产品的一种旅行方式，属于纯定制旅行。

这种模式下，可以根据旅游者的要求在团员选择、路线选择、时间长短、交通工具、住宿及餐饮标准上“按需定制”。通俗来说，就是根据旅游者的喜好和需求定制行程的一种旅行方式。比起以往的旅行方式，私人定制旅行更好地实现了旅游服务商与客户的直接沟通，这样不仅可以准确地了解客户的需求，更能够跳过众多的中间商，从而减少大量不必要的费用支出。

（四）按照定制程度的类型划分

按照定制的程度可划分为半定制旅行、全定制旅行和泛定制旅行三种类型。

1. 半定制旅行

半定制旅行，又称作微定制旅行，是指定制部分产品服务，协助旅游者出游。携程旗下高端奢游品牌鸿浩逸游 CEO 认为这种半定制实际上就是客户在标品的程度上进行微调，或者在这个标品的形式上做符合其个性需求的修改。

2. 全定制旅行

全定制旅行是指定制者为客户定制涵盖全程的计划。这种形式完全根据客户的需求去定制产品及服务。

3. 泛定制旅行

泛定制旅行是指根据某一类客户的需求而定制出的鲜明主题化产品。这种泛定制的产品很大程度是标品的定制方式。

（五）按照旅游者参与程度的类型划分

由于社会大众认知水平、时间精力、认知能力等各方面存在差异，旅游者定制旅行时的参与度也会有所不同，根据旅游者的定制参与程度可大致分为高参与度、中参与度、低参与度，与其相匹配的定制旅行的类型即为需方型定制旅行、平衡型定制旅行、供方型定制旅行。

1. 需方型定制旅行

需方型定制旅行主要由需方即旅游者主导，旅游者提出产品或服务设计要求并深度参与其中，最终成型的产品或服务完全或绝大部分符合旅游者的个性需求。一般这种模式下，旅游消费者具有足够的认知能力和时间精力，并对自己的旅游有清晰的认识与安排，自身就可以做好行程规划，此种类型下旅游者的参与程度最高。

2. 平衡型定制旅行

平衡型定制旅行下，旅游者虽然具有个性化的需求，但目标不够明确，旅游者在产品或服务的选择上难以决策，要求供需双方即定制旅游企业与旅游者进行多次沟通，在此基础上由定制旅游企业给出多种柔性定制方案，引导旅游者做出决策。也就是说旅游消费者具有一定的认知能力和时间精力，对自己的旅程具有一定程度的认知与安排，但自身做行程规划还略有欠缺，需要旅游服务商在旅游消费者想法的基础上进行补充，此种类型下旅游者的参与程度较高。

3. 供方型定制旅行

供方型定制旅行指的是旅游企业根据旅游者不甚明确的个性化要求，对标准化产品进行调整和重构后提交给旅游者供其选择。此模式下的旅游消费者不具有相关认知能力和时间精力，对自己的旅程安排也比较模糊，不具备做行程规划的能力，完全由旅游服务商根据其需求进行设计。此种类型下旅游者的参与程度较低。三种类型的特点可见表 2-2。

表 2-2　按旅游者参与程度划分的类型与特点

类型	特点
需方型定制	由需方即旅游者主导，旅游者提出产品或服务设计要求并深度参与其中，参与程度最高
平衡型定制	供需双方即定制旅游企业与旅游者进行多次沟通，在此基础上由定制旅游企业给出多种柔性定制方案，引导旅游者做出决策，参与程度较高
供方型定制	旅游企业根据旅游者不甚明确的个性化要求，对标准化产品进行调整和重构后提交给旅游者供其选择，参与程度较低

定制旅行的类型还可以根据不同的人群和主题细分为亲子定制游、家庭定制游、情侣定制游等，或者根据不同的区域分为北美游、欧洲游、东南亚游等。总之，定制旅行可以依据不同的标准、从不同的视角出发，细分出多

种不同的类型或形式，这正是定制旅行以旅游者为中心的重要体现，由于旅游者的个性化需求千差万别，且处于不同的层面，或分属于不同的领域，因此对于定制旅行产品或服务类型的划分相对比较灵活，定制旅行企业可根据自身的业务特点和业务重心打造不同的产品或服务类型，以满足旅游者多样化、个性化的需求。

第二节　定制旅行的本质与特征

一、定制旅行的本质

（一）定制旅行的误区

国内定制旅行刚刚起步，对于人们来说，定制旅行还是一个比较新的概念，部分旅游者受传统旅游观念和习惯的影响，对于定制旅行缺乏全面深入的了解，难免出现一些理解上的偏差与认识误区。

1. 定制旅行是高端奢华旅行

不少人认为定制旅行意味着“高价旅行”“奢华旅行”等所谓的高端旅行，可能一些旅游企业打着“私人定制”的旗号将定制旅行定位于高价格、高规格，以至于使普通大众望而却步，因此产生误解。事实上，不管是哪种定制旅行，都可以包含高端定制和普通定制。它的判断依据是根据旅游者要求的旅游线路、服务标准、交通工具等来决定是高端定制还是普通定制。定制旅行的核心在于针对旅游者个性化需求进行定制，旅游线路、住宿安排等都可以由旅游者自行决定，若旅游者选择的路线比较常规，价格也不会太高。总之，定制旅行是经过与旅游者充分的沟通，并根据旅游者自身的消费情况等所设计出的合理的旅游产品。

2. 定制旅行是小众旅行

定制旅行被认为局限于小众旅行，是因为人们对定制旅行的观念还未进行转变，认知程度不高，而且受众群体有限，推向市场的产品较少，但并非意味着定制旅行仅仅局限于小众范围内，定制旅行其实更多的是面对大众，当人们观念转变，条件具备时，定制旅行将迅速成为大众旅行的新模式。

3. 定制旅行是另类旅行

有人觉得定制旅行就是开展一些超出一般人心理承受极限的，是夸张的标新立异，是追求猎奇，是冒险与激进的旅游活动。实际上，定制旅行并不是单纯的寻求另类，而是旅游者在一定承受范围内寻找突破口，从而不走寻常路。这包括一些别出心裁的旅游活动，如南极观光游等项目，但也不仅限于此，也包括一些常规的旅游景点，但重新设计原有的旅游线路，为旅游者推荐更多的深度玩法，如一些没有尝试过的旅游活动，以达到满足旅游者个性化需求和选择的初衷。所以定制旅行不等于另类旅行，而是尽量符合旅游者预期的“不走寻常路”，让常规路线也能通过个性化定制令旅游者耳目一新。

案例 2-1

私人定制不是高端定制

“上车睡觉，停车撒尿，下车拍照，回去一问什么都不知道。”这句顺口溜多多少少反映了一部分游客在跟团旅游后的感受。随着旅游需求日益多样化，人们越来越不愿被导游牵着鼻子走，私人定制旅游正在成为一种旅游需要。

听到私人定制，人们不禁会问：私人定制旅游会不会比常规团旅游贵很多？私人定制旅游就是高端旅游？“私人定制旅游不是高端旅游，这是两个概念。”北京畅通国际旅游有限公司总经理路辉近日接受本报记者采访时说：“定制游其实是旅行社的一种服务，根据定制的内容和标准来决定消费多少，定制游的费用并不会比常规游的费用高出很多。”

如今，私人定制旅游是国外非常流行的旅游方式，能够完全按照游客的需要来安排出行时间，选择符合游客品位的酒店及舒适交通工具，最重要的是游客能按照自己的喜好来安排旅行内容。

路辉说，如果一家 3 口或 4 口人不想参加大团出游，选择定制旅游交通费可能高些，但食宿方面不会有太大差别。比如去美国深度自驾游，如果定制游 12 天，机票、食宿、租车等全算下来一人不到 1.5 万元，而且全程没有自费项目、购物环节。

采访中记者了解到，私人定制的旅行方式属于个性消费，完全按照消费者的需求进行行程的安排、酒店和出行方式的选择，自由度高，私密性强，紧紧贴合消费者。消费者做出的一系列选择，决定了此次旅游的消费水平。例如：不选择星级酒店，而选择舒适性的酒店就可以有效地降低费用。私人定制时一起出行的都是较为熟悉的亲友，无论是生活方式，还是思维习惯都更容易融合在一起，并且能更好地沟通和管理。在交通方式上选择公共交通，既能欣赏城市的美景，又能减少交通上的花费。

“而高端旅游则指的是坐头等舱，旅行车接送，住国际连锁5星级酒店，指定餐厅用餐，有可能一个人10万元都不够。”

北京畅通国旅原来主要做会议产品，2013年公司开始转型重点做大众定制旅游产品，路辉认为，不同于传统意义上的旅游报名参团，私人定制旅游更讲究对游客需求的把握，最重要是满足消费者的体验需求，设计的产品要给客户留下一个特别美好的印象。

定制旅游正成为一种时尚。

（资料来源：工人日报．私人定制不是高端定制）

【案例分析】

大众对定制旅行的了解还存在理解上的偏差，定制旅行并不等同于奢侈旅行，高端定制产品也只是定制旅行所衍生出的相对高形态的一种旅行方式。但这不代表所有定制旅行的产品都是高奢的，定制旅行的核心内涵在于满足旅游者的个性化需求，行程规划、产品设计等旅游者都会参与其中，价格的高低与否不是单由旅游服务机构决定的。我们应正确看待两者之间的关系。

（二）定制旅行的本质

定制旅行的兴起是随着跟团游体验越来越差，旅游者需求无法得到满足而出现的，定制旅行可以按照旅游者需求设计路线，时间自由，是为了有比跟团游更好的体验而生。

定制旅行的本质体现在“定制”上，是以旅游者需求为中心开展的旅行活动。定制旅行多方面提升旅游者体验，可以是定制旅行管家服务，也可以是独一无二的资源，同时定制旅行在个性、感受等方面对产品服务提供商也有较高的要求。定制旅行的顾客对价格不是十分敏感，但对体验、个性化及特色方面要求较高，因此，定制旅行服务的提供商在资源整合与产品丰富度上面有很强的能力。简而言之，定制旅行就是以定制的方式，满足旅游者高品质旅游需求的一种旅行方式。

二、定制旅行的特征

定制旅行涉及类型众多，但不管是何种类型的定制旅行，普遍具有以下几个方面的基本特征。

（一）自主选择性

定制旅行的产品更具有自主选择性，旅游者对于一切的行程安排可进行自主选择，包括路线、住宿、餐饮等方面的安排。定制旅行与普通旅游的区别在于，前者多为散客出行，后者通常是团队出游。而当旅游者选择普通旅行社中的团队游，通常就相当于购买了组合完整的旅游产品，而定制旅行中的散客旅游则是分散购买产品的个别项目，再加以组合，更具有随意性和自主性。

（二）便利性

得益于互联网的快速发展和普及，各旅游平台关于定制旅行的操作流程并不难，只需要通过手机提交订单即可，简单易操作，这使得获取信息和整个行程中遇到的各种问题都能依托于互联网处理解决。同时，互联网的发展也为一些追求自由、想要彰显个性的旅行者们提供了广阔的选择空间。

（三）省时性

在自助游的萌芽时期，其最大的弊端是旅游者不熟悉旅游地的相关情况，不清楚如何安排行程、住宿等，这促使人们在旅游之前需要搜集大量的信息，提前为一场旅行做攻略。在网络资源丰富的今天，查找信息并不困难，但难的地方在于大量资料的筛选与整理、真假资料的辨别、交通住宿的选择与预订等，做一套完整的攻略下来，既耗时又耗力，且花费大量时间制作的攻略不一定会达到预期效果，而定制旅游的最大特点就是省去了这些环节，旅游者无须从零开始，费心费力查找资料，只需将一切交由定制旅游平台，可以节省不少的时间投入。

（四）难复制性

人们的旅游需求随着生活水平的提高变得多样化，追求新鲜、追求标新立异的旅游者大有人在，这些旅游者不希望自己的行程和别人有雷同，更多的是追求小众旅游目的地，乐于尝鲜，而定制旅行能为旅游者提供私人定制化的产品与服务，行程不易被复制，这使旅游者的个性化需求得到最大限度的满足。

（五）高参与性

定制旅行产品的设计与交付往往是同时进行的，定制的过程中，就是收集旅游者的偏好信息，邀请旅游者参与其中。此时，旅游者会根据自己的个人偏好及消费倾向确定旅游内容，参与线路设计，旅游企业也由原来的“主导者”变成了“服务者”。旅游者的参与程度要远远高于其他类型旅行。

（六）高体验感

传统的旅游产品偏重将信息单向传递给旅游者，而定制旅行主要以旅游消费者的实际需求为中心，更加重视旅游者的体验与感受。旅游企业的目标也由销售旅游产品变成了提高服务质量，是站在旅游者的角度思考问题与需求，不再是单向信息传递，而是基于与旅游者的互动沟通，提升旅游者的满足感与体验感。

三、定制旅行与传统旅行方式的区别

（一）定制旅行与跟团游

1. 跟团游

跟团游是指以有组织的集体形式开展的旅游活动，在旅行社行业中，尤其是指旅行社将购买同一包价旅行产品的旅游者组织在一起，以旅行团这一集体形式开展的旅游活动。从旅游者角度来看，跟团游的好处主要体现在省时省力，安全感强，价格优惠三个方面。首先，在大众旅游时代，价格成本是旅游者出游必须考虑的问题，跟团游价格方面相对便宜；其次，选择跟团游，无须担心安排行程问题，省时省力；最后，遇到突发情况，能够有所保障。从旅游服务机构角度来看，跟团游最大的优点在于，有利于组织旅游产品的批量生产，从而降低单位产品的生产成本。

图 2-2　跟团游

2. 定制旅行与跟团游的关系

对于旅游者来说，传统的跟团游，通常由旅行社设计好固定的行程安排，指定的团期，时间安排也比较紧凑。这样的行程在整个行业里通用或严重类似，旅游者只能被动接受标准化、程序化和模块化的旅游产品，从而使旅游活动的开展缺乏灵活性和个人自主性，旅游体验感也比较差。相比之下，定制旅行能够实现真正意义上的纯玩，所有行程安排都可以由旅游者按照自己的意愿进行选择，更能彰显旅游者的个性化，旅游活动也更加柔性化。

对于旅游服务机构来说，跟团游的旅游者并不会花费太多的时间成本和人力，只需要与旅游者签订一纸合同即可。而定制旅行的旅游者不仅需要签订合同，更需要旅行社为其提供更多的服务和产品策划。跟团游的行程在不同旅行社往往相似度非常高，并且通常不会随着时间推移而变更行程安排。而定制旅行的旅游者对于旅行线路的设计参与度更高，这就要求旅行社必须更加专注于一个目的地深耕，设计出独特的不易复制的旅游方案。对于定价方面，跟团游价格虽低，但是旅游过程中的购物店和自费景点消费都不低，这也是旅行社的主要盈利点。而定制旅行价格透明，旅行社通过同业低价采购旅游资源，并按照散客价格为消费者推荐，利润主要来自每项旅游产品的差价相加以及定制服务费的收取。两种旅行模式之间的差别可见表 2-3。

表 2-3　定制旅行与跟团游特征对照表

类别	跟团游	定制旅行
产品类型	传统旅游产品	定制旅游产品
产品特征	产品单一、开发周期长、产品生命周期长	产品随客户需求而变、开发周期短、产品生命周期短
管理模式	以生产为中心	以旅游者需求为中心
市场	大众市场	个性化市场
客户关系	客户关系波动大	客户关系稳定，黏性强
生产特点	刚性生产	柔性生产
价格	价格混乱，含隐形消费	价格透明，无隐形消费

案例 2-2

跟团游遭遇强制消费，维权反被诉名誉侵权

日前，北京海淀法院审结了一起旅行社诉游客名誉权侵权案件。旅行社称游客王女士向监管部门投诉其存在强制购物一事并向媒体反映此事，侵犯了其名誉权。经审理，法院认为王女士认为其权益受到损害而进行维权，不存在捏造事实、侮辱、诽谤旅行社的行为，其行为不构成侵犯旅行社名誉权。据此，驳回了旅行社的诉请。

法院经审理查明，2018 年 6 月 29 日，王女士与某旅行社签订团队境内旅游合同，王女士在交纳了 2750 元团费后，随旅行社安排去新疆旅游。旅游过程中，王女士称被导游安排强制消费。王女士表示，自己因没有购物被导游斥责占便宜、不道德，且司机不让其上旅游车，并要求签字后方可上旅游车。

王女士称其没有签字，此后导游及司机对其态度较之前变差。对此，旅行社解释称导游是让游客帮忙购物，并非强制消费，且王女士未购物，对王女士并未造成损害。司机让游客签字是为了帮助商店记录购物人员情况，防止日后未购物游客向商店假索赔。王女士因认为旅行社存在强制购物一事向北京市旅行社服务质量监督管理所投诉，旅行社同意赔偿500元，王女士要求赔偿1万元，双方因赔偿数额无法达成一致而终止调解。

法院经审理后认为，王女士与旅行社签订旅游合同，王女士在该社组织的旅游活动中就是否存在强制购物一事与旅行社产生争议，向旅行社反映情况及索赔。双方虽称相关媒体播发了此事，但均未提交相应材料，法院无法查明相关媒体具体的播发情况。根据双方陈述及提交的证据情况，王女士认为其权益受到损害而进行维权，不存在捏造事实及侮辱、诽谤旅行社的行为，其行为不构成侵犯旅行社名誉权。最终，法院驳回了旅行社诉请。

（资料来源：南方都市报，跟团游遭遇强制消费，维权反被诉名誉侵权！法院驳回旅行社诉请 . 2019–2–19）

【案例分析】

当下，中国正处于大众旅行的新时代。出于放松身心、舒缓心情、团建、家庭聚会等目的，旅游成为人们越来越普遍的选择。一般来说，旅行地是一个对游客来说相对陌生的地方，选择跟团旅游就会有导游帮忙规划旅游线路、策划有趣味性的活动、计划时间、预订好房子和车子，是更加省钱和放心的选择。然而近年来的旅游乱象层出不穷，让有出行打算的人们望而却步、出言调侃，“省心诚可贵，省钱价更高，若为自由故，两者皆可抛”，准备自己进行攻略研究，虽劳心劳力，可只求在旅行时能身心舒畅。市面上，不少旅行社打出低价旅游的噱头吸引游客参团，等到了目的地后，改变行程，增加购物点，然后通过诱导或强迫游客购物获利，游客只能任其摆布。消费者出游，一定要提高辨识能力，自觉抵制“不合理低价游”，莫让侥幸心理和错误选择毁了美好假期。

（二）定制旅行与自由行

1. 自由行

自由行是指旅行全程没有旅行社的介入，也没有导游的参与，完全由旅游者自主筹划、预订、安排所有旅游活动的一种旅游形式，深受众多旅游者的欢迎。

2. 定制旅行与自由行的关系

自由行的优点在于可以自由选择和安排旅游行程中的活动，侧重于“自主与自由”，在这一方面，定制旅行与自由行大体上差不多，但相对而言，定制旅行更加精致，除了具备自由行所拥有的时间宽松、相对自由等特点，还在行程中添加了很多只属于目标游客的元素和创意，行程安排也可以交给旅游服务机构，由其完成产品设计或参与其中完成设计。对于旅游者来说，可以将更多的精力放在游玩和旅游体验上，同时享受旅游服务机构提供的高品质服务。而自由行需要旅游者提前完成出行前的准备工作，若异地游玩，还无法保障自身的人身财产安全，出游风险较高。另外，可能出现的文化差异、语言不通等问题也会影响旅游过程中的体验感。定制旅行则有专门的旅游服务机构帮忙解决此类问题，为旅游者提供了安全保障。

案例 2-3

“吃人”的自助游到底有多可怕?

据不完全统计，我国每年因为驴友自助游而引发的旅游事故多达百余起，而这些自助游事故的致死率更是高达 50%。

2020 年 7 月 10 日，海西蒙古族藏族自治州格尔木市公安局治安支队接到上级通知，要求协助查找于 7 月 5 日乘坐 Z164 列车由南京到达格尔木后失联的大学生黄某某。经过近 20 天的搜救，8 月 1 日，青海格尔木市公安局发布情况通报，去青海自助游失联的女大学生遗骸被发现，确认死亡。

就在自助游女大学生失联的第 8 天，7 月 18 日，多名驴友结伴前往北京市门头沟灵山附近爬山游玩，两名女子不幸被山上滚落的石头砸中，造成 1 死 1 伤。救援人员赶到了事发现场附近时，在事发现场等待救援人员的共有三个人，其中一人自行下山，两名伤者无法移动。其中一名伤者已经看不到生命体征，而另一名伤者肋骨骨折。

而在北京驴友死亡事故发生的第 20 天，也就是失联自助游女大学生遗骸被发现的第 7 天，湖南又出事了，据湖南平江县文旅广体局通报：8 月 8 日，钟某南（男，18 岁，三阳乡白若村人）、湛某豪（男，18 岁，汉昌镇北街人）等一行五人结伴去连云山峡谷漂流景区漂流。钟某南等人于 12 时起漂，到达终点后，钟某南、湛某豪两人脱去救生衣放在自助漂流皮筏上，擅自下水游泳，均意外溺亡。

短短一个月时间，竟然因为自助游发生了 3 起事故，而且是 4 死 1 伤。一时间，人们谈“自助游”而色变，自助游也成了“吃人”的旅行方式！

（资料来源：腾讯新闻 .1 个月 3 起自助游事故，4 死 1 伤！“吃人”的自助游到底有多可怕？！）

【案例分析】

自助游事故频发，一方面由于游客缺乏经验，和经验丰富的跟团游组织者旅行社相比，大部分自助游游客的旅游经验都十分有限。他们往往依靠网络和各种 App 获取相应的旅游攻略和经验，而这些信息又都是片面的，不成体系的。另一方面，游客的风险意识比较淡薄，而跟团游中导游会不断提醒大家注意安全。除了旅游经验和风险把控之外，寻求刺激、猎奇心理作祟也往往是自助游事故频发的一大原因，旅行社安排的都是比较大众的目的地，而驴友参加的都是一些小众的目的地，这些地区往往开发尚不成熟，有些甚至比较原始，没有任何安全防护。正因为这些风险性的存在，我们在选择自助游时一定要慎重。

（三）三者之间的区别

根据前面的内容，可发现定制旅行与跟团游相比，具有按需设计、高度细分的特点，行程更加个性化、体验感强。因需与旅游服务机构进行沟通，价格也相对较高。与自由行相比，相似度较高，都是按照自己的需求进行设计，自由化特征明显，但定制旅行有旅游服务机构的参与，旅游者比较省心，而自助游需要旅游者耗费更多的时间与精力。据此，将三者之间的区别整理成表 2-4。

表 2-4　定制旅行与跟团游、自由行

类别	跟团游	自由行	定制旅行
价格	较低	两者之间	较高
自由度	较低	较高	较高
体验感	较低	较高	较高
参与度	较低	较高	较高
省心度	较高	较低	较高

案例 2-3

定制游受青睐　成旅游行业良机

端午节假期本地游受到追捧。其中，定制游订单量较清明小长假大幅增长，增幅达4300%。人们对周边游深度挖掘，“重新发现家门口的美景”成为新趋势，不少游客因此选择定制游。定制游就是根据游客的不同需求，而为其量身定做的旅游行程设计。个体个性化、差异化的存在，让每个人的需求层次和内容不尽相同，进而对旅游产品的供给也有不同的要求，这些不同体现在对旅游目的地、酒店、项目等细节区分上。

同到一个景区，有人意在体验风景、领略人文，有人意在放松心情、放飞心灵，还有人可能只是为了打卡留念。因此，设计一条符合个性特点的创意行程，除了需要旅游行业供给侧的转型升级，更离不开整个旅游市场更加专业化和精细化的运作。匹配定制旅游对旅游市场的专业化提出了更高的要求，定制游在国外已流行多年且建立了成熟的体系。在国内，定制游起步较晚，不少人认为定制游是高端游的代名词，只有少数人能够享受。其实，随着个性化旅游需求的增长，以及消费者消费能力的不断增强，定制游已经开始进入“寻常百姓家”，而且该类产品已成旅游业的“金矿”。

相比同质化的跟团旅游，定制游更多体现在细节差异，以及基于个体需求的精耕细作上。定制游的服务提供者要根据消费者的需求，“投其所好”地去设计旅游产品并进行过程服务，让旅客有行遂所愿的舒适体验。如此，定制游服务提供者才能赢得良好的口碑，整个行业的发展也才能健康稳健。

对于旅游服务提供方来说，为一张内容固定的卷子填写答案并无多大难度与挑战，但每天要为不同的试卷填写合格答案，最终得到高分并不容易。定制顾问提供的一对一的人性化服务，设计的旅游产品能否满足消费者的需要，对从业人员、旅游服务提供商的专业化能力和水平，提出了更高要求。只有专业化水平更高的服务提供商，才能在市场竞争中抢得先机，引领潮流和占据主动。

定制游受到青睐是旅游产业发展的一个必经阶段和必然结果。需求侧发生的改变，需要供给侧做出积极的回应，加快转型升级做好匹配，进而达到供需两侧的协同推进，彼此促进。同时，定制游订单量的大幅增长，能促进旅游市场的日益成熟，这也意味着，同质游将面临更大挑战。

有关人士预计，时下刚刚起步的定制游在未来几年，将占据国内旅游市场的半壁江山，甚至成为真正的主流。景区怎么活，旅行社怎么匹配服务，整个旅游行业或许都将重新洗牌。以定制游为杠杆，旅游市场或将迎来高光时刻，旅游产业也将迎来新的发展良机。

（资料来源：工人日报．定制游受青睐，旅游产业发展的良机．2020-6-29）

【案例分析】

随着我国居民个性化需求的不断增长以及消费能力的增强，定制旅行的产品或将推动旅游市场更加专业化和精细化。同时这也对从业人员、旅游服务机构的专业化水平和能力提出了新的要求。在这样的市场条件下，只有专业化、水平高的旅游服务机构，才能在市场竞争中抢占先机、引领潮流。

第三节　定制旅行的理论基础

一、需求理论

（一）马斯洛需求层次理论

1. 亚伯拉罕·马斯洛简介

马斯洛（Abraham H. Maslow）是美国社会心理学家、人格理论家和比较心理学家，也是人本主义心理学的主要发起者和理论家。1933 年在威斯康星大学获博士学位，第二次世界大战后转到布兰代斯大学担任心理学系教授兼主任，开始对健康人格或自我实现者的心理特征进行研究。他的主要成就包括提出人本主义心理学和需求层次理论，代表作品有《动机与人格》《存在心理学探索》《人类动机的理论》等。

2. 马斯洛需求层次理论内容解读

1954 年，马斯洛在其出版的《动机与人格》一书中写到，“人是一种不断需求的动物，除短暂的时间外，极少达到完全满足的状态。一个欲望满足后，另一个迅速出现并取代它的位置；当这个被满足了，又会有一个站到突出位置上来，人几乎总是希望着什么，这是贯穿人一生的特点。”在书中，他提出了著名的需求层次理论，将人类的需求分为以下五种：生理需求、安全需求、社交需求、尊重需求与自我实现需求①。马斯洛认为这五种需求又可以划分为高低两级，高级需求通过内部使人得到满足，低级需求通过外部使人得到满足。他指出每个需求层次必须得到实质的满足后，才会激活下一个目标，即当一种需求得到满足后，下一层次的需求就会变为最重要的。见图 2–3 所示。

① 马斯洛．动机与人格［M］．许金声译．北京：华夏出版社，1987.

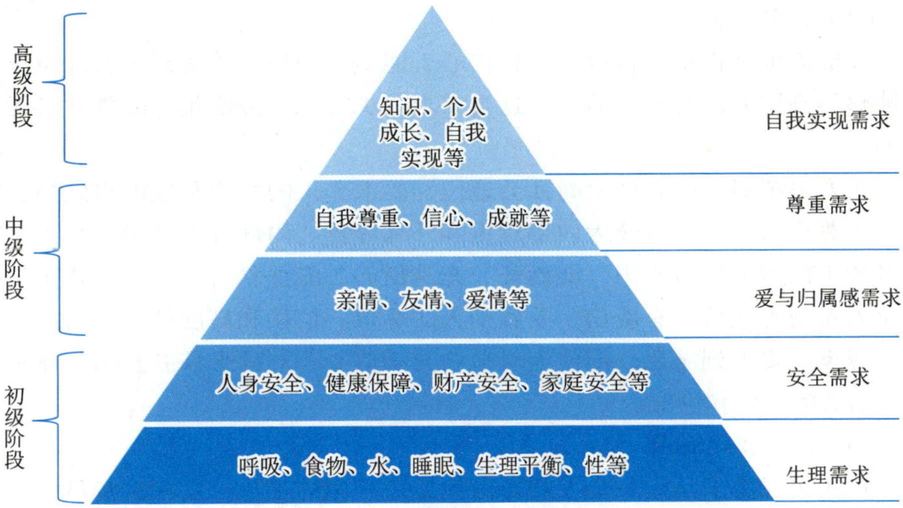

图 2-3　马斯洛需求层次图

（1）生理需求

生理需求也被称为第一需求，是人类最原始的，也是最基本的生活需求，主要包括呼吸、水、食物、睡眠、温度、性等方面的身体需求。

如果这些需要（除性以外）任何一项得不到满足，人类个人的生理机能就无法正常运转。换而言之，人类的生命就会因此受到威胁。从这个意义上说，生理需要是推动人们行动最首要的动力。马斯洛认为，只有这些最基本的需要满足到维持生存所必需的程度后，其他的需要才能成为新的激励因素，而到了此时，这些已相对满足的需要也就不再成为激励因素。

（2）安全需求

安全需求是指保护自己免受身体和情感伤害的需求，主要包括人身安全、家庭安全、健康保障等。

马斯洛认为，整个有机体是一个追求安全的机制，人的感受器官、效应器官、智能和其他能量主要是寻求安全的工具，甚至可以把科学和人生观都看成是满足安全需要的一部分。当然，当这种需要一旦相对满足后，也就不再成为激励因素。

（3）爱与归属需求

爱与归属需求又称社交需求，是指包括和家属、朋友、同事等保持良好的关系，给予别人并从别人那里得到友爱和帮助的需求。

人人都希望得到相互的关心和照顾。感情上的需要比生理上的需要来的细致，它和一个人的生理特性、经历、教育、宗教信仰都有关系。

（4）尊重需求

尊重需求是指包括自尊心、自信心、能力、知识、成就和名誉地位，以及能够得到别人的尊重等需求。这类需求很少得到充分满足，故常常是无止境的。

人人都希望自己有稳定的社会地位，要求个人的能力和成就得到社会的承认。尊重的需要又可分为内部尊重和外部尊重。内部尊重是指一个人希望在各种不同情境中有实力、能胜任、充满信心、能独立自主。外部尊重是指一个人希望有地位、有威信，受到别人的尊重、信赖和高度评价。马斯洛认为，尊重需要得到满足，能使人对自己充满信心，对社会满腔热情，体验到自己活着的用处和价值。

（5）自我实现需求

自我实现需求是指一个人需要做他最适宜做的工作，发挥自身最大的潜能，实现理想并能够得到自我成长的需求。

这是最高层次的需要，它是指实现个人理想、抱负，发挥个人的能力到最大程度，达到自我实现境界的人，接受自己也接受他人，解决问题能力增强，自觉性提高，善于独立处事，要求不受打扰地独处，完成与自己的能力相称的一切事情的需要。也就是说，人必须干称职的工作，这样才会使他们感到最大的快乐。马斯洛提出，为满足自我实现需要所采取的途径是因人而异的。自我实现的需要是在努力实现自己的潜力，使自己越来越成为自己所期望的人物。

3. 马斯洛需求层次理论在旅游中的应用

根据马斯洛需求层次，旅游业的发展也可以根据旅游者的需求概括为观光游、深度游、定制游三个阶段。第一阶段为观光游，在这一阶段，人们的旅游需求属于最基础的旅游需求，仅仅是为了到一个从没去过的地方，不太在乎玩得尽不尽兴，而重点在于去了哪些地方。再往后发展就是第二阶段的深度游，这时候的人们不再满足于基础的旅游观光，而是要求旅游有质量，不能像过去旅游团走马观光似的旅游。人们更在乎的是能否放松身心，能够深入当地的生活和文化。旅游需求的最高阶段则是第三阶段的定制旅游，旅游者不再听从旅行社的安排，而是能按照自己的需求与想法去安排全部的行程，一切由旅游者自己作主。这是旅游的“富裕”阶段，这时不仅是人们的生活水平富裕了而且人们的精神追求也更富裕了。就如马斯洛需求层次理论一样，并非一个阶段满足了就不存在了，而是社会发展会多个阶段并存，不同地区不同家庭所处的阶段也是有差别的。且一次旅游也会存在着观光、深度和定制旅游三种形态。只不过这三者间的主次地位不一样而已。

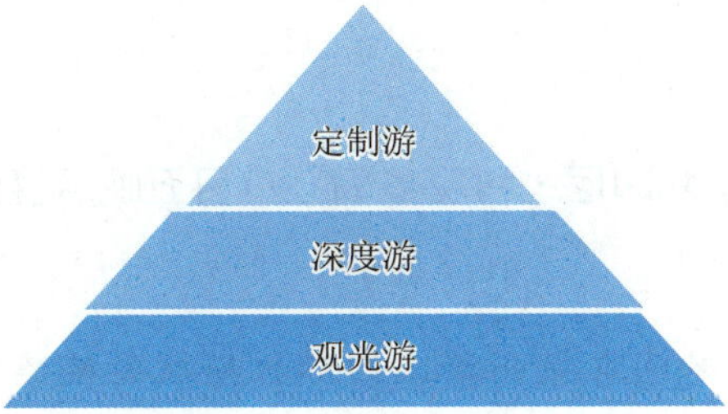

图 2-4　旅游需求层次图

4. 马斯洛需求层次理论对定制旅行的启发

马斯洛的需求层次是了解人类动机的绝佳模型，表现出多方面的积极意义，这一理论指出人在每一个时期都有一种需要占主导地位，而其他需要处于从属地位。这对于实际工作具有重要的启发意义。从定制旅行的角度的来看，每一种需求层次上的旅游者对旅游产品的要求都有所不同，即不同的旅游产品满足不同的需求层次，有定制需求的旅游者，高级需求的比例也较大，如果以旅游者的需求为导向考虑营销方法，不同的需求会产生不同的营销手段。

根据五个需求层次，定制旅行产品需要考虑以下要素。

①生理需求：定制旅行产品及服务必须满足最低需求层次，体现出各个要素，即使这些需求没有明确说明或支付费用要求定制。

②安全需求：定制旅行产品及服务要满足对“安全”的要求，关注产品和服务对游客身体和财务的影响。

③社交需求：定制旅行产品及服务满足对“交际”的需求，主动与旅游者保持实时互动，为旅游者之间联络以及亲朋好友之间沟通提供便利条件，激活旅游者爱与交际的需求。

④尊重需求：定制旅行产品及服务满足对产品及服务有与众不同的需求，关注产品与服务的象征意义、内在价值，并让旅游者认知与感知。

⑤自我实现：定制旅行产品及服务满足并符合旅游者自己的判断标准，创造机会，发挥游客特长，挖掘潜能，展示才华，提供助人的机会。

除了对定制产品有影响，同时对定制师的自我成长也有一定的指导意义，成为一名好的定制旅行师，需要为旅游者制定可持续的、认真负责和富有同情心的承诺，致力于帮助旅游者发现、追求和发挥自己的独特潜力。但旅游企业需认识到，只有当定制师自我成长为一个真正的人时，在满足和实现各层次需求时，他们才会自动使定制工作变得更加有意义与有效率，即定制的产品及服务更有价值和质量。只有定制师自己的各种需求在工作中得到满足时，他们的顾客在执行旅行计划时，顾客的各层次需求才会变得更有价值和更容易实现。

案例 2-4

“小众印尼 · 科莫多岛”六日五晚深度游

第 1 天

各位游客于指定时间在杭州萧山国际机场航站楼集合，办理离境手续后搭乘航班飞往“天堂之岛”——巴厘岛，抵达后由导游专车接机，前往酒店入住休息。

巴厘岛（Bali Island），是个阳光普照的度假胜地，田园农舍、森林草原和急流深谷，错落有致地分布在面积不大的土地上。北部的六座火山一字排开，更添几分苍莽壮阔。一座座优雅精致的别墅隐藏其间，营造出遗世独立的情调，弥漫着花香的传统 SPA 令人身心愉悦。充分体验这座小岛，沉浸在那不可言喻的享乐中吧。

第 2 天

早上酒店早餐后，我们前往登巴萨国际机场，飞往科莫多岛市府所在地【拉布安巴蕉 Labuan Bajo】（参考航班：巴厘岛－科莫多岛 IN654 09：30–10：30 或 IN664 16：05–17：05），在飞机上，你可以看到冒出滚滚浓烟的火山，从高空俯视可谓十分壮观。印尼是多火山多地震国家，地质运动较为活跃，有世界上最多活火山的国家，此情此景一定会让你此生难忘。抵达拉布安巴蕉已是中午时分，我们前往享用午餐。

下午我们将游览【镜子石洞 Batu Cermin Cave】，这座石窟本身是在海底，因为地壳运动来到地面上，展现在游侠的面前，里面藏着很多海底生物的化石，你可一定要擦亮眼睛了。和中国的众多岩洞比起来，镜子石洞 Batu Cermin Cave 更为天然原始，和国内打着五颜六色灯光的岩洞不同，镜子石洞还停留在很原始的阶段，它可是探险家的乐园。之后我们前往【AMELIA 海湾】，爬到山顶，观赏整片世外桃源，等待着海港的绝美日落。

第 3 天

早餐后，领队会带领游侠们进行帕达尔岛上的【火山轻徒步】（大约一个小时），帕达尔岛是科莫多国家公园的一个火山岛，曾经也有科莫多巨蜥存在，现在已经绝迹。当你爬到山顶时，【四湾汇合奇景】就会立即浮现在你的眼前。随后，我们会来到此次行程的另外一个亮点【粉红沙滩】，游侠们踏过粉色的沙滩，到海里尽情的嬉水！印尼拥有东南亚最独一无二的粉红沙滩，这里水清沙幼，粉红色的沙滩看起来极其性感迷人。之所以海滩呈粉红色，是和海底大量的红色珊瑚有关。红色珊瑚长年被海水冲刷后，会形成大量的粉红色细砂，这些细砂被海水冲刷到海岸上，长此以往这里的沙滩便含着大量的红珊瑚细砂，沙滩也就被染成粉红色的了。在这里拍照，每一个角度都会让人少女心爆棚！随后我们前往【拖尾浅滩 Taka Makassar】，途中在船上享用印尼风味船餐。【拖尾浅滩】其实是一个迷你的粉色岛屿，经过海水的冲刷，沙滩的尾巴每年都发生不一样的变化，当海水漫过沙滩，你甚至还可以看到沙滩上有白色的鱼群，游侠们可以在这里尽情地岸潜。

浮潜后游侠们将前往【科莫多国家公园】寻找印尼的国宝科莫多巨蜥，科莫多蜥蜴是世界上现存的最大的蜥蜴，体长 3~4 米，体重可达 100 千克。捕猎物时，先用尾巴将猎物击昏，然后用牙将猎物咬死。它能不用咀嚼而一口将猎物吞下，然后保持 4 个月不进食。

第 4 天

早餐后我们前往世外桃源【卡纳瓦岛浮潜】，当我们的木船越来越靠近卡纳瓦岛的时候，你一定会为它的美丽惊叹连连。在这里，你可以随意浮潜，如果你不会游泳也没有关系，我们也会有救生衣提供给你，船上的教练也会时刻保证大家的安全。

中午我们在船上享用午餐，朴实的船员会为我们精心烹制印尼风味的美食。随后我们会经停在海中央的【梅萨渔村】。这是一个原始又淳朴的小村子，当地人以捕鱼为生，每天都会有人从拉布安芭蕉来到这采购最新鲜的鱼蟹。我们也将在这里买上一些。龙虾、石斑鱼，这里都有。买好海鲜后继续乘船，日落时分我们将在【蝙蝠岛】看漫天飞舞的蝙蝠。观看结束后，游侠们躺在甲板上，静静地发发呆，而此时的头顶早已是一片星辰大海。返回拉布安芭蕉后，大家可以让镇子上的饭店来加工刚刚购买的海鲜。

第 5 天

今天，游侠们在用过早餐后，前往拉布安巴蕉国际机场返回巴厘岛。（参考航班：科莫多—巴厘岛 IN655 11：10–12：10）

抵达巴厘岛后，游侠们入住特别升级的巴厘岛五星级酒店，随后各位游侠们可以开始自由活动。如果您是“静”的爱好者，你可以悠闲地享受酒店内的各种设施，或是静静地放空思绪，体验巴厘“慢”生活！如果您是“动”的爱好者，那不妨四处走走，巴厘的沙滩、碧海、热带阳光，还有田园农舍、森林草原、急流深谷等美丽风光，定能让您流连忘返！

第 6 天

于指定时间集合，前往机场，办理值机手续后，搭机返回杭州萧山机场，各位游侠意犹未尽，含泪吻别，要记得在「游侠客 App」填写回访评价赢取代金券，旅程中的精彩回忆也可以在「游侠客社区」&「游侠客摄影网」发布游记或者作品噢！

【案例分析】

在此应用马斯洛需求层次理论对这一团队的深度游做需求分析，见表2–5。

表 2–5 运用马斯洛需求层次理论作出的需求分析

项目	分析
生理需求	出游人为浙江省工业设计研究院的工作者，平均年龄 30~40 岁，岛上温度适宜，住宿舒适，价格适当，行程安排合理。
安全需求	导游与司机全程陪同，已告知提前购买旅行意外险，门票、酒店、餐位已经全部预订落实。游船行程安排中会准备救生衣，以及专业的教练保证全体成员的安全问题。
社交需求	到达目的地会有接机人员，领队会随团讲解、照顾整个团队（旅游服务人员与团队人员的交流）；安排行程中团队成员可与当地船员共享印尼特色餐（与当地居民的交流）；安排合照，结束行程（相互之间的情感交流）。
尊重需求	定制旅行产品及服务与团队成员充分沟通，尊重其意见；旅行过程时刻关注每一位游客的状况，并让游客充分行使决定权、管理权。
认知需求	产品价格明价标出，领队陪同，随行对有关景点进行讲解。
成长需求	可学习浮潜，增强一项技能；旅途中还安排了寻找印尼的国宝科莫多巨蜥的活动，科莫多蜥蜴是世界上现存的最大的蜥蜴，能探寻大自然及生命的奥秘，见识到奇妙的物种，具有成就感。

（二）奥尔德弗的 ERG 需要理论

1. 奥尔德弗简介

克雷顿·奥尔德弗（Clayton Alderfer）是一位著名的管理名家，是美国耶鲁大学行为学家教授，心理学家，也是 ERG 需要理论的创始人。他的贡献是在马斯洛需要层次理论的基础上，进行了更接近实际经验的研究，提出了一种新的人本主义需要理论——“ERG”理论。他的代表著作有《人类需求新理论的经验测试》《生存、关系、以及发展：人在组织环境中的需要》等。

2. ERG 需要理论内容解读

奥尔德弗认为人们共存在 3 种核心的需要，即生存（Existence）的需要、相互关系（Relatedness）的需要和成长发展（Growth）的需要，因而这一理论被称为“ERG”理论[①]。见图 2–5 所示。

① 斯蒂芬·P. 罗宾斯 . 组织行为学［M］. 北京：中国人民大学出版社，2001，4.

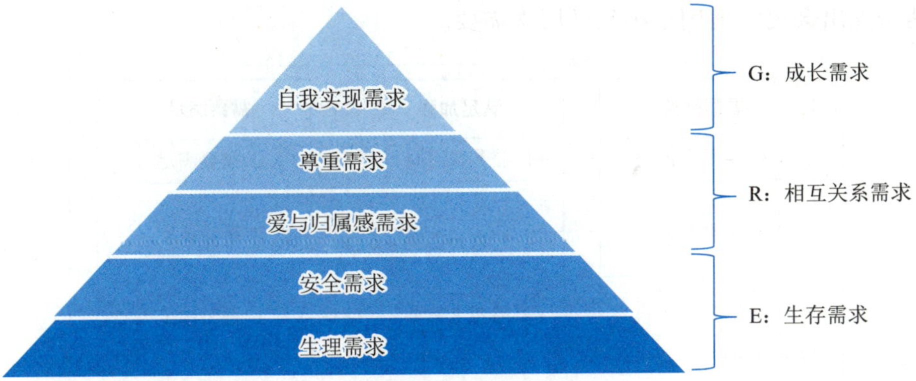

图 2-5　ERG 理论

（1）生存需求

生存的需要与人们基本的物质生存需要有关，即生理和安全需求（如衣、食、性等），关系到人的存在或生存，这实际上相当于马斯洛理论中的前两个需求。

（2）相互关系需求

相互关系的需要，即指人们对于保持重要的人际关系的要求。这种社会和地位的需要的满足是在与其他需要相互作用中达成的，与马斯洛的社会需要和自尊需要分类中的外在部分是相对应的。

（3）成长发展需求

成长发展的需要表示个人谋求发展的内在愿望，包括马斯洛的自尊需要分类中的内在部分和自我实现层次中所包含的特征。即个人自我发展和自我完善的需求，这种需求通过创造性地发展个人的潜力和才能、完成挑战性的工作得到满足，这相当于马斯洛理论中第四、第五层次的需求。

3. ERG 需要理论的结构关系

（1）需求满足

如图 2-6 所示，在同一层次的需要中，当某个需要只得到少量满足时，会强烈地希望得到更多的满足。这里，消费需要不会指向更高层次，而是停留在原有的层次，向量和质的方面发展。

（2）需求加强

如图 2-6 所示，低层次需求满足得越充分，高层次的需求就越强烈，需求将指向更高层次。

（3）需求受挫

如图 2-6 所示，高层次的需要满足得越少，越会导致低层次需要的膨胀，消费支出会更多地用于满足低层次需要。

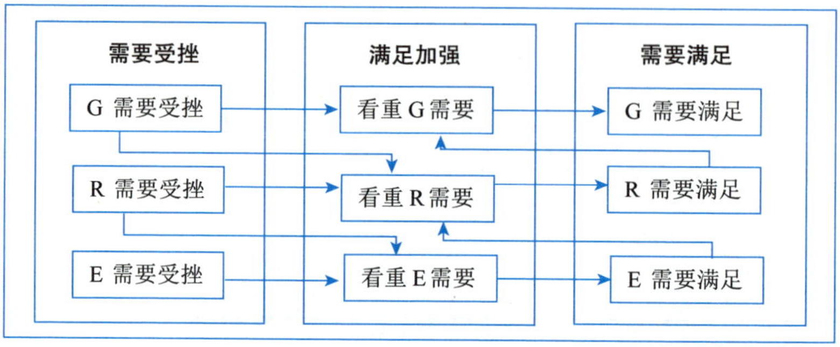

图 2-6　ERG 理论结构关系图

（4）需求并存原则

ERG 理论并不强调需要层次的顺序，认为某种需要在一定时间内对行为起作用，而当这种需要得到满足后，可能去追求更高层次的需要，也可能没有这种上升趋势。

（5）需求降级原则

当较高级需要受到挫折时，可能会降而求其次。例如，如果没有为雄心勃勃的员工提供成长机会，那么他们的动力就会降低，并且可能感到沮丧。这可能会使他们产生更多的相关性需求，也可能会与团队中的其他成员进行更多的社交活动。最后，如果他们无法满足自己的相互关系需求，他们可能会寻求进一步满足他们的生存需求。

4. ERG 需要理论对定制旅行的启发

ERG 理论可以用来解释游客对产品和服务的动机，因为该理论能解释一个人多方面的行为。例如，游客更多地关注住宿条件或者当地美食，那么他们可能处于模型的“生存”需求中。因此，增强生存需求各要素，可以增加他们对产品和服务的满意度。

此外，定制师也可以从 ERG 理论结构中受到如何定制旅游产品的启发。

（1）需求满足：定制旅行产品及服务时，量和质的提供应该是渐进式的，由少到多，由低到高，不应该是波浪式的或逆向的。如在为旅游者安排酒店和餐饮时，由低星级到高星级，把最好的放在最后，如果客观上没有条件达到，应该提前说明情况，为旅游者的心理做一个预设和缓冲。

（2）需求加强：定制旅行产品和服务时，让旅游者的生存需求得到充分满足，没有后顾之忧，这样他们才会追求上一层次的相互关系需求，维护好这层关系需求，定制师和旅游者才更容易互动，即使出现定制产品和服务的瑕疵，对方也会理解和谅解。相互关系需求充分满足后，旅游者才有动力追求成长需求，这样旅游者的合作性和满意度会更高。

（3）需求受挫：在定制旅行产品和服务时，由于客观条件的限制，旅游者的成长需求难以得到满足，这时应该考虑向旅游者提供更多更好的生存需求类产品和服务，加强维护旅游者的相互关系需求。例如，在山区、岛屿、荒漠、极地、乡村等目的地，由于娱乐产品和夜生活的缺乏，应该考虑到生存需求的充分满足。

由此可见，ERG 模型是可变的。旅行定制师必须了解 ERG 理论的变动性。旅游者有多种需求要同时满足。

二、驱动理论

（一）帕洛格心理类型理论

1. 斯坦利・帕洛格简介

斯坦利・帕洛格（Stanly Plog）曾担任《旅游研究纪事》等高质量国际旅游学术期刊的编委，也是 Plog 调查公司的创始人，从事旅游咨询工作近 40 年，曾帮助许多陷入困境的航空公司、游船公司和饭店走出低谷。曾在瑞士、中国香港等旅游目的地陷入客源低迷时，帮忙它们重新定位并成功扭转了颓势，因此获得了“目的地博士”的雅号。由他创立的影响旅游动机理论被称为“帕洛格心理类型理论”。

2. 帕洛格心理类型理论内容解读

斯坦利・帕洛格通过对几千名游客的研究，发现旅游者可以被划分为五种心理类型：自我中心型、近自我中心型、近多中心型、多中心型和中间型。他们在数量上近似呈正态分布。其心理类型曲线的分布如图 2-7 所示。

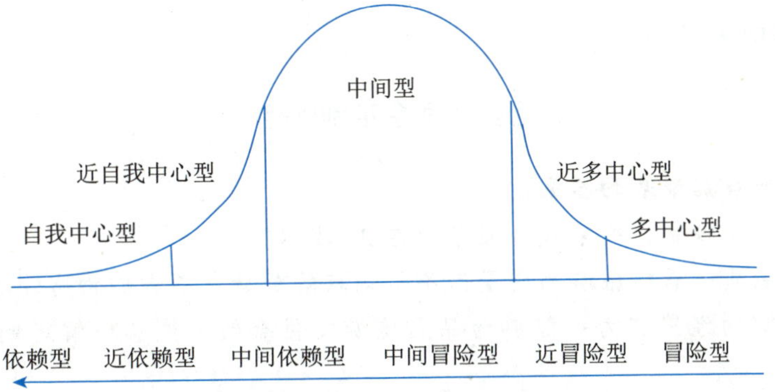

图 2-7　帕洛格五种心理类型

（1）依赖型心理类型

依赖型人格特征表现为思想上封闭而保守、谨小慎微、多忧多虑、缺乏自信、不爱冒险、往往依靠权威人士指引他们的生活；行为上表现为喜欢循规蹈矩的生活方式、愿意听从公众人物的建议或仿效他们的行为、偏好购买流行品牌的消费品、喜欢选择熟悉的娱乐活动、倾向选择自己比较熟悉的旅游目的地或传统的旅游热点地区。

（2）冒险型心理类型

冒险型人格特征表现为思想上天性好奇、喜欢探索、充满自信、喜欢挑战、对待生活有个人主见；行为上多表现为喜新奇，好冒险，外出旅游频率高，倾向文化差异大甚至不为人知的目的地，不愿随大流，喜欢与不同文化背景的人打交道和相处。

（3）中间型心理类型

中间型心理类型是介于上述两个极端类型之间，特点不明显的混合型。行为上对旅游目的地的选择通常不苛刻，一般会避免选择传统的旅游热点或风险很大的待开发地区。

从图 2-7 来看，在这个心理类型连续体上，一个人的心理类型距离冒险型越近，外出旅游的可能性就越大，并且其选择的旅游目的地的冒险性和陌生性就越大。影响方向始终由右到左，不可逆。

3. 帕洛格心理类型理论对定制旅行的启发

定制旅游者更偏向于多中心型心理特征，作为定制旅游者喜欢私人定制，不随团旅游。所以旅游的主观能动性比较强，旅游的变化性也大。定制旅游企业就需要根据定制旅游者的这些特点设计安排当地新鲜的活动，让定制旅游者真正融入到当地的文化和生活。

知识链接 2-1

哪些人适合定制旅行?

携程大数据带来的答案：

年龄：无限制，决策人一般年龄在 22 岁以上。

追求品质：看重旅游的质量而不是景点的数量、不进购物店、不走远路。

有一定的经济实力：能够为品质旅游支付金钱，能够理解定制游产生的额外成本。

喜欢新事物：不走寻常路，与众不同，深度游。

时间不充裕：没有精力和时间研究攻略、搜集信息、比较资源。

顾客群体：20% 定制游是情侣、夫妻二人出行，这类客户对个性化服务的需求明显高于其他人群。

42% 定制游用户出行含老人，其中 29% 出行有两位及以上老人。出行老人年龄普遍偏大，60~69 岁老人占 55%，70 岁以上老人占 34%。

常见的客户需求：

FIT[①]：亲子主题游、海岛度假游、人文观光游（日本世界文化遗产游）、摄影风格（龙脊梯田）、游学（海外留学）。

公司 CORP：会议旅游、团建拓展、团建旅游（MICE）。

（二）推拉理论

1. 推拉理论发展概况

19 世纪 80 年代英国学者温斯坦莱（Gerrard Winstanley）的著作《人口迁移规律》一书中最早出现推拉理论的思想，它是最具有代表性的分析人口迁移的规律的著作，在研究人口流动的领域中具有开创意义。后来，研究者 D.J.Bague 对推动和拉动理论进行了进一步的总结和概括，从而跨学科地在人口学的基础上，归纳出了提出了推拉理论。其主要观点是：人口转移是两个不同方向的力相互作用的结果，一个是促使人口转移的力量；另一个是阻碍人口转移的力量。人们为了改善自身生活条件，推力就是流出地的不利条件，而拉力则是流入地的有利条件，在这两种力量的作用下，人口的流动也就随之产生了[②]。到了 20 世纪的 60 年代，美国学者埃弗雷特（Everett S. Lee）对推拉理论进一步进行完善和修正，在此基础上通过总结提出更为系统的推拉理论[③]。1977 年，丹恩（Dann）通过研究提出了关于旅游动机的推拉理论，认为旅游者自身是推力产生的来源，目的地的吸引力是拉力产生的来源，旅游者做出旅游决策时，这种外部驱动力是最主要的影响因素[④]。

2. 推拉理论内容解读

推拉理论认为，旅游行为受到两个基本因素的影响，即推力因素和拉力因素。

---

① free itinerary travel 自由行

② Bogue D.J. Internal Migration［A］. P Hauser，O D Duncan，eds. The Study of Population［M］. Chicago：University of Chicago Press，1959：486-509.

③ Lee E S. A theory of migration［J］. Demography，1966，3（1）：47-57.

④ Dann G Anomie. Ego-enhancement and tourism［J］. Annals of Tourism Research，1977，4（4）：184-194.

（1）推力因素

推力因素是指由于不平衡或紧张引起的动机因素或需求，只要能使内部的不平衡或紧张得到缓解的所有刺激都是行为指向的对象，因而行为具有非选择性。

推力因素主要关注的是与旅游者自身需求相关的一些因素，根本上来看就是激发旅游者产生旅游决策的内部驱动力。例如个人健康、休闲活动、心理逃避、冒险探险、声誉保持、公开的社会地位与人际交往等。

（2）拉力因素

拉力因素和特征与吸引物及目的地自身属性相联系，但是不随着旅游者想法而改变的对旅游决策影响的外部吸引力。拉力因素往往与游客的特点有关，主要是目的地或当地旅游资源。根据旅游目的地不同的类型，形成的拉力因素也各不相同。例如风景、服务的吸引力等。

3. 推拉理论对定制旅行的启发

推拉理论将旅游动机与旅游目的地属性及特征结合起来，架起了产品需求与产品供给之间的桥梁。因此，定制师在定制产品及服务时，既要关注旅游者的内在需求也要考虑目的地对旅游者的吸引，从而使旅游目的地的一切活动都能围绕旅游者的需求开展。

从推力因素中，定制师可以根据和旅游者的沟通了解旅游者想通过旅行的方式得到什么，如逃离日常的生活环境，寻求改变等。这样，这些因素就可以用以解释旅游者旅游的原因，希望有何种类型的经历，去哪种类型的旅游目的地及想要的旅游活动。据此，定制师可以考虑各种与旅游者出游动机相符合的拉力因素，以帮助旅游者在整个旅游的过程中需求得到充分的满足。

三、期望理论

期望理论，又称作“效价—手段—期望理论”，北美著名心理学家和行为科学家维克托·弗鲁姆于 1964 年在《工作与激励》中提出来的激励理论。

（一）维克托·弗鲁姆简介

维克托·弗鲁姆（Victor H.Vroom），著名心理学家和行为科学家，期望理论的奠基人。早年于加拿大麦吉尔大学先后获得学士及硕士学位，后于美国密歇根大学获博士学位。曾任美国管理学会（AOM）主席，美国工业与组织心理学会（STOP）会长。维克托·弗鲁姆教授 1998 年获美国工业与组织心理学会卓越科学贡献奖，2004 年获美国管理学会卓越科学贡献奖，是国际管理学界最具影响力的科学家之一。

（二）期望理论的内容解读

期望理论的基础内容是想指出人之所以能够从事某项工作并达成目标，是因为这些工作和组织目标会帮助他们达成自己的目标，满足自己某方面的需要。弗鲁姆认为，某一活动对某人的激励力量取决于他所能得到结果的全部预期价值乘以他认为达成该结果的期望概率①。用公式可以表示为：$M=\sum V\times E$。

1. M——激励力量

激励力量是直接推动或使人们采取某一行动的内驱力。这是指调动一个人的积极性，激发出人的潜力的强度。

2. V——目标效价

目标效价指达成目标后对于满足个人需要其价值的大小，它反映个人对某一成果或奖酬的重视与渴望程度。同一目标，由于个人所处的环境不同，需求不同，其需要的目标价值也就不同，对每一个人可能有三种效价：正、零、负。如果个人喜欢其可得的结果，则为正效价；如果个人漠视其结果，则为零值；如果不喜欢其可得的结果，则为负效价。效价越高，激励力量就越大。

3. E——期望值

期望值，是人们判断自己达到某种目标或满足需要的可能性的主观概率。目标价值大小直接反映人的需要动机强弱，期望概率反映人实现需要和动机的信心强弱。弗鲁姆认为，人总是渴求满足一定的需要并设法达到一定的目标。这个目标在尚未实现时，表现为一种期望，期望的概念就是指一个人根据以往的能力和经验，在一定的时间里希望达到目标或满足需要的一种心理活动。

（三）期望理论对定制旅行的启发

期望理论所揭示的激励原理对理解激励本质、创新激励模式起到了巨大的推动作用，而期望理论所波及的领域也不只限于员工激励，事实上，旅游者的决策过程与其内在逻辑存在显著的相似性。

针对一次旅游活动而言，旅游者在出游前主观判断的此次旅游对个人有多大价值，能否实现休闲放松、修身养性等方面的个人需求，在出游后，因旅游过程中提供的各项服务以及本身获得的有价值的体验是否与预期对等即旅游者的期望值。如果旅游者认为他所付出的并不是其所需要的，那么这种激励对旅游企业来说就是无效的。因此，定制产品及服务时，要想提高旅游者的旅游体验质量，需要做好旅游者的期望管理，包括提供个性化服务、与顾客建立“学习型”关系、具有前瞻眼光，超越现有行业标准超越旅游者的期望。

① Vroom V H.Work and Motivation［M］.New York：Wiley，1964：21-23.

知识链接 2-2

旅游期望与旅游体验交互模型

国内学者谢彦君与吴凯根据旅游期望与旅游体验的差异及其影响，制作出一个一般性的模型（见图 2-8）。在这个模型中，包含着若干特征值和特征域。图中的 OR 线（45 度）可以称之为“一般满足线”，它来自于期望与感受的均衡、旅游者所面临的挑战水平与自身所拥有的技能水平的均衡。由于这种均衡在理论上意义比较严格，在实践上又是动态的、个体差异的和偶然的，所以，用一条 45 度直线来表示是极为恰当的。与此相对的典型的两个扇形区域和两个矩形区域，即分别由 OPR 与 OQR 构成的两个扇区和 Opqr 与 OPRQ-Opqr 构成的两个矩形域。这个模式的重要价值在于，它可以同时用这大小不同的两个矩形域和相对位置不同的两个扇形域来对旅游者的满足程度和实现机制进行刻画。两个矩形被用来描述因挑战水平和技能水平的均衡差异形成的满足水平差异。换言之，矩形 Opqr 所代表的满足从社会角度看是一种低水平的满足，而 OPRQ-Opqr 所代表的满足从社会角度看却是一种高水平的满足，但对于旅游者自己而言，只要处在“一般满足线”的状态上，就是一种高水平的满足，不管线上的点是在哪个矩形域内。但是，对于不同的旅游者来说，“满足”能否获得或如何获得，还决定于挑战水平与技能水平的相互关系。在 OPR 扇形域之内，挑战水平高于技能水平，在这种情况下，旅游者在形成期望的过程中，畏怯、不安、恐惧的心理在发挥作用，因此往往影响其期望值定位有趋低的倾向，而恰恰在这种情况下，旅游者会有较多的获得意外惊喜的机会，满足度由此而大大提高。这种提高的程度与技能水平和挑战水平的差异程度有关。反映在模型中，就是在整个 OPR 区域中的 OPA 小扇区所潜藏的意外满足的机会多于 OAR 区域，当然能获得这种满足的可能性在两个区域中恰好相反。在 OQR 扇区之内，技能水平高于挑战水平，这时旅游者的反应往往是乏味、没有激情、没有行为动力。

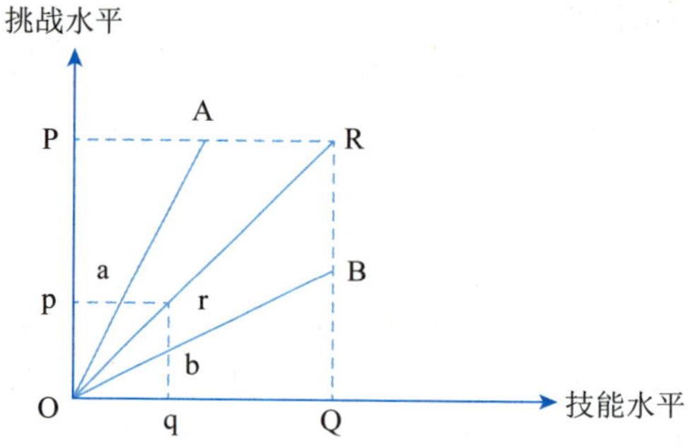

图 2-8　旅游期望与旅游体验交互模型

（资料来源：谢彦君，吴凯．期望与感受：旅游体验质量的交互模型［J］．旅游科学，2000（2）：1–4.）

第四节　定制旅行的价值意蕴

随着旅游新业态的迅猛发展以及用户消费的升级，旅行成为人们一种生活方式的同时，旅游者的消费需求也逐步具有浓烈的个人色彩和明显的差异性，因此旅游企业需要拥有一种能满足旅游者多样需求的服务运作模式——定制旅行。根据艾瑞咨询统计数据显示，中国定制旅行的市场蕴含着巨大的发展潜力，自由行模式等个性化旅行模式升温，正逐渐成为当今中国旅游消费者选购旅行产品时的最佳选择①，每个人都有“定制”个性化生活方式的需求与权利，可以说定制的未来有无限的可能。

一、市场新空间

（一）探索差异化竞争的蓝海

从产品特点来看，定制旅行属于创意型旅游服务项目，是以旅游者的个体特征与需求为前提设计旅游产品及服务，旅游目的地、旅游路线、交通工具、住宿地等都可以由旅游者定制，整个行程完全为旅游者量身定制，在旅游过程中也会突出旅游者的体验，能够更好地满足旅游者的个性化需求。这一点与时下人们追求个性化、自由化、创意感的服务体验不谋而合，可以说是“个性化”时代发展的必然产物。而传统的标准化旅游是以集体旅游为前提的，注重降低旅游企业的企业成本，因此提供标准化的旅游产品，但产品的同质化现象比较严重，通常以增值服务和引导性购物作为产品利润补偿。但在激烈的市场竞争中，产品生存空间越来越小。因此，为了避免同质竞争，必须设计独特的凸显个性化的产品，开辟旅游蓝海，进行差异化竞争，而定制旅行就是蓝海之一。

① 艾瑞咨询 . 2018 年中国在线定制旅游行业研究报告（iresearch.cn）.

案例 2-5

定制旅游时代：是被巨浪吞没　还是把海洋煮沸

海平面之上，冰山一角，定制旅游方兴未艾。海面之下，万千沟壑，各大玩家加码布局。一半盛着海水，一半长出火焰，谁能在定制旅游时代的竞争中独领风骚，而答案，就潜伏在这片深海之中。

马蜂窝副总裁、定制游业务负责人认为，随着信息获取的便捷，用户的旅行观念发生了很大的变化，以往的旅游，就是景点游览、拍照。时至现在，从国家发展、历史文化到日常生活，用户对旅行目的地的了解是全方位的，所以除了经典的景点、景色之外，用户还希望在旅行中，更多体验当地人的生活，了解当地的文化，创造属于自己的旅行体验；而居民生活水平的提升、消费观念的变化，使大家愿意为这些独特的旅行经历和体验买单。用户市场的这些变化，都在影响着传统的旅游行业，使得行业要有更新的旅行玩法、更好的服务，来帮助用户达成这样的旅行愿望，这其实就是定制旅行服务在现阶段得以快速发展的根源。负责人表示，随着定制商家的增多，马蜂窝会做好以下几件事，第一，将拥有不同特色和服务的商家，提供给相应的用户，让用户找到更符合自己需求的商家。也就是说，流量的引导和分配更精准，让用户的满意度更高，商家的转化和产出更高效。第二，继续制定并优化服务标准，并监督和管理商家的执行，确保平台的服务更有品质，确保用户的满意度。

目前马蜂窝已经对定制商家的服务，建立了内部的管理规范和体系，从服务响应时间、速度、定制方案的合理及规范、用户差评及投诉处理等方面都做了明确具体的要求，并通过系统和人工管理结合的方式，监督商家的服务；通过定期的用户回访及满意度调查，收集用户反馈及意见，持续优化管理办法；并建立相应的商家分级制度，针对商家的不同能力、表现，给予相应的培训、指导，对于不能满足平台要求的商家，进行淘汰制处理。

目前定制游这个概念很热，但坦白讲，这个市场的竞争还没有进入白热化。无论是各大电商平台还是启动定制业务的商家，大家都属于尝试阶段，都在摸索经验，寻找适合自己的定制发展模式。对于商家来说，有以下几个方面可以重点关注。

第一，对定制服务的理解，很多企业由传统旅游转型，过多依赖目的地资源，对定制用户的需求理解还需加强。定制不是简单的大团改小团，从旅行目的、旅行偏好、行中体验、特定的玩法、人群特定等方面都要思考，我们能提供什么样的定制解决方案，能解决客人哪些痛点，能给客人带来哪些额外价值。

第二，对目的地的研究要更加深入，从人文、历史、小众特色景点和玩法、当地特色体验等维度，重新审视和研究目的地，应对定制客人对目的地玩法的期待。

第三，注重服务。从接触客户开始，如何及时应对客户咨询、根据客户的个性需求来提供吻合的解决方案，如何完成从行前、行中到行程结束后的全流程跟进和服务，照顾好一次旅行的方方面面，让客户玩得成、玩得好，这个需要花精力去不断琢磨、积累。

（资料来源：品橙旅游，定制旅游时代：是被巨浪吞没还是把海洋煮沸）

【案例分析】

想从众多的定制旅行企业中脱颖而出，还是需要注重服务与产品，企业之间比拼的是资源整合能力及服务人员的专业素养，想要留住客户，定制师需洞悉客户的需求，并能够让客户真切地感受到“定制”服务，并有超出预期的服务体验。这也是占领市场的关键因素。

（二）追求高品质旅行的要求

从旅游者角度来看，定制旅行是旅游者追求高品质的要求。旅游消费日渐成熟，旅游者的可自由支配收入大幅提升，需求也日益复杂多变，因此选择和购买旅游产品的依据不再是单纯的价格，而是更看重产品的品质。对于以服务形式表现出来的旅游产品，由于它的无形性，导致对其品质的评判不可能像实物产品那样有统一的衡量标准，其品质的高低，主要取决于旅游者的满意度和体验程度。而定制旅行是基于旅游者的个性需求产生，并在生产过程中很大程度上加入旅游者的参与，因此，这种旅游方式能够保证旅游者的高满意度。

（三）推动出境游发展的力量

目前国内游和周边游的主流形式仍为跟团游或自助游，定制旅行的价格偏高且沟通时间较长，不能成为国内游及周边游用户的首选，而在出境游市场中，选择定制的用户呈快速增长的趋势。从需求角度来看，国内游相对来说比较简单，语言沟通方便，不管去哪里，基本不会存在语言障碍的问题，而出境游，不管是旅游资源查询还是订酒店、机票等，势必会面对不同国家文化及习俗的差异，以及语言交流方面的障碍，难度要远高于国内游及周边游。若多人出行，出境游攻略的查询和路线制定难度较高，且需协调多人的不同偏好，因此较为费时费力；若独自出行，部分国家治安状况不佳，人身安全又难以保障。这些问题对旅游者来说已经造成了一定的压力，而专业的定制机构行前、行中、行后的服务基本覆盖出境游人群的需求。因此，定制旅行将成为推动出境游发展的重要力量。

尽管定制旅游作为新兴旅游项目发展时间不长，但其以满足个性化需求为前提的产品服务理念吸引了大批的旅游者，不断完善的服务细节、优化的服务流程、全方位的服务内容，及给予顾客的“独一无二”享游体验，都是标准化旅游产品所无法比拟的，也是其在整个旅游行业中发展下去的基础[①]。而随着人员不断专业化、产品内容不断丰富，定制旅游还将拥有更加广阔的市场空间，也将为我国旅游行业的可持续发展提供助力。

知识链接 2-3

中国高端出境定制游市场潜力巨大

携程定制游及中国出境旅游研究所（COTRI）发布的《中国高端出境定制游报告》显示：2018 年携程定制旅行平台需求单量同比年增长超 180%，二、三线城市定制游需求增速超过一线城市。与此同时，一线城市的定制需求纵深发展，北上广深定制游需求升级，高端定制游市场需求在一线城市初显规模，2019 年也将有望成为高端定制的元年。北上广深高端定制游客的人均消费为 23 800 元，与此相比，普通定制游的人均消费仅为 5500 元。数据显示，十大高端定制增长城市为上海、北京、广州、深圳、杭州、成都、香港、南京、西安和天津。其中，北上广高端定制需求量均增长 100% 以上（见图 2-9）。

高端定制游客户主要为中国的高净值人群。至 2018 年，中国的高净值人群达到 167 万人，他们最希望得到的是健康，最主要的休闲方式则是旅游。对他们而言，旅游已经成为生活的必需品，他们有丰富的旅行经验和稳定的旅行预算，信任专业的服务并且认同服务价值，可以更为灵活地安排旅行时间，钟爱小众景点，重视独家和私密性，消费理性。在私人定制和企业定制渐已成熟的模式下，携程定制旅行平台对定制游市场进行规模化的同时进一步细分，不断开拓高端定制游市场。

① 覃文静．定制旅游在旅游行业中的发展［J］．旅游纵览（下半月），2018（14）：39.

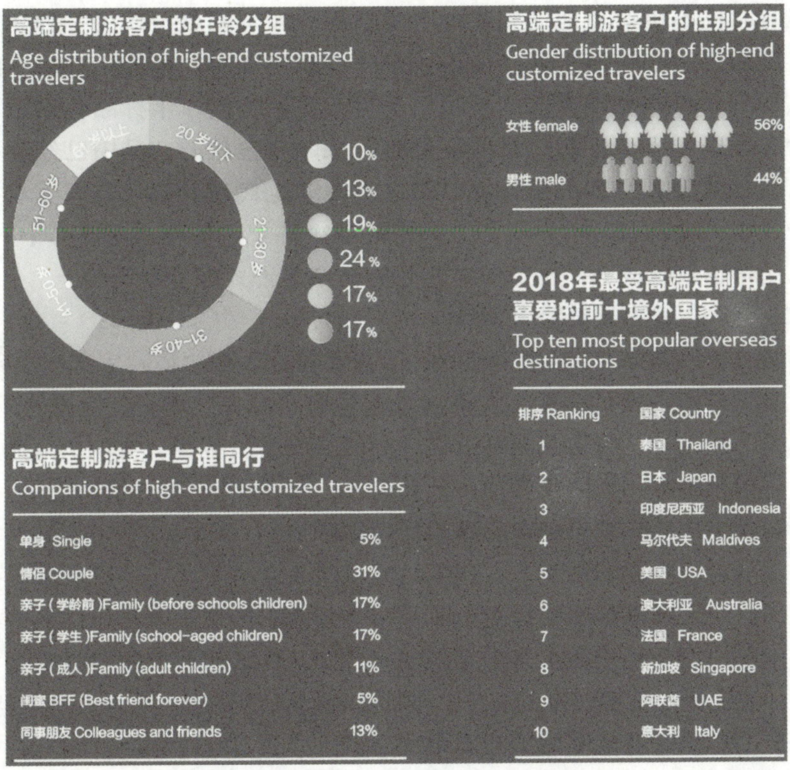

图 2-9　高端定制出境游用户特征

（资料来源：携程定制游及中国出境旅游研究所（COTRI）：中国高端出境定制游报告）

二、产业新动能

（一）推动对产品形式的思考

过去，旅游行业主要的业务模式是跟团游，跟团游对旅游者来说主要的吸引力在于节约时间且简单便捷，旅游者只需支付一定的金额即可全程跟着导游参观各种景点，这在观光游览的旅游模式里有极大优势。之后，自助游模式开始迅猛发展，越来越多的年轻人更向往个性化旅游，不受时间和地点的限制，注重体验的旅游模式受到大众欢迎，但是旅游的高成本使得大多数人不能实现真正的“说走就走”，而是需要等价的资源享受或情感回报。因此，随之而来的就是需要耗费大量的时间与精力查找旅游资源、选订旅游产品，但有时仍不可避免地遇到某种突发情况。而定制旅行作为一种介于跟团游及自助游之间的旅游模式，使得以跟团游或自助游产品为生存根本的企业开始认知到自身产品中存在的不足以及可改进的方向。半标品化则是值得业内思考和改进的一个方向，目前部分旅行社的打包旅游产品中已经开始出现可自由改动时间和行程的选择项，而这种改动也代表着旅行社需要承担一定的人身安全风险及资源价格压力。未来随着个性化趋势在旅游产品中的增强，半标品化将越来越成为一种适应时代的旅游产品形式的变动趋势。

（二）促进线下旅行社的转型

出境游是大部分定制旅行企业的主要业务方向，而出境游本身会受到资源、政策、能力等多方面的限制，能够实现出境游资源完美整合的企业也非常少。目前的线下旅行社，大多数只是以代理商的一个身份生存，将从上游批发商采购到的打包旅游产品销售给客户，其实就是一个赚中间差价的模式。但是定制旅行的需求出现后，越来越多的旅行社意识到他们目前模式并不能满足客户的这些要求。对这些旅行社而言，接定制需求代表着有更稳定的毛利和更强的用户黏性，从而带来复购率的提高；而不接定制需求则代表着其始终坚持在代理模式下生存，在个性化需求越来越多的时代，这样的旅行社很容易被淘汰。因此旅行社现在也面临着转型的抉择，本质上对行业的健康发展是有所助益的。

（三）提高规模化发展的可能性

随着人们对出行的要求逐渐多元化、个性化，定制旅行这种模式逐渐被人们看好，目前已经有不少旅游企业涉足定制游，但并不是每个入行的旅游企业都能分一杯羹。一方面，定制旅行的进入门槛不高，创业公司扎堆，竞争开始显现，如果不能发掘独特的产品或独占资源，定制旅行的毛利率会不断走低；另一方面，相较于其他旅行模式，定制旅行获客成本高、成单率低，难以通过规模来打开市场。这也是定制旅行行业发展最大的瓶颈。虽然客单价和毛利率相比传统旅行社高出很多，但都面临客单量不足、人工成本高、转化率低、难以规模化的困境。

究其原因，定制旅行价格高，对定制的要求更为严格，无法进行快速高效复制以实现规模化发展。但随着技术的不断革新，通过人群定位，建立内部数据库，以 H5 技术建立高效沟通方式等手段，定制旅行想要实现规模化发展不再不可能。首先，旅游企业可依靠人工智能算法和实际服务客户过程中建立起精准的数据库，再通过与客户的沟通，向客户推荐由人工智能自动生成的定制旅行方案，对方可在此基础上进一步提出意见，通过客户反馈继而进行调整，客户满意就可以完成预订。而这将极大提升定制效率，有效控制成本，待技术成熟，实现规模化不再遥不可及。

三、未来新发展

（一）科技助力协同发展

定制旅行要想能够对旅游者的需求作出及时反应，就无法摆脱对现代信息技术的依赖，所以未来定制旅行的发展将离不开科技的助力。以大数据、云计算和移动通信为代表的信息技术的广泛应用使旅游物理资源和信息资源得到高度系统化的整合和深度开发激活并服务于公众、企业等，为其提供信息化、智慧化服务。有了这一系列的技术支撑，定制旅行可以更高效的为旅游者提供高质量服务。如基于众多旅游者的历史数据，以时间最快、感受最深等不同体验形式展现给顾客以供其选择。旅游者本身也可以通过互联网，主动感知旅游资源、旅游活动、旅游天气、旅游交通等内容，及时获取信息对旅程进行调整。此外，政府部门也可以利用整合用户数据和即时数据，对旅游资源进行更加科学的配置，也可以对旅游者安全进行有效的保护。未来这种智慧化的定制旅行不仅能使旅游者享受专属性的旅游体验，还可以加快旅游企业信息化进程，提升旅游行业运行效率，促进相关技术行业发展等，形成一个良好的循环。

案例 2-6

路书科技：SaaS 助力定制机构效率提升

2016 年开始，参与定制旅行市场竞争的企业越来越多也越来越激烈，因此路书科技这个拥有技术 DNA 的团队选择从 B 端需求出发，研发出一套自主知识产权的形成 SaaS 系统，致力于帮助业内定制旅行公司、旅行社甚至是独立定制师等 B 端客户解决效率和规模化难题。定制师可以通过这款专业的行程操作系统——路书 · 云 TOS（Travel Operation System），在线编辑行程，并可以自动生成美观的微信 H5 页面和专属 App，定制师也可以将操作过的线路信息碎片化的储存在云端系统中，企业内部可协同共享，这样就可以提高线路重复使用率和模块化程度，高效组合成精美的个性化行程实时发送给客户，从而提高定制师人均效率和成单率。

定制游公司由于普遍体量较小，鲜有能力搭建自己的技术平台。这让一些融到资，“弹药充足”可以投入技术研发的团队在一定程度上占到效率优势。然而，路书等专注于 B 端服务的技术平台为行业提供了相对标准化的技术解决方案，专业的互联网团队在产品和技术方面的储备明显优于行业类公司自行开发的系统。

图 2-10　路书 · 云 TOS 的定制师后台与客户端

（资料来源：程小雨，路书科技创始人，知乎）

【案例分析】

路书的产品理念，是提升线下定制旅行的科技含量和服务质量，让传统简陋的行程展示方式与科技和互联网结合，提高整体的个性化定制服务水平。路书把精力放在为线下的旅行社、定制部门 OP 以及个人定制师提供专业的 SaaS 技术服务，将个性化的行程快速生产出来，高效地提供定制服务。

（二）定制模式创新发展

目前国内定制旅行的发展模式主要有主题定制旅行发展模式、形式化定制旅行发展模式、弹性价格定制旅行发展模式、合作定制旅行发展模式等。其中主题定制模式是围绕某个特定的主题进行旅行设计，旅游者多为对该主题感兴趣的群体或个人；形式化定制旅行发展模式是将标准化的旅游产品通过不同的方式提供给旅游者；弹性价格定制旅行发展模式则在定价方式上入手，提供多人定价、多产品定价及捆绑定价等不同的定价方式以供旅游者选择；合作定制旅行发展模式旅游者相当于与企业合作也参与到旅游产品的设计中[①]。当前的模式虽然已将定制融入旅游者的消费中，但总体上定制水平还比较低，存在一些问题。如信息不对称，很多旅游者无法深入了解定制旅行，潜在需求发掘不力；未能充分发挥旅游者在定制旅行设计过程中的主观能动

① 孟杨，顾耀黎，官智慧，等.我国定制游现状及发展对策［J］.旅游纵览（下半月），2016(18)：11-13.

性，定制化水平偏低，个性体现不明显；旅游企业对食住行游购娱资源的整合不足，中间环节较为冗杂。

在这样的情况下，定制旅行有望将 O2O 和 C2C 两种模式相结合发展，其中，O2O 模式将线下与线上结合，互联网变成线下交易的前台，线下服务可以通过线上平台吸引旅游者，旅游者直接在线上选择服务、支付即可享受线下服务。该模式能够充分挖掘线下资源，方便商家对消费行为进行统计，只要网络技术过关，旅游者向商家提供信息、意向的时间成本将大大降低。而 C2C 模式让旅游者在消费过程中的角色由被动变成主动，参与从设计、生产、营销，甚至经营全过程，消除了浪费、货物积压的分摊成本、中间环节产生的费用，从而降低成本。这样既解决了信息不对称的难题，又能打破旅游者在定制旅行设计过程中的被动角色，运用用户思维，实现旅游资源的配置，真正做到以消费者需求为核心，减少中间环节，使定制旅行在满足个性化的同时，尽可能降低成本。

（三）催生旅游新业态

旅游在不断满足人们各种需求的同时日新月异，定制旅行正是在当今时代下人们美好生活的需要与不平衡不充分发展之间的矛盾背景下而形成的新业态形式。这种模式的旅行逐渐衍生出新的组织形式，如专业的定制旅行公司、在线定制旅游运营商等，而定制旅游相关的企业又通过旅游者的需求不断地开发出新的旅游产品，如综艺主题定制游、音乐节定制游、定制蜜月游等，并由此在市场出现一种新的职位——定制师。从新企业到新产品到新职位，相互之间逐渐形成一条环环相扣的链条，正是定制旅行催生了这一系列的新玩法，成为旅游更新迭代的助推器，给旅游消费增添了许多新的亮点。

未来，在大数据时代的背景下，物联网、云计算等技术的支持下，定制旅行或能更加系统化地整合与开发旅游资源，催生更多新的业态，新的产品等，这对缓解人们日益增长的对美好生活的需要与不平衡不充分之间的矛盾也具有一定的意义。

总之，定制旅行未来的发展还需要更多的市场主体介入，也需要政府和社会各界的精心培育。

知识链接 2-4

旅游定制师成备受热捧的“幸福职业”

携程发布的《2019 旅游新职业生存报告》揭示了旅游新职业从业者生存

现状。报告显示，持续繁荣的行业前景、大平台的专业扶持赋能、灵活的工作时间和极有吸引力的收入，成为大波年轻人加入旅游行业的主要动力。随着国内经济的高速发展，传统旅行社提供的跟团游产品已经无法满足消费者出行自由和玩法多样等需求，消费升级催生出人们个性化、多元化旅行需求增长。为此，越来越多的年轻人倾向于选择旅游定制师——这一既可享受诗意生活，又可实现自我价值的"幸福职业"。

在定制师人才队伍方面，已初显高学历的态势。据携程对平台6000多名定制师的调研发现，大专学历的定制师比例最高，占比达48%；本科学历占比为38%；高中及以下学历的定制师占比10%左右；硕士以上定制师占比达到3%。携程定制学院首批结业学员中有20%的学员具有硕士以上或海外留学背景。2018年，携程定制旅行平台推出了"定制师岗前认证制度"和"社会化定制师培养计划"，只有取得上岗证才能服务用户。在年龄方面，定制师备受年轻人尤其95后的追捧。定制师职业中，95后占比最高，达34.8%。年轻、会玩、思维活跃成为这一群体的标签。同时，定制师新颖的工作内容与工作方式也是吸引95后的重要原因。90后定制师占比达31.9%，80后在定制师中已经成为老大哥。年轻人追求个性化的创新意识，在玩法上也更为大胆，与定制用户追求个性化、好玩的需求也十分契合。

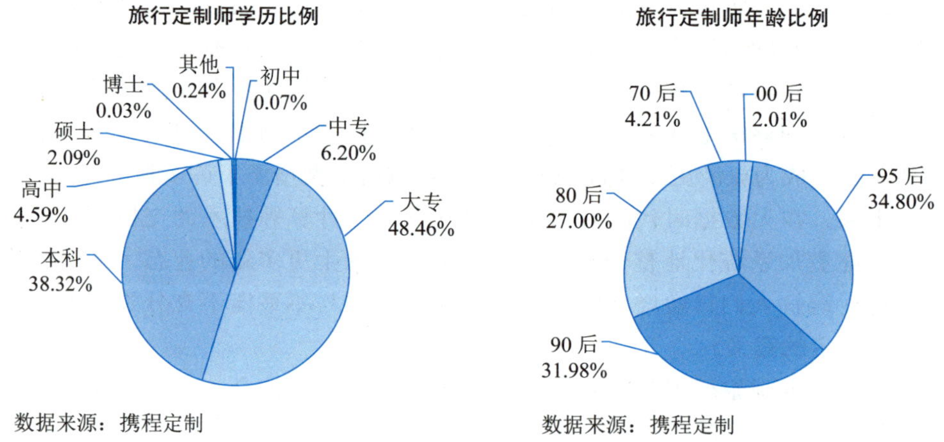

图2-11　旅游定制师学历与年龄比例图

从收入来看，一对一创造性的工作内容也决定了定制师可观的收入，数据显示，定制师平均月收入在9000元，超过全国白领平均工资。一些转化率高，服务好的高级别定制师，平均月薪可达到3~4万元，可以说是一种多劳多得的职业，据携程定制平台的统计显示，做得最好的定制师凭一己之力一年可以创造出数千万的交易额。

据有关媒体报道，未来两年，整个旅行定制师职业的人才缺口约为20万人。

（资料来源：携程，《旅游新职业生存报告》）

中英文专业词汇

定制	Tailor-made/custom
大规模定制	Mass customization
高端定制	High-end customized
大众定制	Mass customized
B2B 模式	Business to Business model
B2C 模式	Business to Customer model
C2C 模式	Customer to Customer model
旅游产品	The Tourist Product
旅游服务机构	Travel Agency
传统旅游	Traditional Tourism
跟团游	Group Tour/Package Tour
自助游	Independent Tour
马斯洛需求层次理论	Maslow's Hierarchy of needs
ERG 理论	ERG Motivation Theory
帕洛格心理类型理论	Plog's psychological types Theory
推拉理论	Push-pull Theory
期望理论	Expectancy Theory
自由行	Free Itinerary Travel

思考与练习

1. 试说明需方型定制旅行、平衡型定制旅行和供方型定制旅行三者之间的区别。

2. 试说明跟团游、自由行和定制旅行三者之间的区别与联系。

3. 试根据所学理论分析参与定制旅行的旅游者特点。

4. 根据所学思考影响定制旅游者出游的推力和拉力因素。

实训项目

1. 结合本章内容，谈谈你参与过的定制旅行项目，并分析其与非定制旅行的区别和联系。

2. 分组讨论，与同学分享你参与过何种类型的旅行方式，试分析传统旅游方式与定制旅行之间的区别与联系。

3. 结合本章内容，假设你是一名定制师，请选择一种理论，根据下列表格中的客户信息帮助其定制行程。

客户表单

客户信息	林先生
出游人数	4 人（2 大 2 小，一个 10 岁、一个 6 岁）
往返日期	9 月 20 日—9 月 22 日
目的地	上海
要求	适合小孩子，以小孩子为主

第三章
定制旅行产业链与市场分析

本章导读

目前定制旅行已经从高端定制逐渐进入大众定制的发展阶段，大众定制意味着定制旅行企业提供的产品与服务需要同时满足个性化与低成本，而这两个目标在传统意义上几乎是彼此矛盾的。经过多年的理论探讨和实践尝试，大规模定制被认为是解决这一矛盾的有效方式，而大规模定制的实现需要更加高效、灵活的产业链支撑。对于定制旅行从业者来说，需要了解定制旅行的产业链构成及特点，明确所在企业或岗位在产业链中的地位和作用，以利于在实践中达到定制旅行个性化与低成本的兼得。本章重点讨论定制旅行产业链的相关问题，包括定制旅行产业链的构成及图谱。客源市场是定制旅行产业链的组成部分，本章在介绍定制旅行产业链构成及特点的基础上，分析定制旅行市场。通过本章内容的学习，学生能够理解定制旅行产业链的基础知识，帮助学生从产业层面对定制旅行形成更深刻的理解。

思维导图

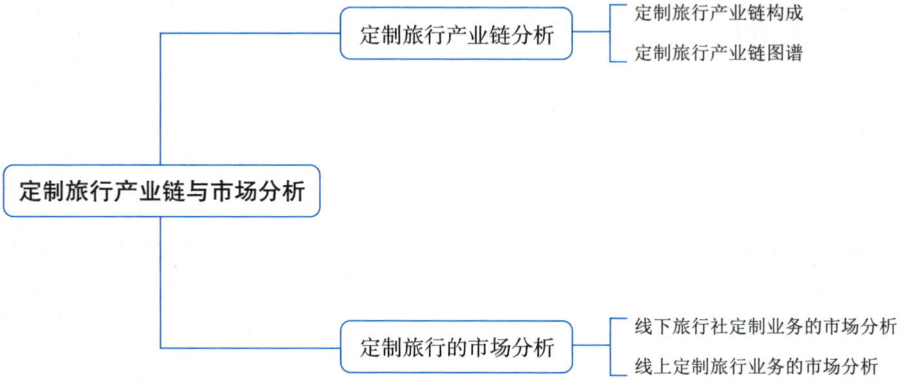

学习目标

职业知识：掌握旅游产业链的定义及特征、定制旅行产业链的特征、定制旅行产业链的构成。

职业能力：能够明确特定企业或岗位在定制旅行产业链中的位置及作用，能够明确在产业层面，定制旅行通过高效、灵活的产业链满足消费者个性化与低成本的需求。

职业道德：形成需求导向的产业观，以及重视产业联动、合作协作的经营理念。

案例导入

携程加强全产业链合作带动旅游业复苏

2021年1月携程发布了《2020携程“旅游复兴V计划”年终报告》。在旅游复兴“V计划”的引导下，携程以高于行业恢复的速度回血，并带动了平台商家和目的地伙伴的复苏回暖。

报告显示，“旅游复兴V计划”实施以来，携程联动浙江、贵州、广东等十多个省级目的地，同时协同行业伙伴共同投入旅游复苏基金超过20亿元，通过“复苏专享特惠计划”等惠民补贴促消费措施，超过20万家酒店和度假领域的合作伙伴优先获益，激活超过2000万用户重启旅行。

《2020携程“旅游复兴V计划”年终报告》以旅业回暖期、复苏期、反弹期为观察区间，全面记录了行业在跌至冰点时，携程从积极赋能商家，发起覆盖酒店全星级的“健康守护联盟”，推出10亿复苏基金+100亿供应商贷款的“同袍计划”，到政企合力，共推疫后文旅复苏项目、发放千万文旅惠民券，再到跨界联动，与京东达成战略合作、发布一键带货计划等系列举措，绘制了疫后国内旅业复苏的形象画卷。

根据启动时的设想，“旅游复兴V计划”活动将持续全年，携程将联合数百目的地启动10亿元复苏基金，用于刺激旅游消费。同时，携程还第一时间发起“旅游复兴十项倡议”，除了强调“科学防疫”为第一要务，对于酒店和景区等提出了疫中服务标准外，对于目的地如何参与旅游经济复兴提出了积极投入补贴、精准营销、深度赋能、金融助力等目标；同时倡议目的地应因时制宜，与优势平台及全产业链加强合作，积极推动市场复苏、行业复兴。

旅游复兴V计划2.0

（资料来源：央广网．携程发布“旅游复兴V计划”年终报告）

【案例分析】

疫情让旅游从业者看到了旅游业脆弱的一面，但同时也让整个产业认识到旅游业的发展离不开全产业链的共同繁荣，需要消费者、旅游资源方和旅游平台的共同努力。所有旅游企业都是旅游产业链中的一个环节，只有整个产业链中的每个环节都做到最佳表现，才能为消费者提供高质量的旅游体验。定制旅行以消费者为中心，更加需要全产业链的高效、密切合作，才能做到对个性化需求的快速响应，以及降低定制旅行的整体成本。

第一节　定制旅行产业链分析

一、定制旅行产业链构成

（一）旅游产业链的定义及特点

1. 旅游产业链的定义

（1）产业链的定义。产业链是产业经济学中的一个重要概念，其实质是描述产业关联，是产业依据前向、后向的关联关系组成的一种网络结构[①]。产业链从分工协作的角度阐述产业间的关联关系：从生产过程的角度描述，产业链被称之为供应链；从价值增值的角度描述，产业链也被叫作价值链[②]。产业链有多种不同的组织方式，目前被广泛关注的产业链研究范式是 Gereffi（1994）[③]提出的"消费者引导"的产业链：消费者引导的产业链是指围绕消费者，以产业中的零售商、生产制造商、服务商等为核心节点，共同构建分散式的生产网络，该生产网络以满足消费者需求为目的，具有竞争、协作和整合能力，由提供特定产品与服务的企业、相关机构和人员集合构成。

（2）旅游产业链的定义。旅游业是围绕旅游需求形成的产业，"消费者引导"的产业链定义比较符合旅游业的特性。因此，旅游产业链可定义为：基于满足游客需求而构成的具有竞争、协作及整合能力的生产网络，该网络由提供旅游产品与服务的企业、相关机构和人员集合构成。

2. 旅游业作为平台产业

传统媒体和拍卖等产业也是平台产业

（1）平台产业。平台产业是以平台企业为核心的产业[④]，除了基于互联网的众多行业，如以支付宝、银联等为核心企业的在线支付行业，以淘宝、京东等为代表的电商行业等，一些具有中介属性的传统行业也属于平台产业，如媒体、拍卖等。平台产业的产业链是以平台企业为核心形成的供需

① 杨公仆，夏大慰．现代产业经济学［M］．上海：上海财经大学出版社，2002.

② 宋胜洲，郑春梅，高鹤文．产业经济学原理［M］．北京：清华大学出版社，2012.

③ Gereffi G and Koraeniewicz M, Commodity Chains and Global Development［M］. Westport Praeger, 1994.

④ 戴维·S. 埃文斯．平台经济学：多边平台产业论文集［M］．北京：经济科学出版社，2016.

网络。

（2）平台企业的特征。第一，平台企业拥有多种不同性质的客户。一般企业的客户性质是一致的，如是对相似产品或服务有需求的消费者，或者是具有相同需求的企业、机构、组织等。平台企业面对的是多种不同需求的客户，并同时为这些不同类型的客户提供性质全然不同的服务。如电商平台既服务于商家，也服务于普通消费者，电商平台为这两类客户提供的服务是完全不同的。第二，平台企业与每类客户之间都存在供需关系，平台企业的多类客户之间也存在供需关系，从而形成了一个复杂的供需网络。如电商平台与商家和消费者之间都存在供需关系，同时平台上的商家和消费者也存在供需关系，这就构成了电商平台独特的供需网络。第三，平台企业的价值在于：一方面平台企业实现了多种类型客户的集聚，这意味着大量供需信息集中在平台上①，从而降低了不同类型客户之间建立联系的成本，使参与各方都能受益②；另一方面，对于任何一类客户而言，平台集聚的其他类型客户扩大了其市场规模，不同类型客户的规模越大，平台的价值就越大③。

（3）旅游业是以旅行社或旅游中介为核心的平台产业④。现代旅游业的诞生以托马斯·库克创办第一家旅行代理公司为标志，旅游代理公司、旅行社或旅游中介本质上属于平台企业。首先，旅行社为游客和各类旅游服务供应商提供不同性质的服务，如为游客提供包价旅游服务、旅游咨询等，为旅游服务供应商提供产品推广、招徕游客、代销等服务。其次，旅行社与各类客户之间形成了复杂的供需网络。旅行社与游客和旅游服务供应商之间都存在供需关系，同时游客和各类旅游服务供应商之间也存在供需关系。最后，旅行社的价值在于：旅行社掌握了大量游客和旅游服务供应商的信息，实现了游客和旅游服务供应商的集聚，供需信息的集中提高了游客与供应商进行供需匹配的成功概率，减少了交易成本；此外，旅行社扩大了旅游服务供应商的市场规模，丰富了游客的产品和服务选择，旅行社集聚的游客和旅游服务商的数量越多，旅行社作为平台的价值越大。

托马斯·库克
公司简介

3. 旅游产业链的特点

作为平台产业的旅游业，其产业链具有以下特点。

---

① 徐晋．平台经济学［M］．上海：上海交通大学出版社，2013.

② 陈宏民，胥莉．双边市场：企业竞争环境的新视角［M］．上海：上海人民出版社，2007.

③ 戴维·S. 埃文斯．平台经济学：多边平台产业论文集［M］．北京：经济科学出版社，2016.

④ 陶婷芳等．大型城市旅游业与演艺业的融合发展［M］．上海：格致出版社，上海人民出版社，2020.

（1）旅游产业链按上下游关系可由三大部分构成，分别是资源端即旅游服务供应商，平台即旅行社或旅游中介，客源端即游客。如图 3-1 所示。

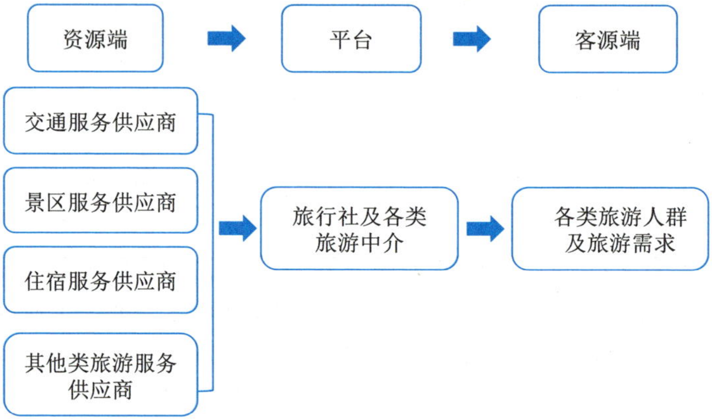

图 3-1　旅游产业链

（资料来源：作者绘制。）

（2）旅游产业链的上游资源端并不是传统的纵向加工序列，而具有较强的横向集成整合特点。游客的旅游体验是对整体旅游产品的消费，各类旅游服务供应商之间并不是上下游关系，不是旅游产品生产流程中的各环节，而是整体旅游产品生产所需的各种要素，各旅游服务供应商的产品和服务经过集成整合后，才能形成完整的旅游产品，使消费者获得一次旅游体验。这就形成了旅游服务供应商之间的共生关系，任何一类旅游服务供应商的需求旺盛，都会带动其他类型的旅游服务供应商的需求。例如，景点需求旺盛，会带动住宿、交通等旅游服务上的需求；交通便捷或住宿完善后吸引更多的游客，也会为景点带来客流。

（3）消费者是旅游产业链的组成部分。旅游产品与服务的生产与消费具有同时性，消费过程与生产过程是同步发生的，因此，游客虽然是消费主体，但也不可避免地参与到旅游产品与服务的生产过程中，是旅游产业链不可或缺的一部分。

（4）旅行社和旅游中介作为平台是旅游产业的核心。虽然旅游服务供应商和游客之间存在直接交易的可能和机会，但是旅行社和旅游中介作为平台仍然具有不可替代的核心地位。首先，旅行社和旅游中介的集聚和整合功能为供需双方创造了价值。旅行社和旅游中介实现了资源和客源的大规模集聚，极大地降低了旅游服务供应商和游客的交易成本，这种规模效应所带来收益远比脱离平台直接交易的收益要高。从价值创造的角度来看，作为平台的旅行社和旅游中介在旅游业产业链中承载了核心价值。其次，旅行社和旅游中介的平台功能不可替代。平台所能集聚的资源与客源规模，是任何旅游服务供应商或游客都无法做到的。旅行社和旅游中介这类平台的出现，才使旅游供需真正实现了规模化，是现代旅游业形成发展的必要条件，以专业旅游中介的出现作为现代旅游业诞生的标志可谓名实至名归。

（二）定制旅行产业链的特点

产业链体现了产业内部各企业、机构、人员之间的分工协作关系，分工协作的最终目标是生产特定的产品和服务以满足消费者的特定需求，因此，产业链的具体形态必然与特定的产品和服务相适应，以便更加高效、便捷地提供特定产品与服务。定制旅行是介于团队游和自由行之间的一种特殊旅游业态，其产品与服务具有自身的特点。定制旅行产业链除具有旅游产业链的基本构成和特点，也因定制这一核心特色而具有一定的特殊性。

1. 定制旅行产业链以实现大规模定制为目标

（1）定制旅行的生产目标是个性化兼顾低成本。这一目标与传统的团队游有本质差别。传统团队游产品背后的经济逻辑是薄利多销，以量取胜，边际收益等于边际成本的规模生产是最佳的选择。因此，团队游产品的目标是以标准化的产品、最低的价格，追求最大的消费规模。在旅游业发展初期，团队游产品对于供需两方面的发展都十分有利，标准化的产品有利于快速扩大生产，低价格的产品能够让大多数游客拥有相同的旅游产品和服务，解决“有没有”的问题。当旅游业进入较为成熟的产业阶段，旅游业面临的是高质量发展即“好不好”的问题，定制旅行应运而生，从产业发展的角度来看，团队游和定制旅行面对的是完全不同的产业阶段和问题，其目标自然不同。定制旅行的生产目标是让每位游客都能得到自己想要的产品，并且可以根据自己的经济能力负担不同的产品和服务，这也是定制旅行的关键，满足游客对旅游体验的多样化、个性化追求。为了实现这一目标，定制旅行必然是按需生产、提供个性化产品，以质取胜。区别对待每一位顾客或者具有某一特征的小群体顾客，使服务做到最好，这必然会增加定制旅行产品的生产成本。然而，当定制旅行进入大众定制阶段，要让普通游客都可以选择适合自己条件的定制产品，降低定制成本就成为定制旅行生产的另一大目标。

表 3-1　定制旅行与团队游的目标差异

	定制旅行	团队游
需求目标	解决“好不好”的问题	解决“有没有”的问题
产品目标	个性化产品，以质取胜	标准化产品，以量取胜
生产目标	个性化、相对低成本	规模化、最低成本

（资料来源：根据相关资料整理）

（2）大规模定制是定制旅行降低成本的必由之路。大规模定制是一种专注于广泛提供个性化产品和服务的生产战略，实现大规模制造的企业拥有最低的成本和最高的个性化定制水平。大规模定制有三大特征，分别是以敏捷的产品开发设计能力为基础、以精确的客户需求信息为导向、以柔性的制造能力和先进信息技术为动力①。

（3）大规模定制需要与之相匹配的产业链。定制旅行产业链的最典型特点就是定制旅行的相关企业、机构和个人之间要形成独特的分工协作，以实现个性化与低成本。定制旅行产业链是在定制旅行企业大量出现的过程中逐步形成的，是定制旅行企业应对需求变化探索创新的结果。定制旅行产业链（见图 3-2）仍然包括资源端、定制平台和客源端三个组成部分，但这三部分都为适应大规模定制而有所变化。资源端的旅游服务供应商种类更加丰富，分类也更加细致。定制平台一方面依托信息技术，通过模块化、半标准化等实现对资源端更强的整合能力和对客源端更快的响应能力，以实现个性化；另一方面，定制旅行企业在各垂直领域的专业分工进一步细化，促使同业定制规模扩大，从而有利于长尾需求集聚，实现定制的规模化，从而降低定制成本。客源端的需求不断细分，各种新需求不断出现，同时为使定制旅行产品符合游客需求，游客在定制产品行前设计阶段的参与度更高。定制旅行产业链依然以平台即各类定制旅行企业为核心，定制旅行企业基于信息技术，与资源端和客源端的协同合作更为紧密，并通过“前端需求洞察提高个性化 + 产品沉淀与迭代 + 后端资源整合降低成本”来实现定制旅行产业链生产效率的不断提升。

① 韩朝，奚祥英. 大规模定制生产模式在我国旅游行业中的应用［J］. 商业时代，2011（7）：122-123.

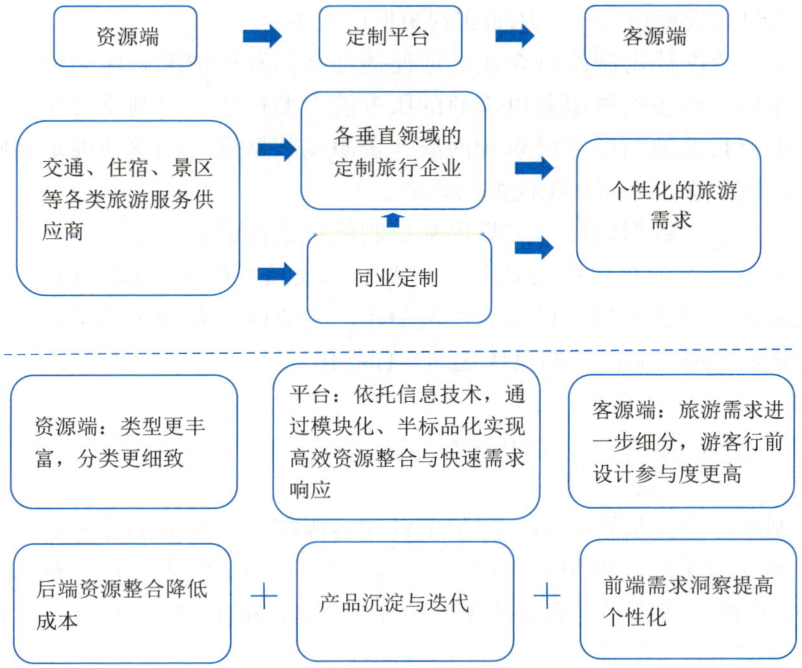

图 3-2　定制旅行产业链

（资料来源：作者绘制）

2. 定制旅行产业链依靠信息技术实现大规模定制

定制旅行产业链能够实现大规模定制离不开科技支持，尤其是信息技术和大数据的应用，对各种信息进行分析处理，包括客户需求、市场资源特点、服务内涵等，可实现定制旅行产业链各组成部分间的高效运作，实现定制旅行的规模化和个性化。

（1）互联网和大数据让定制旅行企业更加高效地洞察游客个性化需求。首先，互联网实现了客户与定制师的即时沟通，大大提高了信息交流的效率，使定制师与客户之间有充分深入的交流，从而更准确地理解用户的个性化需求。其次，建立客源端数据库，特别是定制旅行企业积累的海量数据，通过数据清洗、分析，能够刻画出旅游消费者需求特点，提升定制效率。最后，信息技术可以实时获得旅游者在行程中活动进展的信息反馈，了解游客旅途中的各项体验完成度，实现对游客的前期、中期和后期的全程跟踪服务，游后的信息反馈与回访，能够稳定客源量和增加品牌的黏合度。

（2）互联网技术使定制旅行的规模化成为可能。互联网汇集了无限多样的需求，使各种长尾需求有了集聚、形成规模的可能，从而让原本小众的定制产品有机会规模化生产，从而实现更低的成本。

（3）大数据让定制旅行企业更加便捷地掌握资源情况。建立资源端的供应链数据库，对各旅游服务供应商的服务能力贴标签，定制旅行企业可以更加高效的将目的地与游客需求相匹配。资源端数据库也能够帮助定制师快速了解目的地信息，提高资源挖掘的效率。

（4）基于大数据的技术工具提高定制旅行企业的定制效率。专业技术公司为定制旅行企业提供的专业软件以及技术支持与服务，如自动生成路书，已完成路书保存在云端，供以后参考使用。专业的互联网技术工具有利于定制旅行企业实现定制产品的模块化和半标品化。

二、定制旅行产业链图谱

定制旅行产业链资源端、定制平台和客源端三个构成部分在现实中表现为不同形式和属性的组织和机构。下文将详细介绍定制旅行产业链图谱（见图 3-3）中的各类企业、组织和机构，其中客源端的内容将在下一节市场分析中详细描述。

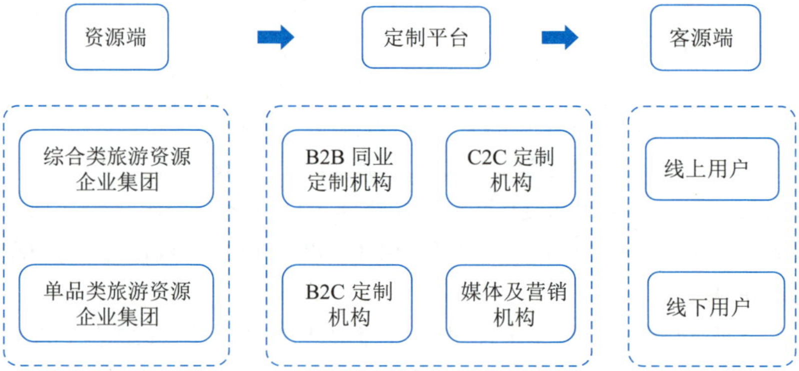

图 3-3　定制旅行产业链图谱

（资料来源：作者绘制）

（一）资源端

1. 综合类旅游资源企业集团

这一类企业集团进入旅游业的各个领域，拥有旅游业的全产业链条。例如海航旅游集团，业务覆盖航空、酒店、邮轮、食品等多个领域，这意味该集团掌握着综合型旅游资源，在资源整合上更有优势。

2. 单品类旅游资源企业集团

这一类企业的主营业务集中在旅游食、住、行、游、购、娱中的某一特定领域。比如，住宿类的希尔顿酒店集团、首旅酒店集团；交通类的航空公司、中国铁路总公司；景区类的宋城集团等。

（二）定制平台

1. B2B 同业定制机构

同业定制指的是定制旅行企业代其他定制旅行企业或线下旅行社等同业企业为客户提供定制旅行服务。产业链上的表现形式为资源端—同业定制—旅行社—游客。定制旅行产品和服务由于其个性化，需要充分了解客户需求和挖掘目的地资源，而任何一家定制企业都不可能在所有细分领域都拥有资源和客源优势，定制旅行产业要进一步降低定制成本，就必须进行更加细致的分工协作。各定制旅行企业在某一垂直领域长期深耕，形成在特定领域的独特优势。同业交易是定制化旅行行业内企业实现优势互补、分工协作的具体方式。通过同业交易定制旅行产业内的所有企业都能够以全行业最低的成本提供涉及所有领域的定制产品，从而有利于定制旅行行业的整体发展。除此以外，由于定制旅行产业链非常依赖互联网和大数据，出现了一批为定制企业提供专业技术支持的企业，这些企业也属于同业定制机构中的一类。总体上，同业定制机构对于定制旅行产业的发展至关重要，是定制旅行产业链实现大规模定制的合理安排。

从 2016 年开始国内部分定制旅行机构开启定制分销平台，为同业企业提供服务。原因主要在于：一是行业内客源端竞争激烈，单纯依靠消费市场很难存活，进军同业定制市场是多数企业的第二选择；二是同业定制市场需求的确存在，而且将随着定制旅行的大众化而逐渐扩大①。目前同业定制机构可以分为三种模式，一种是自营模式，即凭借自身独特的定制能力优势接受同业定制业务，如 6 人游旅行网、无二之旅等；另一种是平台模式，搭建同业交易平台，并不以定制能力为优势，而是以聚集同业定制供需信息为优势，实现同业定制供需的高效匹配，降低同业定制交易成本，如欣欣同业、芝麻游、旅游圈等；第三种是技术模式，以互联网和大数据技术为优势，为定制旅行企业提供技术支持，如路书科技。

2. C2C 定制旅行机构

C2C 也称达人定制或伴游模式，指的是定制旅行企业招募旅游达人向客户提供旅游知识咨询或定制旅行相关服务。招募旅游达人的定制企业大多属

---

① 艾瑞咨询 . 中国在线定制旅游行业研究报告 2018.

于平台类型，即聚集旅游达人和定制客户，提升双方的供需匹配。定制师从平台承接客户需求，通过平台 / 微信形式进行沟通和服务；客户在平台上提出需求，并等待系统匹配或定制师主动承接需求。

采用达人定制模式的定制旅行企业，由于只是搭建信息平台，依托旅游达人获取资源，所以无需重资产投入，企业的核心任务是做大客源端的规模，从而吸引更多旅游达人入驻，使企业搭建的平台更具价值。采用达人定制模式的定制旅行企业的劣势在于产品质量控制难度较大。定制师的认证和培训在互联网环境下显得较为单薄，定制师能力水平参差不齐，同时由于定制师与平台的关系较为松散，客户维权会遇到很多困难，从而降低平台口碑，也导致平台返客率提升困难重重。随着未来定制旅行行业准则和规范的制定，达人定制企业将会面临改进模式，寻找更为健康也更为优质的生存方式。代表性的 C2C 定制旅行机构如 8 只小猪、指南猫、鲜旅客、最会游、丸子地球等。

3. B2C 定制旅行机构

B2C 定制旅行机构是直接面向定制客户的定制企业。B2C 定制旅行机构的服务流程是：首先，用户向定制机构提出旅游定制需求，定制机构自有定制师根据需求给出方案包括行程、产品、服务人员等，行前定制旅行机构会根据用户想法反复修改行程方案，通过大量的沟通和咨询服务促使行程最终成行，在行程中及行程后，定制旅行机构均为客户提供高效服务及保障。

这一类定制机构也可以分为自营和平台两种模式。自营模式就是企业招聘并培训定制师直接向客户提供定制旅行服务。平台模式就是搭建定制旅游平台，吸引自营 B2C 定制机构入驻，自营 B2C 定制机构在旅游平台上向客户提供定制旅行产品和服务。自营类 B2C 定制机构的优势在于能够直接把控产品的质量，并保证定制师的能力水平，有利于定制企业保持良好口碑，提升返客率。缺陷则在于人工成本过高，由于定制师人数的限制，客户的规模化也存在一定难度。平台模式的 B2C 定制机构则正好相反，优势是利于规模化扩张。平台类定制旅行机构尤其是成熟的 OTA 依靠自身优质品牌、资源、渠道等，在行业内已有一定的用户认知度，在获客方面有较强优势。劣势是产品质量风险较高，平台口碑较难建立，另外，定制旅行客户与定制师之间的关系是基于信任和交流的，这就导致平台类 B2C 定制旅行机构的客户极易流失到入驻平台的各类自营定制旅行机构中去。目前，自营类 B2C 定制旅行机构较为典型的有遨游旅行、世界邦、驴妈妈旅游等；平台类 B2C 定制旅行机构的代表是飞猪和携程。

4. 媒体及营销类平台

定制旅行产业链图谱中的媒体及营销类平台主要是指 UGC，即 “User

Generated Content”，是用户原创内容的缩写，是指用户将自己原创的文字、图片、视频、音频等通过互联网平台进行展示或者提供给其他用户。UGC 有三个主要特点：一是内容具有一定程度的创新；二是由非专业人员或非权威组织创作；三是以网络出版为前提。旅游 UGC 指的是用户通过网络以照片、视频或者攻略的方式分享自己的旅游行程、旅游感受和旅游消费。中国的旅游 UGC 是在建立网上社区的基础上，通过社区上的交流行为理解游客需求，进而为游客提供相应的旅行服务，实现业务的多元化，再通过线上线下服务，共同推广旅游产品。可见旅游 UGC 机构的基础功能是作为信息发布的媒介，具有媒体属性，并在信息发布的基础上自然而然地具有了营销功能。旅游 UGC 机构的出现不仅创造了新的流量入口，更重要的是加强了对游客隐形旅游需求的挖掘和信息收集，对于以游客需求为中心的定制旅行来说，UGC 机构是定制平台的重要类型。目前国内最知名的旅游 UGC 是马蜂窝、穷游等。

案例 3-1

指南猫用 3 个 10 分钟规模化定制旅行

2013 年创立的指南猫，在 2015 年 4 月到 11 月期间，总共服务了 3 万人次，一单定制平均在 3~4 个人，平均每个月指南猫要定制 7000~8000 单，其中 7、8 月份是旺季，10、11 月是淡季单。这之中，出境的用户普遍是 3~4 人结群，一单的定制价格平均 2.7 万元，占比超过 60%，境内定制的用户也占到了 30% 以上，普遍是 1~2 人一单，每单定制的平均价格在 2000 元左右，这里面不乏想去周边玩儿的家庭，为省事遂托指南猫上的达人做一个为期 1~2 天的计划。当时指南猫的收费机制是按天来算的，分为三种规制：10 元 / 天的体验价、100 元 / 天的标准价和 200 元 / 天。只要是在指南猫上尝试过体验价的用户，之后大都会选择标准价的规格。经统计，指南猫上重复购买的用户，包括二次消费、以及通过朋友的推荐链接转化的用户，占比近 80%。当时指南猫的负责人认为，对于客户指南猫的定制价格只会越来越低，而对于指南猫上的旅游达人，随着定制工具不断提升效率，达人的订单量会越来越多，因此总体收入不会减少。

指南猫是最早进入大众定制市场的企业之一，越充足的达人，越高效的工具和沟通机制，便是指南猫规模化的基石。首先是遍布全球 105 个国家核心旅游城市的 5600 名达人，这个数量在国内平台类定制旅行机构中算是最多的。指南猫筛选定制师有两个硬性指标：第一，是否有 10 次长线自助游的旅行经验；第二，是否在当地生活达30天以上，并且会去体验当地生活。新的定制师进来时会有前辈带着操作3次订单，然后才可以自行接单。之后，便是通过用户评价来进行定制师的等级调配了。其次是600万POI（point of interest），这些POI有通过技术抓取整理得到的，也有达人贡献出来的。依托定制师和POI，用户在指南猫上的整个定制流程只需要3个10分钟就搞定了。

（1）指南猫摒弃了之前的标签式选择，用户只要选好“去哪儿”“什么时候去”，定制师就会通过10分钟电话沟通来了解需求。

（2）定制师做好路线后，再通过10分钟电话来给用户讲解整个路线安排，同样的，言语的描述会让用户对路线有不一样的认识，也更容易接受这样一条路线。如果不同意，也能及时沟通更改。

指南猫简介

（3）最后就是10分钟购买流程，目前有两种选择，一是平台打包购买；二是用户自行购买，这个会跳转到相应合作平台。通过指南猫打包购买的价格一般是比用户自行购买更低的，这里的价格比较会有一个提示，用户能够自行权衡。

（资料来源：36氪，《5600名定制师600万个POI“指南猫”如何用3个10分钟规模化定制旅游？》）

【案例分析】

指南猫作为平台类定制旅行机构，其能够实现规模化定制，离不开对资源端和客源端的整合与分析。通过世界各地具有必要定制能力的达人实现对目的地旅游资源的充分挖掘利用，通过大量的POI实现对客户需求的充分了解，从而极大地提升了定制效率，做到3个10分钟内实现规模化定制。

第二节　定制旅行的市场分析

一、线下旅行社定制业务的市场分析

（一）线下旅行社定制业务的目标客户

现代旅游业诞生以来，线下旅行社的定制业务就一直存在，只不过在传统运作模式之下，定制业务无法实现规模化，线下旅行社的定制业务一直定位于小众、高端客户。随着互联网技术的普及，线下旅行社在技术支持之下，

定制业务的目标客户也在不断扩大。目前，线下旅行社定制业务的主要目标客户包括以下几类。

1. 高端私人客户

线下旅行社定制业务的高端私人客户可分为精英商务人士、高端人群和高端社区家庭三种类型。线下旅行社为精英商务人士提供商旅定制，为高端人群如高级白领、明星等，提供定制化的蜜月旅行、游学旅行、医疗旅行、艺术鉴赏、亲子等细分领域的旅游解决方案，为高端社区家庭提供家庭定制化出行方案。

2. 高端企业客户

高端企业客户是线下旅行社重要的定制客户。线下旅行社为企业高管出行考察提供定制服务，根据企业要求定制奖励旅游、团建活动等。通常线下旅行社与此类企业客户的合作关系是长期的，高端企业客户也是线下旅行社重点维护的定制客户。除了商旅和奖励旅游等企业定制服务之外，线下旅行社还可以根据企业要求，为特定企业的高级客户提供旅游考察的定制服务，例如线下旅行社为高端俱乐部、高端教育机构、私人银行等企业的高级客人提供定制服务。

3. 同业客户

线下旅行社之所以会获得同业定制订单，大多数情况是因为线下旅行社的本地化优势。线下旅行社由于根植于所在区域，近水楼台先得月，线下旅行社对区域内旅游资源的熟悉程度和整合能力都高于线上或异地同行，由此线下旅行社本地定制业务除了直接面向游客之外，同业客户也是目标客户之一。

4. 大众定制客户

线下旅行社由于技术和成本的限制，在定制业务上实现规模化困难较多，但是线下旅行社仍然可以利用本地化优势，借助互联网的长尾需求集聚效应来实现大众定制。因此，线下旅行社的大众定制客户主要是以旅行社所在地为目的地的定制客户。

（二）线下旅行社定制业务的流量获取

1. 线下流量获取方式

（1）门店自有流量。实体门店是线下旅行社流量获取的主要方式。店面设计、服务人员的精神风貌等，都会影响线下客流。

（2）社群传播。社群传播是线下旅行社获取高端私人定制客户的基础获客方式。高端客户本身就是一个小众市场，客户处于同一个社交圈，很容易在小圈子内形成快速传播，因此大多数线下旅行社获取高端私人客户的首要方式就是老客户的口碑宣传。线下旅行社借助积累的高净值客户，通过老客户的宣传引荐，不断获取新客户。这种获客模式，在初期增长较快，但后期由于社群圈层的局限性导致无法扩张，天花板明显，这也是高端定制难以规模化的一大原因。

（3）线下活动。线下旅行社会举办一些基于高端人群圈层内的线下活动，来接触和获取新客源。一线城市是线下旅行社高端私人客户的主要来源。

图 3-4　线下活动

（4）合作机构引流。线下旅行社在特定领域的合作机构也能带来客源。例如专注医疗旅游的线下定制旅行社，其合作的医疗器械公司就可能为其带来新客户。再比如银行和财富管理公司等企业，其高端客户的理财顾问与客户联系很紧密，会帮助处理客户很多事情，客户很多生活琐事都会找他，其中也会有旅游出行的诉求，这时就会为定制企业带来客流。

2. 线上流量获取方式

线下旅行社的流量优势在于门店自然客户和老客户，但获得大量新客户的能力弱，需要提升互联网能力获得新用户。互联网渠道对于线下旅行社来说，是获取大众定制客户的有效方式。线下旅行社与大的 OTA 合作，成为 OTA 的定制旅行供应商就可以借助 OTA 的网络流量获取更多新用户，如线下旅行社选择通过携程、去哪儿、穷游等互联网平台接受定制客户咨询和订单。

二、线上定制旅行业务的市场分析

（一）线上定制旅行客户的需求特点

1. 线上高端定制旅行客户的需求特点

线上高端定制服务能够发现线上中产阶级更高的旅游体验需求。线上高端定制与大众定制的根本区别在于服务上的深度与广度。高端定制要求的是独特体验即服务保障，因此其需求点如下。第一，目的地独特。通常独特的目的地稀有度高，产品供应链难度等级高，产品难以规模化，独家定制度高。第二，高端客户的服务要求更高，定制旅行服务需要全方位覆盖客户需求，另外高端客户对隐私保障也更加关注。因此，高端定制旅行的判定核心是资源的稀缺性和服务环节的极致性。

2. 线上大众定制旅行客户的需求特点

线上定制旅行的出现使定制旅行走向了大众化，大众定制客户是线上定制业务未来的主要拓展方向。大众定制客户与高端客户的需求存在显著差异。大众定制旅行的主要需求点在行前规划和行中体验，定制旅行行业要能够为大众定制客户提供行前安排和行中帮助，这对于大众定制用户来说非常重要。提供便捷及省心服务是大众定制旅行的重点。大众定制客户对稀有资源的需求并不大，资源的搭配和组合能力是大众定制旅行企业竞争的重点之一。大众定制旅行产品主要满足客户休闲度假体验的需求，并帮助用户解决不花费时间、精力做攻略和预订的“懒”的问题。

（二）线上定制旅行业务的流量获取

1. 借助在线旅游平台

携程、途牛、同程、飞猪、去哪儿、驴妈妈等在线旅游平台聚集了大量的定制旅游需求，通过这些平台定制旅游企业可获取线上流量。很多初创的定制旅行企业通过成熟 OTA 平台导流，实现用户网络的初步搭建。借助在线旅游平台获客的优势在于，平台的客户规模大，流量可观；劣势则在于费用在逐年上涨。

2. 在线定制旅行企业的官方网站、App

在线定制旅行企业建立官方网站、开发 App，不断将定制客户沉淀在自己的数据库内。通过良好的体验提升客户复购率，是众多在线定制旅游企业获取流量的主要方式。

3. 依托网络社交媒体

满足客户的个性化需求，还需要通过各种社交媒体工具与客户互动，激发客户的参与感，维系和客户之间的关系。在线定制旅行企业充分利用微信、微博、抖音等社交媒体，与客户及时互动沟通，增加客户黏性和忠诚度。网络社交媒体的另一个作用在于能够通过兴趣爱好将分散的长尾需求者聚集起来，信息的发布和交易的达成都是自愿的，持续的关注用户，通过适时发起的活动与用户互动就有可能促成交易。

网络社交媒体案例

4. 搜索引擎与网络广告

搜索引擎和网络广告能够极大地增加在线定制旅游企业的曝光率，有利于快速扩大企业知名度，但是存在转化率低、费用水涨船高的缺点。

案例 3-2

无二之旅如何绕开流量焦虑?

无二之旅从创立到疫情之前，每年都保持着100%~200%的增长，平均毛利率可以做到21%，复购率非常高。但是无二之旅从来不烧钱，不亏本去买流量，完全依靠自己的商业模式运作。那么无二之旅是如何获得可观流量的呢？充分了解目标客户的需求痛点，利用大数据提升定制效率是无二之旅的制胜法宝。

无二之旅的客户主要是大中城市里20岁到45岁的年轻人群，组团人数平均在2~3人，简单说这些年轻人需要自由空间和小的团体活动。什么样的产品适应小团体的个性化需求呢？无二之旅针对的定制游用户并不是高端定制人群，而是大众人群。这些客户的最大的诉求就是不想跟团，有一些需求希望定制机构为他们做出来，诉求也不是很清晰，对目的地不是很了解，需要给他们很多推荐，而且他们对旅行的品质要求非常高，对性价比也非常有要求，也很谨慎。这部分人群需要做很多引导。

无二之旅针对以上需求特点的年轻化大众旅行客户，设计了这样的产品：第一，既然客人不了解目的地信息，也不能很详细很清晰地说出到底要什么，无二之旅就在第一时间提供客人不了解的信息。这样就会避免半天或一天之后，客户的消费意愿大大下降。无二之旅的销售人员之所以能做到如此快速的反应，也是依赖于后台积累的大数据，用以往相似画像的用户可能会喜欢的信息点提供给新用户，用算法去补全人力的不足。第二，既然客户有自己个性化的想法，但可能非常碎片化，那么我们就根据他现在已经有的诉求，做到第一时间可能仅仅需要几分钟即给他一个方案，但这并不是简单的一个模板拼凑出来的，而是客人提出的诉求要100%包含在方案里，除了人工经验以外，还是要依靠数据的积累。第三，客人不想跟很多陌生人拼团，他想要有自己的自由度，包括自由时间，自由项目的安排，但是又怕麻烦，又希望有保障，因此，无二之旅提供的定制产品必须在旅行过程当中，可以随时有人帮助解答和解决一些突发的情况。

很明显，要做到以上几点，达到非常个性化和强调时效性，就需要培养大量非常专业的定制师，这是定制旅行企业面临的一个很大的问题，所以无二之旅在过去很多年积累了大量的数据，等于说每做一单的用户，就把定制师的一些经验全部变成数据沉淀下来，所以无二之旅所有的后台数据，都是经过真实客户验证和体验过的，反馈非常好的数据才会到后台数据库，通过算法连接，然后大量服务用户，突破服务边界。

无二之旅的后台对接大量机票、酒店、景区等所有的资源，包括目的地所有的碎片产品，签证、保险、Wi-Fi 等等，所有客户需要的东西都可以在后台实时对接。无二之旅也会给每个客户配备非常详尽的路书，包括 App 实时连着谷歌地图导航，这是做了三十多版的迭代，通过 30 万用户实时的反馈总结出来的。

在价格上，现在比价的方式很多，无二之旅能够做到降低成本，真正在各个环节上提升效率，把定制游做到跟传统跟团游和客户在各个平台上花大量时间 DIY 的价格一样。同时无二之旅的定制流程都是标准化的，适合客户快速决策，个性化的行程制作和报价，跟做标品的效率几乎可以是同等的，这在定制行业应该说是非常快速的。

（资料来源：旅行社咨询网，《定制旅行业务年订单增长率达 100%，无二之旅如何绕开流量焦虑》）

【案例分析】

无二之旅的流量获取秘诀并不在于如何增加更多的流量入口或从其他平台引流，而是专注于产品，通过高效且极有针对性的定制产品来获得客户并保持较高的复购率。可见，定制旅行的获客秘诀归根结底仍然是极致的客户体验。

中英文专业词汇

产业链	Industry chain
平台	Platform
平台产业	Platform industry
用户生成内容	User Generated Content（缩写成 UGC）

思考与练习

1. 如何理解旅游业是平台产业？
2. 试分析定制旅行实现规模化需要具有哪些特点的产业链？

3. 试说明自营模式和平台模式各自的优缺点是什么？
4. 说一说高端定制客户和大众定制客户各自的获客方式有哪些？

实训项目

结合本章内容，选择一家定制旅行企业，试分析该企业属于哪一种类型的定制旅行平台，在运营上有哪些特点。

第四章 定制旅行产品

本章导读

继跟团游和自助游之后，定制旅行产品作为旅游产品的一种新形态逐渐进入大众视野，成为除跟团游和自助游之外的第三种选择。从专业的角度去理解定制旅行产品、分析市场主流定制产品并了解其迭代途径是学生在本章学习中需要着力解决的问题。本章首先探讨了定制旅行产品的定义、构成要素及特点，然后对高端定制旅行产品和大众定制旅行产品两种市场主流产品进行了特征分析并总结出旅行产品的定制模式，最后从客源市场洞察、优质资源筛选、优质线路沉淀、数据支撑定制四个方面对定制旅行产品的迭代途径进行了刻画。通过本章内容的学习，学生将掌握有关定制旅行产品的基础知识，为进一步学习定制旅行的服务、管理及营销奠定基础。

思维导图

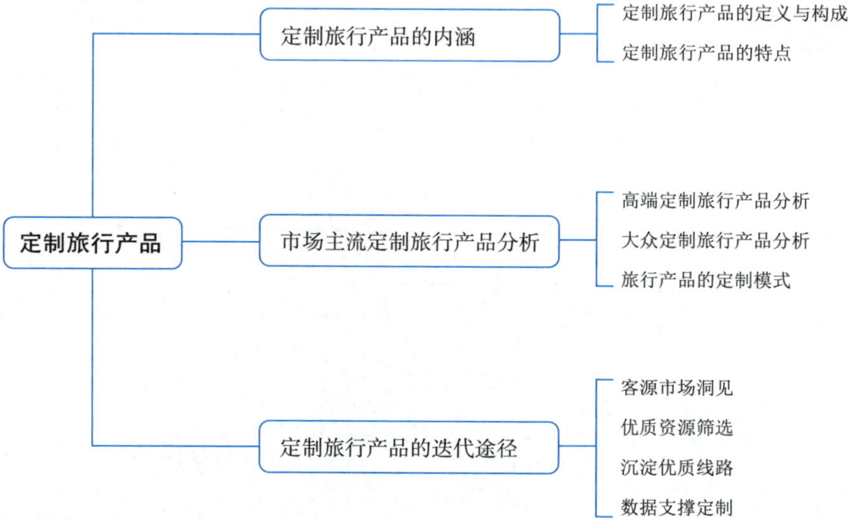

学习目标

职业知识：掌握定制旅行产品的定义、构成要素及特点，高端定制旅行产品和大众定制旅行产品各自特征及定制模式，定制旅行产品的迭代途径。

职业能力：能够用模型说明定制旅行产品与跟团游产品和自助游产品的关联，能够辨析特定定制旅行产品的定制模式，能够在实践中运用旅游体验理论指导定制线路质量的评价。

职业道德：明确定制旅行产品是人民群众在追求美好生活过程中旅游产品不断升级的产物，作为旅游服务人员，应为提升顾客的幸福指数而努力。

案例导入

无二之旅的一款海外定制旅行产品

产品标题

意大利法国 11 日经典自然之旅

设计思路

【为什么去这儿】

● 特意为您安排网红五渔村景点，虽然是“网红”，人却不多，能让您拍出和杂志封面一样的绝美照片，小渔村的色彩斑斓与淳朴风貌更会让您流连忘返。

● 此行带您去意大利，带您多视角地感受这个艺术、爱情、浪漫的国度。

● 此行游玩法国，带您去探寻这个世界上最具有浪漫传奇色彩的国度，去亲历那些电影剧情中的场景。

● 安排了著名的比萨斜塔，带您去和斜塔凹造型，拍大片，记录属于您的斜塔印象。

【玩什么】

● 定制专属您的巴黎浪漫，漫步香榭丽舍大街中，在蒙马特高地看日落，在艺术桥上许承诺。

● 留足购物时间，精选推荐大型卖场，让您货比三家尽情剁手。

● 在游览罗马的同时，去世界上最小的国家，一睹天主教至高圣殿——圣彼得教堂的全貌，更能登上教堂顶俯瞰广场。

● 经典巡游，斗兽场与古罗马遗址，加上神秘与庄严的万神殿让您充分体会罗马的韵味。

【有什么特色交通】

● 自由行专属体验，乘坐威尼斯水上巴士，体验水乡特色——贡多拉。

● 搭乘塞纳河游船穿行巴黎，不同视角一次欣赏巴黎众多地标建筑，省时省力游玩。

* 行程安排为定制师推荐，您还可以在此基础上增减天数，更换景点或调整玩法。

行程明细

行程	城市地点	交通信息	景点活动及餐饮	住宿
DAY1	菲乌米奇诺（罗马大区）－罗马	罗马菲乌米奇诺机场	前往纳沃纳广场，领略罗马老城的风范	梅斯纳特宫住宿代订
DAY2	罗马		1. 参观罗马斗兽场，感受古代斗兽场的气势如虹（罗马斗兽场） 2. 参观古罗马遗址，回溯帝国逝去的荣光 3. 参观万神殿，感受古罗马的神秘与庄严（万神殿） 4. 在许愿池前许愿　浪漫之至（许愿池 / 特莱维喷泉） 5. 坐在西班牙广场的阶梯上，重温电影《罗马假日》（罗马西班牙广场）	
DAY3	罗马		1. 参观梵蒂冈博物馆，品味艺术的盛宴（梵蒂冈博物馆） 2. 在世界上最大的教堂——圣彼得大教堂朝圣，感受罗马教廷的威严和肃穆（圣彼得大教堂） 3. 游览在梵蒂冈，感受圣彼得广场的威严（圣彼得广场） 4. 遥望圣天使城堡，聆听它背后的故事（圣天使城堡）	
DAY4	罗马－佛罗伦萨	乘坐火车从罗马特米尼火车站（Termini）到佛罗伦萨玛莉亚诺维拉火车站（Santa Maria Novella）	1. 参观圣母百花圣殿 用心感受它奇迹般的雄伟 2. 去佛罗伦萨学院美术馆，见大卫的真身（佛罗伦萨学院美术馆） 3. 在佛罗伦萨的老桥上漫步 4. 去中央市场寻找意大利美食，当地美食的精髓不能错过（佛罗伦萨中央市场） 5. 在米开朗基罗广场，俯瞰最美的老城佛罗伦萨	佛罗伦萨住宿代订

续表

行程	城市地点	交通信息	景点活动及餐饮	住宿
DAY5	佛罗伦萨－拉斯佩齐亚（五渔村）－里奥马焦雷（五渔村）－韦尔纳扎（五渔村）－马纳罗拉（五渔村）－拉斯佩齐亚（五渔村）－佛罗伦萨	1. 乘坐火车从佛罗伦萨玛莉亚诺维拉火车站前往拉斯佩齐亚中央火车站 2. 乘坐火车从拉斯佩齐亚中央火车站前往里奥马焦雷火车站 3. 乘坐火车从马纳罗拉火车站前往拉斯佩齐亚中央火车站 4. 乘坐火车从拉斯佩齐亚中央火车站前往佛罗伦萨玛莉亚诺维拉火车站	1. 游览里奥马焦雷小镇，感受地中海的阳光（里奥马焦雷小镇） 2. 游览韦尔纳扎小镇（韦尔纳扎） 3. 在马纳罗拉（Manarola）拍一张和杂志封面一模一样的五渔村美景（马纳罗拉）	佛罗伦萨－拉斯佩齐亚（五渔村）－里奥马焦雷（五渔村）－韦尔纳扎（五渔村）－马纳罗拉（五渔村）－拉斯佩齐亚（五渔村）－佛罗伦萨
DAY6	佛罗伦萨－比萨－卢卡－佛罗伦萨	1. 乘坐火车从佛罗伦萨玛莉亚诺维拉火车站前往比萨中央火车站（Pisa Centrale） 2. 乘坐火车从比萨中央火车站到卢卡火车站 3. 乘坐火车从卢卡火车站到佛罗伦萨玛莉亚诺维拉火车站	1. 去比萨游览斜塔（比萨斜塔） 2. 游览奇迹广场，精华浓缩于此（比萨奇迹广场） 3. 游览卢卡小镇（卢卡小镇）	佛罗伦萨－比萨－卢卡－佛罗伦萨
DAY7	佛罗伦萨－威尼斯	乘坐火车从佛罗伦萨圣塔玛莉亚诺维拉火车站 前往威尼斯主岛火车站（Santa Lucia）	1. 去里亚托桥追寻“威尼斯商人”（里亚托桥） 2. 游览“欧洲最美的客厅”——威尼斯圣马可广场（威尼斯圣马可广场） 3. 唯美的威尼斯圣马可大教堂（威尼斯圣马可大教堂） 4. 游览叹息桥，体会诗一般的美好景致（叹息桥）	乔尔乔涅住宿代订

续表

行程	城市地点	交通信息	景点活动及餐饮	住宿
DAY8	威尼斯		1. 游览威尼斯彩色岛，感受别样风情 2. 时光对手艺的礼赞，参观威尼斯的玻璃 3. 全球最美书店之一——威尼斯沉船书店	
DAY9	威尼斯－奥利（巴黎大区）－巴黎	1. 乘坐飞机从威尼斯到奥利 2. 巴黎奥利机场	1. 泛舟塞纳河上，慢享浪漫之都（塞纳河游船） 2. 在埃菲尔铁塔，感受浪漫之城巴黎（埃菲尔铁塔） 3. 夏约宫，在最好的位置直面埃菲尔铁塔（夏约宫）	巴黎埃菲尔花园住宿代订
DAY10	巴黎－谢尔西－巴黎		1. 到巴黎购物村扫货，随便想想都会有满足感！ 2. 参观卢浮宫，不容错过的世界著名艺术殿堂（卢浮宫）	
DAY11	巴黎－弗朗斯地区鲁瓦西（巴黎大区）	巴黎戴高乐国际机场	在香榭丽舍大街感受法兰西	

服务包括

1. 基础服务

旅行顾问：我们为每位客户提供专属旅行顾问，客户可针对该线路全程免费咨询。

路书：每一款定制旅行产品，都附有专属路书，路书是无二之旅专为您制作的出国旅游攻略，行程安排、最短线路、租车手续、餐厅推荐等全在书中，解决旅途中 99% 的问题。它很万能，而且私密。

行程保障：无二之旅提供出行全程保障服务，当您在境外遇到问题，可随时联系您的行后保障团队，或拨打我们的 24 小时紧急电话。行程修改：您可主动要求我们为您修改产品中的住宿代订、景点、活动等元素，满意后再交付全款。

代办签证：我们可为持有中华人民共和国护照的客户（请确定出行时，护照有效期仍有半年以上）代办目的地签证，如您自备签证，签证费用将从定制旅行产品中减免。

Wi-Fi 租赁：高质量随身 Wi-Fi（机场自提）

境外保险：短期旅游保险（以具体行程为准）

2. 可选服务

（根据具体情况报价）

包车（中文司机/外文司机）、多人团出行（6人以上）、GPS租赁、接送机服务、海外婚礼、海外拍摄

（资料来源：无二之旅官方网站，有删改）

【案例分析】

定制旅游针对顾客的特定需求设计产品，并且在旅途中为客人提供全天候服务，可随时咨询旅行顾问或调整行程安排。定制旅游克服了旅行社团队游和散客自由行的弊端，成为一种新兴的旅游产品形态。

第一节　定制旅行产品的内涵

一、定制旅行产品的定义与构成

（一）定制旅行产品的定义

定制旅行产品是近年来在旅游消费市场逐步升级的形势下催生出的一种新型旅行产品，它迎合了旅游者追求个性化、高品质旅游体验的需求。在定制旅行产品出现之前，旅游企业提供的产品主要以包价旅游产品和单项产品（例如景区、交通、住宿、代办签证等）形式存在，对应着人们通常所说的团队游和自助游两种旅行方式。

由于团队游的行程安排是按照旅行社预先设计好的方案实施，所以对游客而言，这种群体游览方式缺少自主性和灵活度，加之团队游多半包含强制购物环节，因此，随着旅游业的发展完善，越来越多的游客为了获得更高品质的旅游体验而选择可以自主设计旅游线路、自行购买单项旅游产品的自助游。但与团队游相比，自助游需要游客自己进行信息搜集、对接产品供应商并且要应对旅行过程中可能发生的各种情况，这就需要游客拥有丰富的旅行经验，并且能够投入较多的时间和精力去进行搜寻、对比、筛选和沟通。而定制旅行产品的出现让游客不必参加旅游团和其他人一起去消费旅行社提供的标准化旅游产品，但同时又能获得专业人士的协助和引导，不用担心旅途中要面对的各种繁杂事项和可能发生的突发状况。由于定制旅行产品能够让

游客获得较高品质的体验，因此，它作为旅游产品的一种新形态逐步被消费者所接受，成为除团队游和自助游之外的第三种选择。那么，从专业的角度，应该如何理解定制旅行产品？要想解答这个问题，首先要明晰什么是旅游产品。

学者谢彦君在其著作《基础旅游学》中对旅游产品这一概念进行了详细的论述。他给出的旅游产品定义是："为满足旅游者的愉悦性休闲体验需要，而在一定地域上被生产或开发出来以供销售的物象与劳务的总和。"[①] 对于这个定义的理解，应注意以下几点。

第一，旅游产品是专门为出卖给旅游者而被生产或开发出来的商品，主要供旅游者购买，但不完全排斥非旅游者购买和使用。

第二，旅游产品或多或少包含有人类专门为旅游目的而投入的劳动，没有这种劳动投入，就不能称其为旅游产品。

第三，最典型、最核心的旅游产品形式是已经被开发出来的旅游地或旅游景区，即核心旅游产品；而旅游者购买的旅游产品中往往不仅包含有核心旅游产品的成分，还包含有多种追加利益（如交通、住宿、餐饮等），是一种组合旅游产品。

第四，由景区提供的综合满足旅游者游、购、娱、吃、住、行各种需要的组合旅游产品是一种实体型组合旅游产品，可称之为刚性组合旅游产品；由旅游中间商提供的将核心旅游产品与其他服务产品进行适当组合从而使其利益成分大幅度增加的旅游产品可称为柔性组合旅游产品。

以上对于旅游产品的认识为我们理解定制旅行产品奠定了基础。基于此，本书将定制旅行产品定义为：针对顾客个性化的旅游需求通过合理配置资源而生成的以供销售的物象与劳务的总和。

在理解这一定义时，应注意以下几个方面的内容。

第一，定制旅行产品的生产设计以及跟踪管理以顾客提出的特定旅游需求为起始点和着力点，选取的核心旅游产品以及配置的其他各种产品都要围绕这一特定需求展开。

第二，定制旅行产品本质上是一种旅游产品，更准确地说，它是一种柔性组合旅游产品。它通常在核心旅游产品的基础上通过多重价值追加来满足顾客的需求。通过这种追加，定制旅行产品可以满足旅游者在旅游期间内需要的所有效用与价值。

第三，定制旅行产品既包含有形产品，也包含无形产品。那些让游客胃

---

① 谢彦君 . 基础旅游学（第四版）[M] . 北京：商务印书馆，2019.

口大开的美食、为他们精心准备的旅行用品都属于真实可见的有形产品，而旅游地的风土人情、旅游者旅游中获得的独特感受、定制旅行企业提供的全程咨询服务、包车服务、导游服务、旅拍服务等则属于具有体验性质的无形产品。

（二）定制旅行产品的构成

旅游产品由四个层次构成，它们是核心性产品、配置性产品、支持性产品和扩展性产品（如图 4-1）。[①] 依此，定制旅行产品同样也可以从这四个不同层次进行分析。

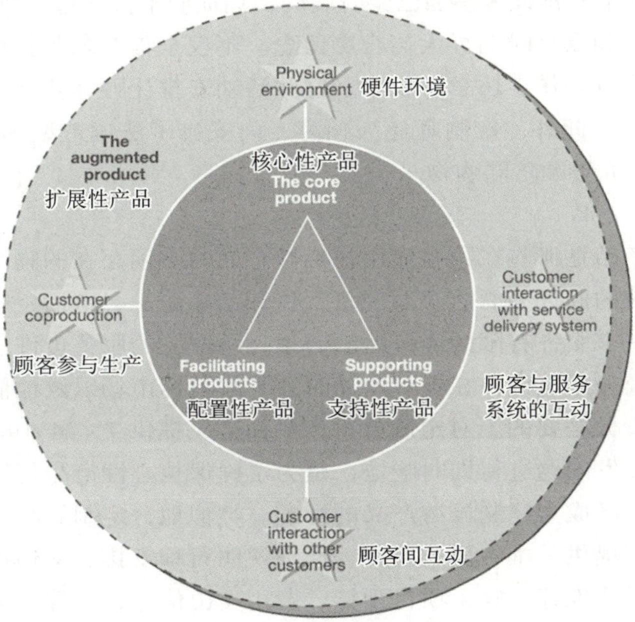

图 4-1　旅游产品层次图

（资料来源：菲利普·科特勒，约翰·T. 鲍文，詹姆斯·C. 麦肯斯《旅游市场营销（第六版）》）

1. 核心性产品

作为产品的最基本层次，核心性产品回答的是这样的问题：顾客真正要买的是什么？核心性产品满足的是顾客的核心利益。定制旅行产品中能够满足顾客核心利益的物象或服务就属于核心性产品。人们对核心性产品需求的个体差异性是定制旅行得以出现和发展的根本原因。能否准确识别并把握顾

① Gonroos C. Developing the Service Offering—A Source of Competitive Advantage [A]. ed. Surprenant C. Add Value to Your Service [C]. Chicago，IL：American Marketing Association，1987：83.

客的核心需求，满足他们的核心利益，是定制旅行产品生产设计过程中需要完成的首要任务。①

一般来说，顾客购买某种产品，是由于这种产品能给他带来某种利益而不是基于产品本身所具有的特点。顾客的核心利益通常是无形的，包含气氛、过程、感受等主观因素。顾客对核心利益的表述可能会比较抽象，需要定制师通过沟通以及需求分析逐步明确顾客期待获得的核心利益是什么，进而将核心产品中的无形部分向顾客进行有形展示，从而提升顾客的购买欲望和体验质量。例如，顾客提出要去法国体验时尚和美食，针对顾客的核心需求，定制师在行程中安排顾客参加巴黎时装周，让他们不仅能近距离接触设计师，还可以在后台和众多时尚界大佬合影留念。不仅全程在米其林餐厅进餐，还可以去法式甜点制作工坊学习烘焙。这些活动安排让顾客获得深度体验时尚和美食的机会。此外，定制师还为顾客专门安排了法国造型师做形象指导，以及专门的私人导购陪同购物。

2. 配置性产品

配置性产品是那些在顾客使用核心性产品时必须存在的物品或服务。例如，一家顶级的商务型酒店必须配备入住和结账服务、电话、餐厅和金钥匙服务，而在一家服务有限的经济型酒店里，所配置的服务也许仅限于入住和结账服务以及公用电话。在设计产品时，了解目标市场以及他们对配置性产品的要求是十分必要的。对定制旅行产品而言，提供 7×24 小时客服服务对顾客遭遇的突发问题进行即时响应，是为了确保核心性产品得以顺利交付的配置性产品，已成为定制旅游产品的标配。类似地，定制旅游企业在顾客出游前会给他们提供一本专属的路书，详细说明行程安排、交通信息、住宿信息、景点和餐厅推荐、娱乐项目预订、费用支出信息，等等，因为定制企业清楚地知道，顾客在旅游的过程中需要“按图索骥”。

3. 支持性产品

核心性产品要有配置性产品与之相匹配，但并不要求必须有支持性产品。支持性产品是针对核心性产品所追加的代表额外利益的产品，它也起到与竞争产品相区别的作用。在商务酒店当中，商务中心或温泉康体中心都属于支持性产品，它们可以帮助酒店招徕客人。不过，配置性产品与支持性产品之间的区别并非总是非常清晰。对于一个市场而言是配置性产品，对另一个市场就可能是支持性产品。例如，在为企业奖励旅游进行旅行产品定制时，司机和导游服务通常是必不可少的配置性产品；但对家庭旅游者而言，可能就

① 约翰·斯沃布鲁克.旅游景区开发与管理（第二版）[M].大连：东北财经大学出版社，2005.

不需要司机和导游陪同，这种情况下，司导服务就成为具有追加利益的支持性产品。此外，支持性产品可能会在日后转变为配置性产品。例如，对于蜜月定制旅行产品而言，十年前，配备专业摄影团队是会让产品锦上添花的加分项，但现如今，这项服务几乎已成为所有此类产品的标配。

4. 扩展性产品

扩展性产品是超出顾客预期的有形和无形的附加服务和利益，它同样也提供给顾客增值利益。扩展性产品可以体现在硬件环境、顾客与服务系统的互动、顾客间互动以及顾客参与生产等方面（如图 4-1）。这些因素与核心性产品、配置性产品和支持性产品结合在一起构成了完整的组合旅游产品。例如，定制师为前往罗马的游客请来畅销书《罗马人的故事》的作者盐野七生来作线路的文化导师；为前往巴黎的游客请来米其林餐厅厨师，他会带着游客们去最地道的生鲜市场购买食材烹制美食，然后一边欣赏巴黎城景一边品尝美味。这些安排让游客喜出望外，从而获得独特而难忘的体验。

值得一提的是，定制旅行产品中顾客与服务系统之间的互动较多，而且顾客会参与到产品的整个生产过程中，因此，企业与顾客互动环节中存在着诸多为顾客提供扩展性产品并使其获得增值利益的机会。例如，海外定制游客抵达上海后，突然提出去看大熊猫的要求。定制旅行企业与其进行快速沟通后，及时调整了行程，做好了新的地接安排，使得顾客能够第二天抵达成都，与熊猫进行亲密接触后，又飞回上海，继续原来的行程。快速的服务响应和高超的弹性处理水平满足了顾客“说走就走”在中国看熊猫的愿望，也让顾客激动不已。

核心性产品反映了企业关注的焦点，它是企业存在的基础；配置性产品是向目标市场提供核心性产品时必不可少的要素；支持性产品体现出企业与竞争对手的差别；而扩展性产品则强调了产品的顾客至上原则。

案例 4-1

最浪漫的定制旅行产品

一位旅行定制师讲述了她曾经设计过的最浪漫的定制旅行产品。那是一次马丘比丘浪漫的徒步之旅。

图 4-2　马丘比丘

一、顾客需求

因为这次旅行对顾客具有特殊的意义，因此顾客提出，希望在旅行过程中体验到美丽、浪漫、惊险、刺激和痛苦。希望定制师能设计一个包含这些需求的步行安排。最后，当他们到达神秘的印加城时，两人在那里举行婚礼。另一个要求是神秘和令人惊讶。

二、产品设计

我们根据顾客的需求，选择了 4 天的步行路线，并根据路线节点，准备好每站的含义。第一天和最后一天分别是"相遇"和"爱情"，第二天是"相识"和"逆境"。徒步旅行能够满足顾客所说的美丽、浪漫、惊险和痛苦的这些要求。其中一个细节是，我们在安排旅行的过程中，为顾客安排了一个特殊的帐篷，帐篷里面特地针对顾客进行了布置并且放置了为他们编写的徒步旅行指南。

除了消耗体能的徒步活动之外，我们还为顾客安排了蜜月酒店——古印加保护区唯一的酒店。酒店位于茂盛的丛林中，周围是圣安第斯山脉，宁静而清新。独一无二的房间提供了印加城堡遗址和圣山的全景。早晨金光灿烂的朝阳缓缓升起，夜晚皎洁的月光，让游客在迷茫的马丘比丘感受到舒适、惬意和神秘。尤其是当他们到达马丘比丘时，我们还为他们提供摄影服务，跟拍两个人一起欣赏马丘比丘的场景。整个旅程非常精彩和独特。

（资料来源：看淘网 .《他们设计了最浪漫的定制旅游，如何打动顾客》.）

【案例分析】

旅行定制师围绕顾客的特定需求设计了相应的产品。其核心性产品包括满足核心需求的徒步路线，线路安排为顾客创造出美丽、浪漫、惊险和痛苦的体验；配置性产品包括徒步途中为顾客安排的帐篷；由于帐篷针对顾客特地进行了布置，而且放置了专为他们编写的徒步旅行指南，这些都为顾客带来了增值价值，是针对核心产品提供的支持性产品。而位于茂盛丛林中的古印加保护区内的唯一酒店，能够欣赏到印加城堡遗址和圣山全景的客房，以及特殊时刻的跟拍服务，这些会给顾客带来增值体验的产品可能超出了顾客的期待，从而成为扩展性产品的一部分。

二、定制旅行产品的特点

（一）产品生产遵循顾客导向

定制旅行产品是基于顾客的个性化需求而出现的，其产品生产以顾客为导向。顾客导向的产品生产要求企业以顾客为中心，树立“顾客第一”的观念，把满足顾客需求、增加顾客价值作为企业经营的出发点和归宿点。定制旅行产品遵循顾客导向的原则，突出顾客的主导性和专享服务体验，通过与顾客沟通获取顾客需求，并根据顾客需求深挖目的地旅游资源，为顾客设计个性化的旅行线路和活动安排，在顾客旅行过程中，为其提供全天候咨询服务，协助顾客应对各种突发事件，及时进行行程调整。整个产品的生产过程高度贴合顾客自身需求，体现出以顾客为导向的产品生产观念。

（二）顾客参与产品生产过程

顾客直接参与产品生产过程是定制旅行产品区别于传统包价旅行产品最突出的特点。顾客可以直接参与到产品与服务设计的全过程，在旅游目的地选取、旅行线路设计、旅游主题设定、旅游细节安排、旅游费用预算等方面明确表达出自己的想法和要求，定制企业会将顾客的想法和要求融入产品设计中，并且顾客在旅游行程中有任何问题都可以随时和定制师进行沟通，对定制旅行的方案提出意见和建议，相较于传统旅游方式顾客参与程度得到了极大的提升。

（三）生产与消费具有不可分割性

从顾客与定制企业客服人员接触之时起，定制旅行产品的生产便开始进行，产品的消费也同时启动。当消费结束时，生产也不再进行。定制旅行产品的这一特点使其与一般消费品存在较大区别。一般消费品通常生产环节与消费环节分开进行，两个环节在时间上存在先后顺序。所以，企业将一般消费品生产出来后，可以运用技术手段对产品质量进行检验，以确保投放到市场上的产品符合要求。但定制旅行产品的生产和消费多半在同一时空进行，生产者和消费者直接产生互动，顾客只有而且必须加入到生产过程中去才能最终消费到定制旅行产品，可想而知，与一般消费品相比，定制旅行产品质量控制的难度大大增加。定制师与顾客沟通需求，导游为顾客提供引导和讲解服务，餐厅服务员为顾客上菜，旅行顾问回答顾客的咨询，旅游者体验旅游地……这些环节生产与消费同时发生，一旦服务人员发生服务失误或让顾客产生误会，就会直接影响顾客的体验质量，影响顾客对定制旅行产品的评价。

第二节　市场主流定制旅行产品分析

案例导入

两家企业提供的定制旅行产品对比

“你好，刚才的行程你觉得怎么样？”

“不怎样。景点去掉，增加几天自由活动；如果行程中一定要参观，不去寺庙、常规景点，你给我来一些有特色的。”

“这个 ××× 景点真的很好，是这个国家必去的地方。”

“不要什么十大必去景点，我要去的话跟团就可以，为什么还要定制？”

这几乎是我与定制游创业公司所谓定制师的常规对话。在与几家定制游创业公司接触之后，我觉得这些公司的定制师所呈现出的线路，有时候会让你怀疑他是不是机器人。比如斯里兰卡，你一定逃不出大象孤儿院、狮子岩、佛牙寺，等等。东京一定是浅草寺、二重桥、银座。曼谷就是四面佛、大皇宫。就好像你说我想去北京玩玩，结果定制师给你用天安门、故宫、颐和园、八达岭长城、十三陵串了条线路，还让你每天早晨 7 点就出发。他们告诉你的玩法几乎和前门“黑一日游”的行程单一样。

真正的定制游公司在做什么？他们以曼谷附近 100 多公里的一个村子为中心，设置一个礼拜的行程，游客跟当地手艺人在一起起居生活，让游客学会一些制钵工艺；深入野长城周边的小村子，寻找明军戍边人的后代，参加他们每年春天的长城祭；在哈纳斯用餐，猎豹在你身边走来走去，开车驶入狮群投食……

我选择两家定制游公司设计斯里兰卡旅游行程。

一家公司给了我 7 天 6 晚的线路，酒店是：Heritance Kandalama；Thilanka Hotel；Araliya Green Hills；Cinnamon Wild Yala Hotel；Mandara Resort Mirissa；

Beacon Beach Hotel。全程 BB（Bed & Breakfrast，只包早餐）。景点是：大象孤儿院、石窟寺、狮子岩、佛牙寺、康提湖、茶园、霍顿平原、粉红邮局、国家森林公园、加勒城堡、高跷渔夫、观鲸、海边小火车、班达拉奈克国际会议大厦、科伦坡市政厅、独立广场独立纪念堂。含包车、旅游意外险、Wi-Fi、门票、签证，扣除机票报价 8650 元 / 人。

另一家公司给我的是 9 天 7 晚的线路，酒店是：Jetwing Lagoon；Jetwing St.andrew's 两晚；Cinnamon Wild Yala Hotel；Michelle Beach 三晚。除 Jetwing Lagoon 之外，全程 HB（Half-Board，包含早、晚餐）。景点是：佛牙寺、茶园、霍顿平原徒步、亚拉游猎、小火车、加勒城堡、包船海钓。含 5 天包车，报价 760 美金 / 人。自己买的百程的签证，环球漫游的 Wi-Fi，美亚的旅行险"乐悠游"，这三块项目加起来 826 元 / 人。我最终选择了这家公司的定制游线路。酒店品质、行程节奏，懂的人应该一目了然。

另外，我为什么没去观鲸？因为每年 3~4 月、12 月 ~ 次年 1 月才是观鲸的好时间，其他时候你可能看不到鲸鱼。但我并不是在 3~4 月、12 月 ~ 次年 1 月这个时间段内出发，定制师也没有提醒我。

另一个尴尬的事实是，如果我自己在携程上预订这家公司给我提供的酒店，并通过携程在当地包车、买门票，粗略估算还要比 8650 元 / 人的费用便宜。

（资料来源：根据《定制游是个好生意，但有些创业公司真是来搞笑的》整理）

【案例分析】

定制旅行产品强调个性化，产品生产设计要以顾客需求为主导，但由于不同顾客的需求侧重点各不相同，对于产品的个性化要求也会存在程度上的差异。可见，尽管定制旅行产品是为游客量身定制的产品，但因为个性化的程度不同，也使得定制产品存在层次上的差别。这就对定制师提出了较高的要求，他们必须对目的地有充分而全面的了解，才能设计出合乎顾客心意的线路。

从市场现存的定制旅行产品可以看出，定制旅行产品以连续谱的形式分布于个性化的自助游和标准化的跟团游之间，呈现出较为宽泛的产品谱系。其中，既包含完全根据顾客特定需求提供个性化旅游产品和服务的"一对一私人定制"，也包含各种半定制旅游、有限定制乃至大规模定制。

我们可以借助下面这个示意图对定制旅行产品连续谱进行刻画（见图 4-3）。图中的纵轴表示企业提供的标准化旅游线路所占比重，从比重低向比重高的状态逐渐过渡。横轴表示顾客自主设计旅游线路所占比重，同样也存在比重从低到高的渐变状态。在同一旅游线路中，企业提供的标准化旅游线路所占比重与顾客自主设计旅游线路所占比重存在负相关关系。线段 AE 上的点代表着不同的旅游线路生产模式及其所对应的旅游方式。

当线段上分布的点越靠近 A 点时，企业提供的标准化旅游线路所占比重越高，这也意味着顾客自主参与旅游线路生产的程度越低，该点对应的旅行方式越接近于旅行社提供的跟团游。其旅游线路设计由旅行社完成，不以旅游者个体需求为出发点，而且线路安排一经确定就要按计划执行，除非旅游途中发生突发事件，否则线路不会发生变更。尽管旅游者在个别环节（如某一景点内）也拥有自主安排行程的机会，但多半会被限定在一定的时间及空间范围内，顾客自主程度极为有限。

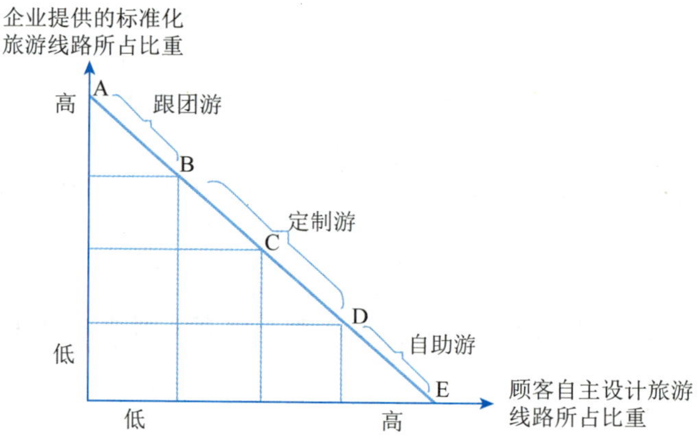

图 4-3　旅游线路生产模式及其对应的旅游方式

当线段上分布的点越靠近 E 点时，顾客自主设计旅游线路所占比重越高，由企业提供的标准化旅游线路的成分则越低。E 点意味着旅游线路完全由顾客自主设计安排并且不包含企业提供的标准化的线路，这种情况属于完全自助游的形式。在 D 点至 E 点这个区间，整个旅游线路安排主要由顾客自主设计完成，但个别环节也包含有企业提供的标准化线路产品，例如游客以自助游的方式游览北京，自主安排交通、餐饮、住宿、景点、娱乐、购物等环节，但在目的地停留期间，购买了当地旅行社提供的一日游产品，跟随旅游团游览了部分知名景点。在这种情况下，整个旅游线路安排主要是由游客自己完成的，由企业提供的标准化线路所占的比重较低，因此属于不完全自助游的方式。

线段 BD 中则包含着另外一种旅游方式，那就是定制旅行。总体而言，与跟团游相比，通过定制旅行生产出来的旅游线路融合了游客自己的诸多想法和要求，因此包含有更多的顾客自主参与成分；而与自助游相比，定制游中的旅游线路是顾客与企业之间协商的结果，它无法像自助游那样完全由个人掌控，因此，顾客自主设计的比重相对要比自助游低一些，而企业提供的部分所占比重会高一些。

线段 BD 中分布着不同类型的定制旅行产品，越靠近 D 点，意味着定制产品包含的顾客自主参与成分越高，个性化程度越强，企业要想满足顾客的个性化需求，就要“量体裁衣”，这样生产出来的产品难以复制，其标准化程度是较低的。这种定制产品可以称其为“个性化定制旅行产品”或“高端定制旅行产品”。随着线上的点从 D 向 C 移动，旅游线路中的成分比重发生改变，整个线路的标准化比重在增加，个性化需求仍会体现在产品中，但共性的需求被提炼出来，精品线路不断复制，沉淀为标准化产品并且实现了规模生产。在点的移动过程中，定制产品从个性化定制旅行产品逐渐转变为“标准化定制旅行产品”。而随着线上的点从 C 向 B 移动，意味着旅游线路中由企业提供的标准化线路所占比重逐步达到较高水平，整个线路各环节被拆分为诸多标准化的模块，顾客可按需灵活选取模块，从而实现产品的模块化规模生产，在这一过程中，定制产品转变为“大规模定制旅行产品”。

定制旅行产品标准化程度的提升降低了企业的生产成本，运用技术实现了以相对较低的生产成本提供更满足顾客偏好的个性化产品。由于“标准化定制旅行产品”和“大规模定制旅行产品”不同程度地降低了定制旅行产品的生产成本，使私人定制不再是高不可攀的奢侈品，因此逐渐被更广泛的大众所接受，可以将其视为“大众定制旅行产品”。接下来，我们将针对高端定制旅行产品和大众定制旅行产品各自的特点以及旅行产品的定制模式进行详细分析。

一、高端定制旅行产品分析

（一）稀缺性程度高

高端定制旅行产品为顾客选取的目的地、安排的交通工具、住宿餐饮、娱乐活动等设施以及提供的服务都会凸显出较高程度的稀缺性。例如，安排某领域专家陪同旅行，与政要名流共进晚餐，向客人提供入住百年历史老宅、乘坐私家飞机这样的独家资源等。正是由于高端定制产品具有较高稀缺性，导致生产成本高，产品价格相对也较高，因此一提及高端定制旅行，人们就会联想到奢侈品，将高端与高价画上等号。而“高端”绝不是“高价”的代名词，真正的“高端”体现在顾客参与线路生产的程度以及服务的卓越性，那些能够高度融合顾客个性化需要的产品，无论价格高低，都应归属于高端定制产品的行列。

（二）个性化程度高

高端定制与标准定制和大规模定制的突出区别就是其个性化程度高，标准化程度低。高端定制旅行产品强调一单一团，定制旅行企业的工作人员通过与顾客直接沟通，了解顾客的旅行历史、个人喜好、出行风格、主题倾向、预算方案等，并由专业团队共同协作，从路线、方式、服务着手为顾客打造量身定制的旅行产品。高度满足顾客的个性化需求是高端定制产品的特色之一，这也意味着高端定制产品要保持较高的弹性调整能力，能够随时应对顾客的需求变化。即便是旅游途中顾客临时起意更改行程，也可以迅速做出令顾客满意的应对方案。

（三）专业化程度高

高端定制旅行产品由经验丰富的专业定制师或旅游达人打造，并且在旅游过程中配备高水准专业服务人员并提供管家式服务。高品质的专业化服务为顾客提供了标准定制和大规模定制所无法实现的高附加值体验，从而满足了注重服务价值的顾客的需求。服务人员的专业化程度体现在定制产品的细节上。例如，顾客在线路行程中看到的仅仅是酒店的名称和档次，但同一目的地哪家酒店适合亲子旅行，哪家酒店拥有私人沙滩，哪家酒店的床品最舒适，哪家酒店能满足爱宠人士的要求，哪种房型的观景视角最佳，这些细节的考量体现出产品的专业化程度，影响着顾客出行体验的品质。

表 4-1　高端定制旅行代表人物 / 企业及特点

代表人物 / 企业		特点
出身传统旅游行业的精英人士	堪帕斯行游俱乐部江海中	丰富的传统旅游行业从业经验和资源积累，业务主要来自联合招募和大客户
有海外工作经历和国际视野的“海归”	德迈国际林建勋	一开始就专注于高端市场，他们在提供定制服务的同时自带高端主题旅游路线
手握特殊客户资源和目的地资源的“转行者”	北京行知探索文化传播有限公司旗下的“极之美”极地旅行机构的前央视主持人曲向东针对高尔夫客户群的至尊旅程等	客户资源丰富
具有中国特色的“富豪俱乐部”	携程组建的“鸿鹄逸游”	高价格、高门槛，客户基本锁定在企业家和富豪阶层
海外高端旅行机构在中国的分支	全球著名的奢华旅行公司 A & K（Abercrombie & Kent）在北京国贸设立了中国分支	得天独厚的海外目的地资源和运营经验

（资料来源：高端定制旅游市场研究报告，搜狐网）

二、大众定制旅行产品分析

（一）有限定条件的顾客参与

大众定制旅行产品不是从零开始起步设计，而是首先根据大众共性需求生成标准化产品或模块，然后在此基础上由顾客自主选取所需产品。这种方式不同于完全定制的方式，顾客虽然可以按自己意愿自主参与生产，但实际上是在限定条件下进行的有限参与。对于那些对稀有资源和独特经历要求不高的顾客来说，定制企业现有产品基本可以满足他们的出游需求，同时又解决了他们不愿投入大量时间精力去安排行程的问题，平衡了个性化需求与标准化产品之间的矛盾。

（二）共性需求模块化

大众定制旅行产品通过将顾客的共性需求打造为模块化产品，使组合旅游产品中的部分非标准化产品转变为标准化产品。“模块化”就是将组合旅游产品中包含的环节分隔成单独的一个个小模块，每个模块又可以拆分成多个模块。模块既可以是围绕某一主题的行程，也可以是针对特定目的地的行程，抑或是碎片化的资源或服务。企业根据不同顾客的初步需求，对模块进行智能化整合，然后根据顾客反馈进行修改调整，进而设计出符合市场需要的高体验度的定制旅游产品。企业将共性需求规模化能够在确保产品内容多样的同时，降低人力成本及生产时间，实现定制旅游的规模化生产。“光合旅程”是一家面向B端客户提供境外人文体验的旅行提供商，它在进行产品模块化过程中，先到上游采集碎片化产品（景点、美食、旅店等），由旅行总监和内容总编将这些碎片设计成模块化的产品，然后再由设计师做好插件式的可视化方案。最后产品负责人根据不同客户的落地场景组合、定制线路，打包卖给旅行社、定制游公司、社群，还有企业等B端客户，从而实现规模化定制。

（三）实现个性化产品的规模化生产

随着科技的发展，云计算、大数据和AI技术的出现，让个性化定制产品实现了规模化生产。云计算为定制企业提供了可以自我维护和管理的虚拟计算资源，支持顾客在任何地点与企业进行互动，满足了大规模定制所需的快速服务响应的需求。大数据可以在定制企业积累的丰富数据基础上进行用户画像，并通过实时联动碎片化资源提升生产效率。AI技术帮助企业深入挖掘顾客习惯和特点，提取出共性需求，按照顾客提出的要求进行筛选，初步生成旅行路线，再由定制师进行细化，从而改变了冗长的销售流程，使服务效率得到大幅提升。“无二之旅”的定制师在技术的支持下大大提升了工作效率。他们通过建立内部 POI（兴趣点）数据库、CRM（客户关系管理）系统，将定制师 90% 以上的工作量交给 AI 系统，系统可以根据过往客户案例积累的 30 万个 POI，根据任意需求排列组合成 18 亿个可执行方案，可做到数分钟内出方案，再辅之以人工审核、完善，整体时间压缩在 2 小时内。

案例 4-2

携程旅游网与驴妈妈旅行网定制游产品比较

类目	携程旅行网	驴妈妈旅游网
菜单栏中所处位置	“定制游”被归类在网页首页菜单栏中的“旅游”这一大类中，不属于一级菜单栏	“定制游”在网页首页中拥有独立的选项，属于一级菜单栏
定制游分类	分为个人定制、团建 / 公司定制两大类	分为个人定制游、企业定制游两大类
定制流程	填写定制需求——根据需求免费发送方案——由专门的导游与旅游者沟通确认行程——签约旅行合同，准备旅游出行	填写定制需求——根据需求免费发送方案——由专导与旅游者沟通确认行程——签约合同出行
旅游定制师推荐	按照地域进行定制师分类推荐	按照出游类型进行定制师推荐
定制服务方式	1. 在线提交旅游定制需求订单 2. 直接选择平台上的定制规划师 3. 选择平台推荐案例路线 4. 选择模块定制线路	1. 在线提交旅游定制需求订单 2. 直接选择平台上的定制规划师 3. 选择平台推荐案例路线
顾客定制条件	出发地：成都，目的地：大理、丽江，旅程时间为 6 月 5 日—6 月 10 日，出行人数：2 人	

续表

类目	携程旅行网	驴妈妈旅游网
主要行程	D1：出发地—昆明—专人接机—入住梦景彩虹艺术酒店，全天餐食自理 D2：动车由昆明前往大理—游崇圣寺三塔＋大理古城（含洋人街），住大理洱海边 D3：大理—丽江，洱海游船环游洱海＋喜洲白族民居＋周城扎染 D4：玉龙雪山景点，乘坐冰川公园大索道，游览蓝月谷、甘海子，观看《印象丽江》演出—晚上住宿在丽江古城 D5：完成行程返回出发地（机票不含）	D1：出发地—昆明—专人接机，入住酒店（昆明温泉酒店），全天餐食自理 D2：昆明西山景区（赠送景区观景缆车）—徒步昆明西山，俯瞰滇池—餐食：簸箕宴/南涧跳菜—大理 白族手工坊，体验扎染、甲马、乳扇、制茶等工艺—丽江入住丽江酒店 D3：玉龙雪山—4680 米冰川大索道—蓝月谷，参观云南小九寨—吃雪厨自助餐—入住丽江古城边客栈或酒店—游览丽江古城—晚上体验丽江酒吧狂欢夜—丽江酒店 D4：拉市海（骑马自理）—双廊—乘洱海游船，登陆游览南诏风情岛—体验白族风味餐—入住洱海海景酒店 D5：根据航班时间送机—返回温馨的家
参考报价	3800/ 人	一团一议

（资料来源：杨柳，蒋诗姣，李春琼，黄萍．在线旅游定制产品开发现状及创新策略研究．旅游管理研究，2019 年 7 月．）

【案例分析】

携程和驴妈妈都是国内领先的在线旅行服务公司，他们基于自身的数据优势使定制旅行产品的标准化程度得以大幅提升。顾客通过平台提交基本需求后，平台将基于现有的资源与顾客需求进行匹配，生成方案后免费发送给顾客，然后进一步沟通确认行程，直至签约出游。这种方式相对于高端定制而言，旅行成本得以降低，但线路的个性化程度也有所降低。

三、旅行产品的定制模式

现阶段，我国旅行产品的定制模式可以从产品渠道、顾客类型及内容生成三个角度进行划分。从产品渠道来看，可以分为自有产品为主的定制模式和外部产品为主的定制模式。从顾客类型来看，可以分为会员专享定制模式和无门槛定制模式。从内容生成角度来看，可以分为旅行达人定制模式和旅行顾问定制模式。

（一）自有产品为主的定制模式和外部产品为主的定制模式

1. 自有产品为主的定制模式

以提供自有产品为主的定制旅行企业需要构建强大的自有资源及服务体系。这种模式需要定制企业经过长期积淀打通产业链的上中下游并对每个环节实施品控，没有雄厚的实力是难以做到这一点的。自有产品在整个组合产品中占有较高比重将有助于提升产品的弹性并确保服务的品质。

高端定制旅行企业 Abercrombie & Kent（A&K）就是这一模式的代表。A&K 构建起强大的目的地接待资源：它在全球范围内拥有 50 余家目的地管理公司（DMC），有专属的河轮、邮轮、私人客机和车队，并且在世界众多重要的景点取得了特殊权限，客人可以享受不被打扰的私人参观，此外它还拥有一些独家产品，例如私密性很高的私家营地和私家别墅。

2. 外部产品为主的定制模式

由于定制旅行产品顾客需求多样、各环节涉及的单项产品种类繁多、空间及行业分布较分散，因此大多数定制旅行企业通过与外部供应商合作的方式获取外部产品，完成组合旅游产品的打包销售。对于规模较小、实力有限的定制企业而言，这种定制模式是扩展其产品丰富性、提高生产效率、较低生产成本的有效途径。但是，这种模式意味着定制企业对于外部资源和供应链的掌控能力较低，难以做到统一化管理，服务品质难以得到保证。途牛定制游采用的就是这种定制模式，它在 2017 年成立了独立的事业部，专门负责集中采购定制游顾客需要的个性化资源。

（二）会员专享定制模式和无门槛定制模式

1. 会员专享定制模式

许多高端定制旅行企业都采取会员专享的定制模式，通过会籍制绑定高端顾客，提高顾客忠诚度及消费频率。这种模式强调“高端圈层”，基于顾客消费理念与消费能力筛选出所谓的精英人群作为目标客户，只为具有会籍的会员提供定制服务。他们通常会采取高门槛的会员制度，对会员资质要求较高。优翔国际的会籍申请表中要求提供居住地房屋类型（私家花园、独栋别墅、联排别墅、公寓）、就读的商学院名称、每年慈善捐助项目、收藏领域等信息。太美黑卡会会籍申请表中要求提供申请人的公司名称，是否上市公司以及公司年营业额等信息。企业在定制产品时将根据会员的不同等级提供相应的权益。

2. 无门槛定制模式

无门槛定制模式对顾客自身条件不设限。企业面向所有顾客提供定制服务，预先不对顾客类型进行筛选。顾客甚至无需注册便可直接通过企业官网或 App 提交出游人数、天数、预算等基本定制需求，获得初步定制方案，然后通过进一步沟通细节，完善产品内容直至完成交易。由于定制旅行企业普遍存在获客难度大、获客成本高的难题，因此这种模式被绝大多数定制旅行企业所采用。这些企业在服务流程设计时，会尽量降低入门难度，让顾客以简便、迅速、顺畅的方式进入到产品定制流程。

（三）旅行达人定制模式和专职人员定制模式

1. 旅行达人定制模式

旅行达人定制模式是由平台与旅行达人达成具体项目合作模式，达人运用自己的旅行经验为顾客提供服务，服务贯穿于整个旅游的前期规划到行程中的沟通环节，交易完成后达人获得相应的报酬。旅行达人不受工作种类、性别等条件的约束，他们可以是旅居海外的留学生，也可以是酷爱旅行的上班族，他们是定制产品的内容贡献者，当内容聚合成足够的规模之后，平台将内容生成服务，通过服务来验证内容，形成闭环。旅行达人定制模式可以在短时间内覆盖数量可观的目的地，而且不同的旅行达人具有不同的特色以及对旅游资源不同的理解，有利于扩展定制产品主题领域及产品丰富度。此外，达人模式有效的动用了社会闲置资源，可以有效控制平台的人员规模。指南猫、你来出境游、8 只小猪和脆饼旅行采用的都是旅行达人的定制模式。

旅行达人

2. 专职人员定制模式

专职人员定制模式也是定制旅行企业普遍采用的一种模式。部分专职人员来自传统的线下旅行社的旅游顾问，他们因传统旅行社升级改造而转到后台提供服务，实现了线上线下服务的升级融合。他们拥有丰富的目的地的资源和经验，有助于扩充平台的目的地资源。还有一部分专职人员是专业的定制旅行师，他们经过职业资格培训获得从业资质，进入企业从事旅行定制工作。总体而言，专职人员对特定目的地的熟悉程度要稍逊于旅游达人，对于用户个性化、本地化的需求可能无法很好地满足。提供中高端定制旅行服务的“6 人游”采用的就是专职人员定制模式，以旅游顾问作为业务核心，负责与顾客沟通设计旅游线路，与上游供应商取得联系，同时安排顾客行程对接等服务工作。

案例 4-3

Abercrombie & Kent 旅游公司

Abercrombie & Kent（A&K）是 1962 年由 Geoffrey Kent 创办的旅游公司，

自创办以来，A&K一直致力于提供独特的行程和尊贵的服务。目前，A&K在全球30个国家及地区共拥有55间办公室，并且是目前全球少数能够通过自身旗下子公司完成全球大部分地接服务的旅行机构之一。

A&K的脚步遍及包括南北极、肯尼亚、坦桑尼亚等在内的世界100多个目的地，服务过包括英国皇室在内的不计其数的全球各界名流政要。在世界各地诸多重要旅游景点，A&K拥有特殊权限，可享受独家特许准入的私人参观。A&K在中国长江、埃及尼罗河以及缅甸伊洛瓦底江上拥有专属私家高端邮轮，在非洲及欧洲等地拥有高端营地、度假酒店、专属车队及私人飞机。A&K聘请了考古、历史、野生动物等各个领域的世界级专家作为随队向导，开创性地突破了“导游”的概念，增加了旅行的深度和广度。A&K也因此斩获了无数国际旅行行业大奖。

2017年，A&K登陆中国，携手集团遍及全球的50余家办公室提供覆盖100余个目的地的私人订制服务。无论是探秘世界各地的风景名胜，参与年度重要的世界级别珠宝、钟表、时装、体育等行业盛事，还是艺术家亲自领队导航的文化之旅，都能轻松实现；无论游客想参加豪华旅行观赏东非神奇的野生动物，在当地人陪同下漫步旧德里的胡同小巷，还是去马丘比丘参观早期摄影档案馆，A&K的专家都能让你梦想成真。A&K在一如既往地将国际化的优质旅行服务带给中国客人的同时，也将中国游客的出行习惯和喜好融入到每一段旅程，譬如A&K会安排中文领队陪同中国客人畅游南北极，让客人轻松融入A&K南北极包船上的国际化环境的同时，又无任何不便。

Abercrombie & Kent创始人Geoffrey Kent虽然年过七十，但每年都还在为客户开发新的旅程。作为资深旅行发烧友，Geoffrey Kent每年花200多天给客户探索新路线。为了提升游猎的舒适度，他在一辆军用四轮驱动Bedford卡车上安装移动制冷设备，首创世界上第一个设施齐全的豪华流动帐篷，这些设备至今都还在投入使用。Geoffrey Kent一直带领公司为客户创造独特的奢华体验。对于“奢华”，Geoffrey Kent曾在自传《Safari》中这样对其进行定义:“真正的奢华拥有三个特点：真实性、灵活性和幸福感”。

（资料来源：1.《Abercrombie & Kent》，百度百科。2.《Abercrombie & Kent发布2018年中国区发展策略》，搜狐网。3.《6人游与Abercrombie & Kent开展战略合作打造高端精品旅行线路》，搜狐网。4.《这个有52个子公司的旅行机构被中弘收购后，终于要在中国市场大刀阔斧的干了》，界面旅行家）

【案例分析】

Abercrombie & Kent专注于提供独特的行程和卓越服务，通过近60年的深耕建立起覆盖全球100多个热点目的地的自有服务网络，并且坚持不懈地探索新线路、开发独家资源、注重服务细节，为注重品质的顾客提供了独具一格的旅行体验，从而成为首屈一指的国际高端定制旅行公司。

第三节　定制旅行产品的迭代途径

一、客源市场洞见

（一）定制旅行客源市场游客特征

1. 定制旅行游客以一、二线城市居多并向二、三线城市渗透

选择定制旅行方式出游的游客主要集中在一、二线城市，并且随着定制游概念的推广逐步向二、三线城市渗透。根据携程定制提供的定制游客数据，2018年一线城市占36%，二线城市占42%，三线城市占13%，其他城市占9%。定制旅行客源地排名前十位的城市是：上海、北京、广州、成都、深圳、杭州、南京、武汉、西安、重庆。定制旅行市场已经从一线城市深入到二、三线城市。

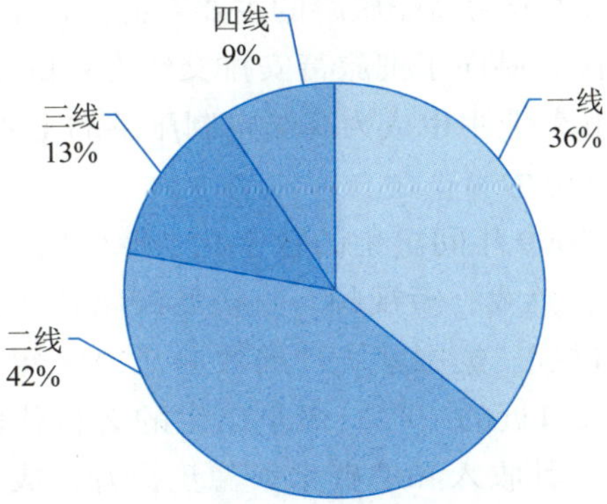

图4-4　定制旅行游客城市空间分布情况

（资料来源：中国旅游研究院《2019中国定制旅行发展报告》）

2. 定制旅行游客以40岁左右居多并呈现出低龄化趋势

从年龄结构来看，定制旅行游客31~40岁所占比重最大，正值壮年的

80 后是定制旅行的一大主力军。这类游客有着稳定的收入，短期经济变化对他们消费决策影响不大。具体来看，高端定制旅行市场游客年龄集中分布在 40~60 岁，以 60~80 后游客为主。大众定制旅行市场游客年龄集中分布在 30~40 岁，以 80~90 后游客为主，定制旅行游客年龄呈现出低龄化趋势，90 后群体不容忽视。已经迈向而立之年的 90 后，注重个性化服务与高品质的出游体验，经济实力逐渐强大的他们将为定制旅行注入动力。

3. 定制旅行以家庭出游为主，女性游客比例高于男性

鸿鹄逸游、6 人游、飞猪、中青旅遨游、同程旅行、驴妈妈等多家旅游企业披露的数据显示，参与定制旅游的女性游客比例高于男性游客，女性在定制旅行中更多地扮演决策者角色。中青旅遨游客户群体中女性会员占会员总数的 65%。6 人游定制旅行用户中女性比重达到 72%。女性对旅行品质要求更高，愿意为定制服务买单。尤其在疫情出现后，女性游客更青睐私密性较高的定制游。

在同游群体组合方面，家庭出游者定制需求最高。携程旅行网 2018 年公布的数据显示，家庭用户是定制用户主流人群，占比高达 80%，其中带父母出行占 28%，带孩子出行占 38%，三代同游占 14%，其余为朋友情侣（15%）和独自旅行者（5%）。

4. 高端定制游客以董事长 / 高管阶层为主

从职业方面来看，董事长 / 高管阶层是高端定制旅行市场的主要客源。据鸿鹄逸游发布的《2016 高端旅游客群报告》显示，雄厚的财力支持使得董事长 / 高管阶层和高级白领成为高端旅游的主要客群。这部分人群相对经济比较宽裕，时间成本比较高，倾向于把旅行安排交给专业的定制公司去做。此外，可以自由支配时间的私营业主也成为高端定制旅游的主要客群。

5. Z 世代的消费潜力不容小觑

Z 世代是 1995—2009 年间出生的数字化“原住民”。移动互联网、智能手机、即时通信软件、游戏、短视频、直播始终陪伴着他们的成长，也始终伴随着他们的社会化过程。据国家统计局数据，2018 年中国内地 Z 世代总人数约为 2.6 亿，占总人口近的 19%。最早出生的 Z 世代已经步入社会、成为青年白领的主要人群。其收入和消费水平稳步提升，成为带动消费增长的主力军。他们出游时偏爱非标准化的独特产品，是定制旅行市场最具潜力的客源群体。

（二）定制旅行客源市场消费特征

1. 消费升级助力定制旅行需求总体呈上涨趋势

随着经济全球化趋势的不断发展，以及人们物质生活水平的显著提高，

我国居民消费进入升级通道。2018 年我国人均收入水平约为 9700 美元，按世界银行标准规定属于中上等收入国家。此外，中国拥有世界上规模最大的中等收入群体，约 4 亿人口，市场规模可观。2019 年前三季度，居民人均可支配收入同比增长 6.1%，服务消费支出占全部居民最终消费支出 50% 左右。消费升级对旅游等服务消费的需求正在逐步扩张，同时对旅游产业经济拉动作用将愈发显著。

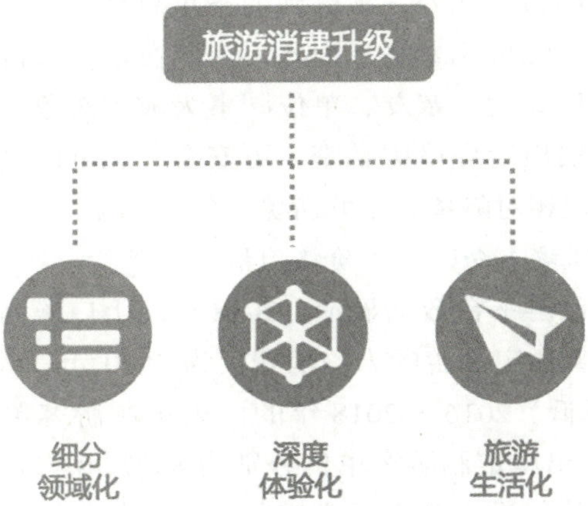

图 4-5　中国旅游消费升级表现形式

（资料来源：艾瑞咨询《2018 年中国在线定制旅行研究报告》）

旅游行业的消费升级也逐步显现，表现在细分领域化、深度体验化和旅游生活化三个方面。细分领域化是指大众在旅游项目的选择上更加的多样化，而不是局限在观光休闲的项目上。深度体验化是指在旅游过程中，游客更加偏向于体验各国各地的风土人情和生活方式。而旅游生活化是指中国的旅游人次以及大众的人均旅游时间在逐年增加，旅游逐渐成为人众生活的一部分。随着大众对于旅游消费的认知度逐渐提高，消费方式也从初期的跟团观光及购物型旅游方式转变为如今的个性化旅游方式。在这样的时代背景下，定制旅行逐步进入大众视野，需求量总体呈现出上涨趋势。

根据《中国定制旅行发展报告（2019）》，2017 年国内线上线下定制旅行总额为 865 亿元，2018 年这个数字突破了 1000 亿元。携程定制旅游报告显示，2018 年携程定制旅行平台需求单量同比增长超 180%，二、三线城市定制游需求增速超过一线城市，一线的北上广深定制游需求升级。新冠疫情出现后，定制行业经历了一段低迷时期后，在 2020 年国庆长假，国内定制需求单同比增长 75%，恢复并且超过 2019 年同期水平。特别是国内的高端定制需求增长 300%。在定制化渐成趋势的消费升级时代，定制旅行必将顺势而起。

2. 定制旅行小团趋势明显

随着旅途私密性与安全度得到更多关注，定制游的小团化趋势日益明显。疫情后人们对出游安全越来越重视，与相互熟悉的人结伴出游或者独立出游是减少被感染概率的重要前提，所以出游方式上人们尽量避免选取公共交通工具以及与陌生人同行。此外，考虑到商务车载客容量，通常 4~6 人的小团平均人均费用最低，性价比最高。因此，人们在定制旅行中通常会选择小团出游。小团定制游以家庭、亲友、单位同事为成团对象，单独定制，行程自由，专车专导，不仅出游环境更私密、更安全，还可以灵活地避开景区、餐厅的高峰时段，实现相对隔离、错峰游览、错峰用餐。

3. 定制旅行从高端走向大众，价格门槛逐年降低

根据携程定制旅游平台数据显示，2018 年北上广深高端定制游客的人均消费为 23800 元，普通定制游的人均消费仅为 5500 元。从客单价来看，定制旅行门槛在逐年降低。2016—2018 年的国内定制游客单价分别为 4000 元、3200 元、3302 元，出境定制游客单价分别为 8407 元、7800 元、7020 元。技术的发展推动定制旅行进入到大规模定制的探索与尝试阶段。定制旅行在个性化服务和性价比上的优势让它不再是高价旅行的代名词，定制旅游逐步从高端走向大众，成为跟团游和自由行之外的一种新型出游方式。

4. 最受欢迎的国内外定制旅行目的地分别为欧洲和海南、云南

从出境定制旅行目的地来看，欧洲还是出行的首选。德捷奥瑞法英意 7 国是欧洲最受欢迎的旅游目的地国家；日本、澳大利亚、美国也比较受定制游客户青睐；东南亚国家由于旅行方式较为简单，定制旅行占比相对较低。在高端定制市场，最受欢迎的目的地是南北极，其次是美洲。据鸿鹄逸游 2016 年发布的《高端旅游客群报告》显示，南北极为最受欢迎的旅游地点，极地探索对高净值人群的有着极大的吸引力，欧美洲、日韩和澳新则仍是高端游客的常规出行地点。

从国内定制旅行目的地来看，根据中青旅遨游调查问卷及其客户大数据库分析，最受用户欢迎的目的地是海南和云南，二者并列第一，其次是四川、新疆、重庆等地。可以看出，云南、海南作为传统热门旅游目的地热度依然不减。

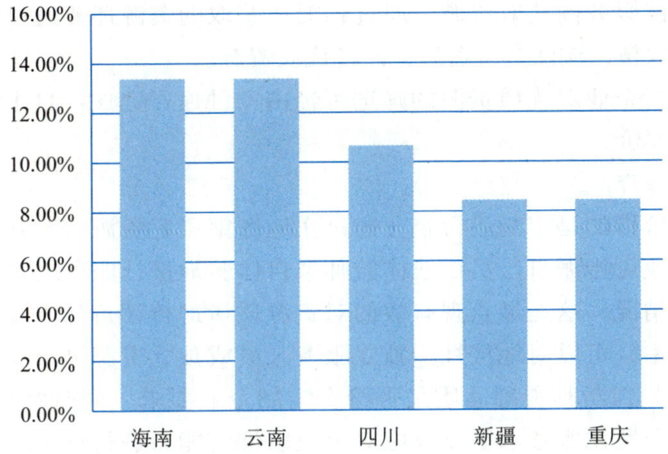

图 4-6 最受欢迎的国内定制旅行目的地

（资料来源：中青旅遨游《2020 私人定制旅行趋势报告》）

5. 定制旅行游客偏爱参与性更强的当地体验

定制旅行游客注重深度体验，偏爱参与互动性更强的旅游项目。他们对旅游体验的深度及旅行品质有着更高的要求。前往瑞士滑雪、在泰国学习制作泰餐、在夏威夷学跳呼拉舞、跟随澳大利亚土著探索雨林、乘坐快艇穿越水平瀑布等能够深入了解当地风土人情、获得独特体验的行程安排对定制旅行游客吸引力较大。在美食体验上，他们不再满足于品尝特色美食和当地小吃，而参加烹饪课程、了解美食背后的故事则会让他们感到物超所值。在住宿体验上，定制游客更倾向于选择住当地人家里，通过居住民宿与当地人交流，品尝民宿老板亲自烹制的佳肴，细细品味当地文化。

二、优质资源筛选

定制旅行游客对独特资源和深度体验的要求相对较高，能否提供匹配游客需求的优质资源、能否灵活配置优质资源对定制企业来说至关重要。这就要求定制旅行企业具有较强的资源获取和配置能力。对于不同的定制旅行企业而言，资源可指代景点、机票、酒店、购物点、餐厅、娱乐等设施或产品，也可指代负责定制旅行产品落地的地接社，或独立于机构之外的导游、司机、定制师、各领域专家等独立服务人员。定制旅行企业一般会通过两种方式获取资源：一种是自主开拓资源，企业与景区、酒店、导游等服务供应商直接对接获取资源；另一种是外部获取资源，主要借助地接社、旅行达人、面向

B 端的供应链服务商获取资源。通过各渠道获取的资源还要通过一定的筛选途径，去粗取精，淘汰劣质资源，储备优质资源。

定制旅行企业对优质资源的筛选可经由三种途径完成：自主评价、顾客评价和同业评价。

1. 自主评价

自主评价指的是定制旅行企业通过实地考察了解资源情况并对其做出直接筛选。企业可指派自己员工或体验师亲自体验地接社服务或考察独立服务人员及资源情况，这是最直观有效的对资源质量进行评价的方式。企业在实地考察过程中，可以对地接社、独立服务人员或独立资源进行深入了解，获取一手资料，判断其资源品质是否符合定制企业要求，同时对其服务理念、服务态度、个性化服务水平以及应对突发事件的能力进行评价。符合企业要求的资源，留存在企业的资源库中，可按单项产品、线路产品、定制师、导游等类别进行等级评价。不符合企业要求的资源，可给予再次考察的机会，若仍无法达到标准，则应予以淘汰。亿帆旅行采用的就是自主评价的资源筛选方式，承诺每条定制线路都是定制师进行实地考察后得出的最优计划。

2. 顾客评价

顾客评价是一种间接筛选资源的途径。由于定制旅行产品是一种体验型产品，生产和消费具有不可分割性，所以只有那些真正体验过定制产品的顾客才能对产品质量做出评价，而且这样的评价往往具有较强的说服力。定制产品能否经受住市场的检验被顾客认可，对定制旅行企业的口碑以及顾客黏性将产生重大影响。因此，定制旅行企业应注重顾客评价，将其作为筛选优质资源的重要依据。在售中和售后阶段应及时全面地收集顾客反馈信息，获取顾客对产品的详细评价，并建立相关档案，分门别类地记载顾客评价，从而筛选出有利于企业未来经营的优质资源。

3. 同业评价

同业评价也是一种间接筛选资源的途径。对于规模较小的定制旅行企业，在无法投入足够人力和财力完成资源实地考察的情况下，也可借助同业评价对资源进行筛选。定制旅行企业可以根据其他同业机构的推荐对接资源，由于同业机构掌握资源的一手情况，因此可供定制旅行企业进行参考。一些致力于深耕资源的业内领先定制企业或旅游集团会将其积累的优质资源分享给其他定制旅行企业。例如 6 人游与 A&K 合作开发小众目的地深度产品，从而实现优质资源的共享。还有一些同业机构专门提供资源服务，定制企业可借助这类机构获取相应资源。掌途、芝麻游、旅游圈都属于资源类平台。掌途专注于为中小旅游服务商打造目的地旅游资源的共享平台，其资源覆盖华东、华南、华中等区域，涉及吃、住、行、游、娱、购等类别。

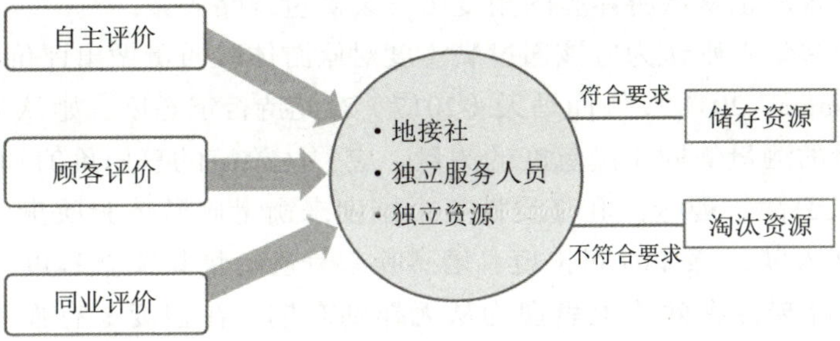

图 4-7　优质资源筛选途径

三、沉淀优质线路

（一）以顾客体验为核心的线路质量评价体系

作为组合旅游产品，定制旅行产品是定制旅行企业或定制师根据顾客需求的综合性、连带性特点而以旅游景区（点）为节点，以交通路线为线索，为顾客设计、串联或组合而成的旅游过程的具体走向和连带服务的集合。线路是定制旅行产品的重要展现形态。线路节点是否有特色，线路安排是否有创意，线路体验是否有亮点，线路是否顺畅，线路节奏是否得当，线路服务是否贴心，线路变更是否迅速落实，突发事件是否及时解决，线路价格是否超值等等都会对定制线路的质量产生影响。而在众多的影响因素中，哪些是评价线路质量时应该重点考察的因素呢？一个基本思路是，以顾客需求为出发点的定制线路应围绕顾客体验质量去评价线路的质量。也就是说，线路质量的衡量应以顾客的旅游体验为核心去构建评价体系。

很多学者认为旅游质量就是旅游者在整个旅行体验过程中的体验质量。张潇伊和韩春鲜（2018）构建出“核心吸引物、配套服务、旅行游伴”的旅游线路质量三维度模型，其中包含司机、导游、景区、酒店、用餐、购物、交通、行程、价格、团友素质十个属性。[①] 杨懿和李秋艳（2018）基于SERVQUAL（服务质量评价）模型对旅行社产品质量进行了量化分析，结果表明景区游览、购物和用餐活动是影响旅游者感知质量的关键“界面——过程”；愉悦性是决定旅行社产品质量的最关键因素，响应性、有形性、移情性

---

① 张潇伊，韩春鲜. 旅游线路质量的维度与属性构成——基于北京游客长三角区旅游体验视角［J］. 江苏商论，2018（09）.

其次，保证性和安全性并列第三[①]。上述研究主要从产品物理属性和服务质量出发，而并未真正从旅游体验的角度出发去衡量线路质量。

国外很多学者则认为应该通过满意度对旅游体验质量做出评价（Assaker，Vinzi & Connor，2011），[②] 而马天（2017）对此持否定态度，她认为不应将旅游体验质量的测量等同于满意度的测量，应关注旅游的享乐价值和情感体验，并提出从吸引性、趣味性和享受性三个维度来衡量旅游体验质量。其中，吸引性包括涉入度、感知时间长短、情感唤起程度、情景交融程度、行为反应 5 种性质。趣味性在效价上表现为从无趣到有趣，在程度上有强弱之分。享受性包括效价、强度和意识深度三种性质，煎熬和享受在效价连续统的两端；强度上有强弱之分；意识深度从低意识程度的感官享受到较高意识程度的心灵享受存在高低差别。

服务质量及旅游体验质量领域的研究成果为定制旅行企业衡量线路质量提供了理论参考。企业可结合自身理念产品特色构建以顾客体验为核心的线路质量评价体系，不断打磨完善线路，让优质线路沉淀下来，成为企业的专有资产。

（二）优质线路典型整合方式

定制旅行企业沉淀积累的优质线路需要通过整合的方式实现有形展示。比较典型的做法是，企业按照主题、地域、群体或等级来整合优质线路。

1. 按主题整合优质线路

主题是线路特色的高度凝练。常见的线路主题包括人文艺术、野生动物、专业摄影、轻奢探险、蜜月旅行、会议会务、SPA/ 养生、节日 / 赛事、商务考察、樱花之旅、极光之旅、海岛之旅、自驾之旅等。主题鲜明的线路不仅能够凸显出定制旅行企业的优势所在，还能够对顾客构成吸引力，将顾客的兴趣点与线路进行迅速匹配。

2. 按地域整合优质线路

按地域进行优质线路的整合是最为常见的做法。定制旅行企业会按照不同的地域划分方式整合优质线路，例如按照国内游和境外游进行线路划分，或者按照洲、国家、城市、乡镇进行划分，抑或按地理方位划分为西南、西北、华东、华南、东北等。

---

① 杨懿，李秋艳.基于SERVQUAL模型的旅行社产品质量影响因素分析［J］.中国人口·资源与环境，2018，28（S1）：221-226.

② Assaker，G.，Vinzi，V. E.，& O'Connor，P. Examining the effect of novelty seeking，satisfaction，and destination image on tourists' return pattern：A two factor，non-linear latent growth model［J］. Tourism Management，2011，32（4）：890-901.

3. 按群体构成整合优质线路

群体构成可按群体规模、性别、年龄、身份等属性进行优质线路的分类。具体可分为男士线路、女士线路、儿童线路、老年线路、二人行、三人行、亲子游、三代同游，等等。例如，6 人游旅行网除了按照目的地整合优质线路外，还按照群体构成将优质线路分为陪父母、带孩子、和朋友三种类型。

4. 按等级整合优质线路

按等级高低来整合优质线路能够让顾客一目了然地选取匹配自身需求的相应档次的线路，极大简化顾客的筛选过程。通常可以按照价位、市场定位或定制程度来整合线路，例如将线路划分为经济型、中端型、高端型、亲民价位、享受价位、深度定制、轻定制等。

四、数据支撑定制

定制旅行企业要实现大规模定制，用标准化产品的成本为顾客提供个性化的产品，就需要有大量数据支持，便于企业掌控顾客特征、消费习惯、需求趋势，并且能够通过智能分析将顾客提出的要求和数据库中已有资源匹配起来，以最短的时间，针对顾客要求做出响应。那么，通常哪些数据能够为定制旅行提供支撑？企业通过什么途径能够获取这些数据？接下来，我们就来说明这两个问题。

（一）支撑定制旅行的主要数据类型

定制旅行企业使用的常见数据类型如下。

1. 移动通信运营商数据。主要用于对游客旅游行为特别是时空分布和游览轨迹进行有效分析。

2. 在线旅游平台数据。平台预订积累的关于交易和用户属性方面的数据，是用于分析市场偏好、产品销售、游客画像的重要指标。

3. 用户生成数据（UGC），包括文本、图片、视频等，用于网络评论、社交媒体平台舆情分析等。

4. 交通数据。包括航空、高速公路等数据。

5. 消费数据。主要是银联刷卡数据，不包括更为主要的线上支付平台（支付宝、微信支付等）。

6. 搜索引擎数据。游客在各大搜索网站上产生的浏览足迹。

7. 景区、酒店等旅游供应商的内部数据。包括订单信息、客流量等实时信息与累计数据。

8. 企业内部自有数据。通过实际业务积累的有关顾客、景区景点、酒店、交通、导游、司机等方面的相关数据。

（二）支撑定制旅行的主要数据来源

1. 企业自有数据

定制旅行企业在实际运营过程中积累的数据是最真实、有效的一手数据。构建企业自有数据既是对以往工作的复盘总结，同时也为日后定制产品各环节的生产提供了有价值的资源。可以说，企业建立自有数据库是企业核心竞争力之一。定制旅行企业构建的比较典型的自有数据库有 CRM 及 POI 数据库。CRM（客户关系管理）数据可能包含顾客的人口统计信息、联系方式、购买记录，消费偏好等信息。定制人员可以在这些自有数据基础上创建高度个性化的体验。POI（兴趣点）是地理信息系统中的一个术语，泛指一切可以抽象为点的地理对象，尤其是一些与人们生活密切相关的地理实体，比如景点、餐馆等，可以理解为用经纬度表示的地图上有意义的点。定制企业必须在生产过程中积累大量的 POI 数据，才能在定制过程中调配到实用、丰富的资源，快速匹配顾客需求，从而提升定制旅行的工作效率。

2. 供应链数据

定制旅行企业在面对顾客个性化的定制需求时需要能够调配丰富的资源才能完成整个定制旅行产品的交付。但规模较小的定制旅行企业难以与分散在各地的产品供应商及服务人员建立业务关系，在这种情况下，专门为定制旅行企业提供服务的供应链数据平台便应运而生。在该类平台上，定制旅游企业可以根据需求标签搜索供应商，为定制游整套行程方案的制定提供基本可行性保障。在平台的建立方式上，可吸纳供应商主动入驻平台，并为自己贴上相应的标签，平台审核供应商是否真实存在标签是否属实，完成审核步骤后将该供应商正式引入。

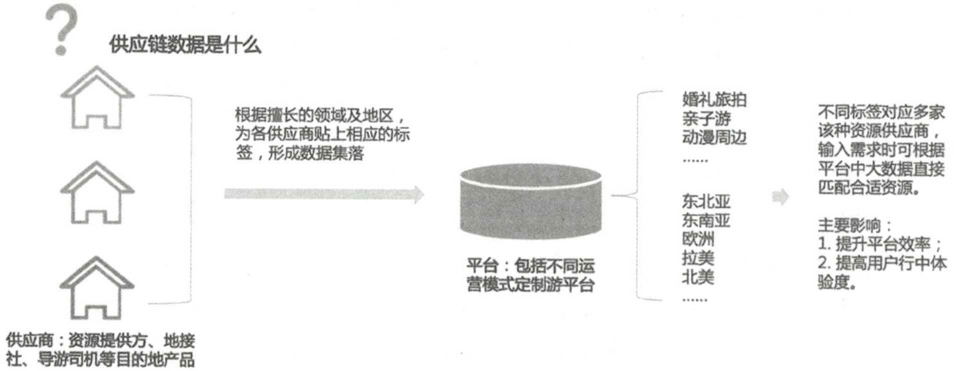

图 4-8　定制旅行供应链数据

（资料来源：艾瑞咨询《2018 年中国在线定制旅行研究报告》）

路书、妙计旅行、无二之旅这些定制旅行企业都提供面向 B 端的供应链数据服务。例如，路书旗下产品“路书云”定制旅行工作台为定制旅行提供 SaaS 平台，利用云 TOS 系统共享 400 万个 POI 数据库，为独立定制师、定制机构以及旅行社提供数据支撑。面向 B 端提供定制 SaaS 平台的妙计旅行通过一套机器算法，使行程生成过程压缩至 10 秒，并且实时报价，可一键完成全部预订，大大提高了定制企业的运营效率。

3. 用户生成数据

互联网由 Web1.0 进入 Web2.0 时代带来了网络理念和思想体系的升级换代，由原来的自上而下的由少数资源控制者集中控制主导的互联网体系转变为自下而上的由广大互联网用户集体智慧和力量主导的互联网体系。用户既是内容的浏览者，也是内容的制造者。他们在网络上创作的文字、图片、音频、视频等内容为定制旅行企业提供了大量可供参考的数据。由于用户生成内容的数据量非常庞大，因此定制旅行企业有必要对用户生成数据进行深入挖掘，从文本挖掘、图像地理位置的挖掘、图像内容分析、路线搜索与挖掘等方面入手，从而获得有关热门景点、流行线路、消费行为、体验评价、游客画像等方面的信息，并将这些信息用于定制旅行产品的生产设计。

部分定制旅行企业依托用户生成数据主动进行“反向定制”，也就是根据数量庞大的用户数据分析其用户偏好，并根据这些偏好来生产符合用户需求的产品。例如，马蜂窝借助官网及 App 搭建旅行攻略社区，沉淀了大量用户生产内容，他们针对内容进行语义分析与数据挖掘，并与在路上旅业合作，将双方获知的顾客行为数据化处理，根据用户偏好数据定制及预售，使产品符合顾客需求且性价比高。

4. 政府公开数据

自 2015 年国务院印发《促进大数据发展行动纲要》以来，我国一直在稳步推进国家政府数据统一开放平台的建设，统筹政务数据资源和社会数据资源，加快完善国家人口基础信息库、法人单位信息资源库、自然资源和空间地理基础信息库等基础信息资源和健康、就业、社保、能源、信用、统计、质量、国土、农业、城乡建设、企业登记监管等重要领域信息资源，加强与社会大数据的汇聚整合和关联分析，率先在信用、交通、医疗、卫生、就业、社保、地理、文化、教育、科技、资源、农业、环境、安监、金融、质量、统计、气象、海洋、企业登记监管等重要领域实现公共数据资源合理适度向社会开放。截至 2020 年底，我国已有 142 个省级、副省级和地级政府上线了数据开放平台，内容包括教育科技、民生服务、道路交通、健康卫生、资源环境、文化休闲、机构团体、公共安全、经济发展、农业农村、社会保障、劳动就业、企业服务、城市建设、地图服务。这些政府公开数据为各种定制旅行场景的生产交付提供了有力的数据支撑。

案例 4-4

无二之旅运用技术驱动定制游

无二之旅成立于 2012 年，主打大众人群的定制游，并依靠技术解决效率问题。目前，无二之旅超 90% 的服务通过精准数据库和人工智能算法完成，效率是行业平均的 8 倍以上，年复购率达 40%，已服务用户数十万人。

无二之旅力求满足顾客的三大诉求：1. 个性化服务，这是跟团游产品无法满足的；2. 让旅行更省心，不同于 DIY 自助游，定制游用户无需自己做自由行攻略，不仅极大节省了用户的时间，而且还可以帮用户避免许多旅游中会遇到的坑；3. 相比于传统定制游，无二之旅为用户提供的是一种平价、高性价比的定制游服务。

在起步阶段，无二之旅作为初创公司投入大量时间去定制方案，积累数万组真实顾客素材，建立起良好的口碑。公司创始人蔡韵说："每个定制客户的诉求都不同，要为她们每个人设想一段有趣又难忘的线路，然后打磨细节，再制作成精美的'路书'，给到消费者，虽然耗时，但如果一开始就设计好了数据化框架，所有前期的人工积累就都成为精准数据库最有效的打磨方式"。

通过这种"笨"方法，无二之旅在 5 年的时间里，搜集并沉淀了大量的目的地、供应商及顾客反馈等多种数据，每一次定制师设计的方案都会被数据团队进行拆分，并打上不同的标签与纬度，通过算法进行关联。所以在定制线路时，所有的信息都会被尽可能细化，以最小的单位灵活精准的录入后台，成为机器学习的原料。

如果客户的需求在无二之旅的信息库中刚好都有，那么一个定制化方案只需要几分钟就能由系统生成，稍作优化就可以作为成品呈现给客户。如果有些比较"刁难"的需求，专业的定制师会再做功课去满足，并由客户实际反馈确认后录入数据库为下次调用做准备。

无二之旅的产品模式准确切中了新一代旅行者的痛点：如何在保证服务品质的前提下，将价格降下来。相比市场上的高端定制旅游，无二之旅一直在做的是通过技术让定制旅游变得平民化。

通过多年来积累的数据和算法的辅助，客户在第一次跟无二之旅沟通需求的时候，就可以第一时间获得一个完全符合提出的各项要求、后端直接链接实时资源和最优价格的方案，让双方的沟通效率非常高。

（资料来源：1.《服务用户 10 万 +，年复购率达 40%，75% 的定制环节由人工智能完成，谁说定制游一定专属高端人群？》，创业邦。2.《无二之旅蔡韵：用 AI 和大数据驱动定制游更亲民、更普及》，砍柴网。3.《无二之旅蔡韵：如何通过人工智能实现定制旅行的规模化？》，网易。）

【案例分析】

无二之旅坚持积累经过自身实践检验的精准数据，将数据与人工智能相结合，在降低人力成本的同时，又极大提升了高品质定制游产品的服务效率，逐渐形成了自己的竞争壁垒，让看起来难做的市场，实现规模化、标准化运营。

中英文专业词汇

核心性产品	Core product
配置性产品	Facilitating product
支持性产品	Supporting product
扩展性产品	Augmented product
顾客导向	Customer orientation

思考与练习

1. 定制旅行产品与旅行社提供的团队游产品存在哪些区别？
2. 定制旅行产品包含哪些构成要素？
3. 定制旅行产品有哪些生产模式？
4. 定制旅行市场游客特征如何？他们的消费行为有哪些特征？
5. 如何评价旅游线路的质量？
6. 定制旅行企业需要哪些方面的数据？它们通过哪些渠道获取数据？
7. 定制旅行企业如何筛选出优质资源？

实训项目

1. 登陆佰悦会、无二之旅、6 人游等定制旅行企业的官方网站，选取网站提供的某一定制旅行产品样本或路书样本，针对该产品的构成进行深入分析并与其他同学相互交流看法。

2. 选取两家定制旅行企业，登录他们的官方网站或App，以顾客身份提出定制要求并获得初步行程方案，对比两家企业的服务流程及行程方案。

3. 寻找2~4位同学作为访谈对象，询问令他们难忘的一次旅游经历，看看哪些因素对他们的旅游体验影响最大。

4. 浏览几家定制旅行企业的网站，考察这些企业的优质线路整合方式。

第五章
定制旅行服务

本章导读

随着个性化旅游需求的增长，以及消费者消费能力的不断增强，定制旅行已经开始进入“寻常百姓家”，而且该类产品已成旅游业的“金矿”。相比同质化的跟团旅游，定制旅行更多体现在细节差异，以及基于个体需求的精耕细作上。定制旅行服务提供者要根据消费者的需求，“投其所好”地去设计旅游产品并进行过程服务，让游客有行遂所愿的舒适体验。本章重在谈论定制旅行服务的内涵，定制旅行服务流程及要求，定制旅行服务品质与创新，旅行定制师的职业素养等。通过本章内容的学习，使学生熟悉定制旅行服务的相关内容，为后续定制旅行相关章节的学习打下基础。

思维导图

- 定制旅行服务
  - 定制旅行服务的内涵
    - 定制旅行服务的概念
    - 定制旅行服务的特点
  - 定制旅行服务流程及要求
    - 定制旅行服务流程分析
    - 定制旅行服务岗位要求
  - 定制旅行服务品质与创新
    - 定制旅行服务品质
    - 定制旅行服务创新
  - 旅行定制师的职业素养
    - 志向培养
    - 能力培养
    - 态度培养

学习目标

职业知识：通过本章的学习，理解定制旅行服务的内涵，掌握定制旅行服务的流程及要求，熟悉定制旅行服务品质与创新，领悟旅行定制师的职业素养。

职业能力：高效运用通用能力、专业技能、操作能力、旅游产品咨询销售能力、新媒体营销应用能力等对客进行熟练的定制旅行服务流程操作。

职业道德：具有端正的职业道德、职业素养，具备清晰的定制旅行服务志向、能力和态度。

案例导入

依山傍海夏日避暑大连定制旅行产品设计

定制旅行由一份顺心如意的产品设计方案开始，才有可能获得丰富而令人满意的旅行体验。自然需要遇到优秀的旅行定制师。

1. 优秀的旅行定制师，会赋予设计方案一个美好的寓意。

依山傍海夏日避暑大连定制旅行产品定制师寄语：没有一个城市的海，像大连如此多变，也没有一座城市，像大连如此浪漫。在滨海路牵手散步压马路，在东港出海去兜一圈风，坐一趟老式的有轨电车，去一趟海洋公园，又或是沿海慢骑，一起看日出日落。

图 5-1　大连风光

2. 优秀的旅行定制师，会赋予设计方案一个特色的主题。

亮点介绍：入住大连一方城堡酒店 + 出海扬帆　专业舵手手把手教学帆船 + 探索 033 潜艇内部的奥秘 + 贝壳博物馆亲手制作专属贝壳标本。

3. 优秀的旅行定制师，会赋予设计方案一个温馨的提示。

旅行季节贴士：大连冬无严寒　夏无酷暑，6、7 月的气温大致在 25 度上下，夏季是大连旅游的最高峰时期，也是大连避暑消夏游的最佳时间。

航班信息：推荐航班

出发：浦东国际机场	到达：周水子国际机场
起飞时间：10:40	到达时间：12:35
出发：周水子国际机场	到达：浦东国际机场
起飞时间：16:50	到达时间：18:50

酒店信息：大连一方城堡豪华精选酒店坐落于亚洲的城市广场——星海

广场，俯瞰星海湾美景，是游客最喜爱的滨海路起点；巴伐利亚城堡建筑外形成为大连地标性建筑，神秘、浪漫而又高贵的面纱被众多情侣和网红视为打卡地，周边商业、金融与各种娱乐设施云集。

4. 优秀的旅行定制师，会赋予设计方案一个丰富的行程。

第 1 天　出发城市—大连

今日前往大连，咱们的专属导游和司机已在大连机场恭候咱们的到来，之后前往酒店休息，如果大家不累的话，可前往酒店附近游览【现代博物馆】，晚饭后可步行前往【星海广场】,【星海广场】是纪念香港特别行政区回归中国的主要建设工程，也是大连市的标志建筑之一。

第 2 天　大连—旅顺—大连

今日早餐后经过【跨海大桥】，前往大连后花园、素有“中国半部近代史”之称的【旅顺口】。参观【潜艇博物馆】：蔚蓝宽阔的大海边，建立了一个独特的博物馆，这里停靠着在旅顺口退役的“老兵”033 潜艇【进入潜艇内部探究它的奥秘】；稍后前往【白玉山景区】正对旅顺军港，居高临下，俯瞰两山对峙而成的旅顺口港区。午餐后前往【旅顺历史博物馆】(周一闭馆)。馆内藏品丰富、历史悠久，还能看到古代印度石刻、朝鲜与日本等亚洲国家的书画与陶瓷等艺术展品。而馆内的新疆文物陈列，尤其是千年前的木乃伊是馆藏珍品，很值得一观。下午 15:30 左右特别安排帆船基地 1~2 小时出海，还可以【学习驾驶帆船】，感受与海浪嬉戏的欢乐。

温馨提示：下午 16:00 左右出海阳光没有正午火辣，体验感更佳。

第 3 天　大连

早餐后前往大连最大的海洋公园【虎滩海洋公园】(极地馆、珊瑚馆、欢乐剧场、鸟语林)。在极地馆里可以观看白鲸、海狮、海豚和海象等海洋动物表演，是亲子游的绝佳选择。乘坐全国最长的跨海空中索道到达“鸟语林”，那里生活着孔雀、丹顶鹤、白鹭等数十种鸟。之后游览【贝壳博物馆】国内最大的贝壳展示中心，寓教于乐，小朋友还可以在馆内专业人士带领下【亲手制作贝壳标本】。

第 4 天　大连—金石滩

早餐后乘车前往金石滩景区。小朋友来到【金石滩发现王国主题乐园】由曾经参与迪士尼乐园设计的美国 RPVA 公司规划设计，公园占地面积约 47 万平方米，毗邻十里黄金海岸。其世界顶尖的游乐设施、环球风情演艺和丰富多彩的四季庆典主题活动成功吸引了中外游客。

第 5 天　金石滩—大连—出发地

早餐后可继续前往游览【金石滩】，包含（生命奥秘博物馆，华夏文华博物馆，奇幻艺术馆，地球之光展示中心，金石园景区）之后送机前往机场，离开大连，结束愉快的旅行。

5. 优秀的旅行定制师，会赋予设计方案一个清晰的报价。

定制旅行费用：此费用为定制旅行价格，根据具体需求有所浮动。

二人出行 + 精品奢华酒店 9600 元 / 人起；四人出行 + 精品奢华酒店 7700 元 / 人起。此价格是年平均价格，旺季可能会略有浮动。费用包含：全程行程所列星级酒店住宿含早餐；全程地面交通私人专车服务；全程专属导游服务；行程所列景点首道门票；旅行社责任险；个人旅游保险（仅覆盖行程期间及目的地国家，保险公司拥有最终解释权及理赔权）；出行期间提供 24 小时旅游秘书服务，让您安心出行。费用不包含：出发城市—大连往返机票；行程中未包含用餐；其他个人消费。

（资料来源：佰悦会定制旅行）

【案例分析】

定制旅行服务开始于定制旅行产品咨询，为了能够为客户提供个性化、主题鲜明的产品设计方案，需要拥有优秀的旅行定制师。旅行定制师在对客服务中，应根据客人的兴趣、需求恰当地提供产品咨询和设计意向服务，并有针对性地给出产品寓意、主题、行程、价格、温馨提示等建议，使其得到专业定制的行前服务。

第一节　定制旅行服务的内涵

一、定制旅行服务的概念

（一）定制旅行服务的定义

特色是旅游之魂，文化是旅游之基，环境是旅游之根，品质是旅游之本——是对定制旅行产品核心的高度概括。定制旅行，从认知到消费、从经营到服务，都需要改变原有观念。定制旅行不一定都奢侈，但一定要有主题特色，有人文、历史、自然的独特之处。徐郅耘在其主编的《定制旅行服务与管理》一书中，提到定制旅行服务是指以顾客需求为起点，为客户提供专享的、个性化的旅行服务全过程。包括行程前的与客户沟通，定制旅行方案设计与视觉呈现，定制旅行产品要素中的交通、酒店、目的地游览及活动等组合预订服务以及签证、保险等协助服务；行程中的地接服务和突发情况处理服务；行程结束后的销签服务、投诉处理等。

（二）定制旅行服务的类型

定制旅行有多种形式，需要定制旅行服务人员提供周到细致的对客定制服务。目前，定制旅行服务按服务的阶段不同可以分为行前服务、行中服务、行后服务三个类型。在不同的阶段，将为客户提供相应的旅行管家服务。按照服务的任务不同可以分为线路设计服务、咨询服务、接送服务、票务服务、讲解服务、售后服务等多种类型。

（三）定制旅行服务客户分类

1. 销售渠道

根据销售渠道来源分为线下客户和在线客户。定制旅行客户群体通常无年龄限制，具有追求品质、有一定经济实力、喜欢尝试新鲜事物、花钱省时间等共同特征。

（1）线下客户。通过旅行社门店、个性化服务旅行企业及机构预订定制旅行产品的客户。

（2）在线客户。通过在线旅游企业定制服务平台预订产品的客户。

2. 客户群体

根据客户群体可分为散客客户和企业客户。

3. 消费水平

根据消费水平可分为高端定制客户和大众定制客户。

（1）高端定制客户。高端定制是以高端人群的旅游定制需求为主，为其提供高端产品及服务。高端定制旅行的判定核心是资源的稀缺性和服务环节的极致性。高端定制旅行的资源需求较大众定制旅行来说更需要独特资源和深度体验。用户更注重对客户需求的独特理解、匹配资源的能力以及对于目的地的高认知。

（2）大众定制客户。大众定制是以消费升级带来的大众旅游定制需求为主，提供性价比较高的旅游产品及服务。大众定制旅行主流形式是根据用户提出的初步需求，设计出一个定制旅行方案，再根据客户提出的建议进行修改，最后根据方案采购资源或代为预订。用户对稀有资源的需求并不大，多数现有资源已经可以满足其需求，用户更注重的是产品资源的搭配和组合能力。

（四）定制旅行服务内容

徐郅耘、龙睿等学者认为定制旅行服务的内容涵盖行前服务、行中服务、行后服务三个主要部分。[①]

1. 行前服务

（1）需求获取及分析

定制师通过与客户有效沟通挖掘客户需求，尽可能收集更多的与产品相关的需求信息。理解客户需求，可以准确地将客户需求与定制产品要素一一对应。判断客户需求，以目前掌握的产品资源情况从性价比及可操作性判断客户的需求是否可以实现。引导客户需求，通过判断客户需求，围绕着客户核心诉求点引导客户接受替代性产品资源。

定制旅行服务五大核心标准

（2）定制旅行产品设计

定制师寻找产品资源，然后匹配产品资源，合理安排产品资源最终呈现出满足客户需求的可视性强的定制产品方案。

（3）定制旅行产品方案发送

定制师在设计定制旅行产品之前要判断是否需要发送方案，以下情形需发送方案：①已成功联系上客户；②无法联系上客户，但客户已填信息中同时包含出发地、目的地、出行日期和人数信息；③无法联系上客户，但客户已填信息中同时包含出发地、目的地、人数信息，且客户虽未填写具体的出行日期却已提供了具体出行月份（如 11 月、春节等）和出行天数。客户有指定的方案发送时间的，优先满足客户需求。

（4）定制旅行产品方案修改与跟进

定制旅行产品首版方案发送后，至少需要跟进订单 2 次以上，并按照以下要求跟进和修改：若与客户约定了下次沟通时间，根据约定的时间跟进订单；若未约定下次沟通时间，跟进订单的频率需要满足首版方案发送当天至少跟进客户 1 次。首次跟进后，若客户未明确拒绝继续服务的，在 3 天内再次跟进客户。若客户有修改需求，根据客户需求修改方案。客户最终需确认方案。

（5）方案确认与签订合同

定制师与线上客户就行程细节及报价达成一致后，客户可以在预订平台订单中查看方案，确认方案及报价后，随即由定制师将合同发送给客户，客户签署电子合同后定制师会发起收款。在签署合同前，定制师需要确认客户对开票类型及发票开具方有无要求。

线下客户一般到旅行社门店或公司营业部现场付款。双方签订旅游合同，并为客户开具发票，同时需为购买出境定制旅行服务的客户提供签证办理相

① 徐郅耘，龙睿. 定制旅行服务与管理［M］. 上海：上海交通大学出版社，2020.

关服务，如检查客户护照有效期、审核签证材料、指导及审核填写签证申请表信息等。

2. 行中服务

（1）接机服务

提前联系。出团前一天短信或电话联系客户。

出发前。对车进行安全检查，保证性能良好，打扫车上卫生；对路况进行预判，确保能准时到达；司机无疲劳驾驶；不得擅自更换车辆，确保用车非事故车辆，使用车体、内饰及设备无破损或非陈旧车辆。车容车貌方面，车内外应该保持干净，不得脏乱，确保车内无异味（比如浓重香薰类气味、烟味等）。车内需配方便面、矿泉水、车载充电器 + 三头数据线、晴雨伞、纸巾湿巾、垃圾袋等。在游客上车前提前开好空调，调至适宜温度。

接客后。建议提前 10 分钟抵达接站点（机场 / 火车站等），抵达后短信通知客户已抵达。与客户核对姓名、人数、入住酒店等，信息无误后，方可带领客户上车，并主动为客户搬运行李。

出发中。务必提醒客户系安全带、后排入座。安全驾驶，谨慎行车。热情招呼，以礼相待，扶老携幼，关心病弱，如行程中有特殊游客（孕妇、儿童等），需提供适当的关怀，提供靠枕、儿童座椅等相应服务设施。不得有违规违法行为以及不良驾车习惯（如不得在车内抽烟，接听电话需使用耳机等）。

抵达酒店。协助客户办理入住手续，待客户入住后方可离开。

（2）行中游览

开场服务。导游向游客致欢迎辞，自我介绍，并简要说明旅游途中的注意事项。行车途中将全部游程安排向游客做简要概述（景点、用餐、酒店情况等）。

沿途讲解。以安全驾驶为主，如遇客户咨询目的地风土人情、历史文化等内容，导游应适当讲解，不得生硬拒绝。主动讲解沿途所经地点概况，详细介绍目的地历史沿革、地理变迁、风土人情、土特名产、天气等。在客户下车前或进入景区前，明确告诉客户游览的时间、路线集合时间、停车位置等，并对景点做简要介绍。

办理入园。前往购票前，需安排客户在休息区休息等待，并预告客户预计等候时长。如有优惠人群需明确告知客户优惠政策。

景区讲解。需陪同客户入园游览，讲解时长不低于景点游览时长的 20%。如景区提供专业的讲解服务，也需要陪同客户一并游览。景区游览过程中应对客户进行安全提示（高危项目视自己身体情况选择参加等温馨提示）。对游客中的老弱病残、聋哑残疾、孕妇等给予重点照顾关怀。

用餐服务。定制行程中若含餐，导游需提前熟悉餐厅的运作情况（是否需要提前预约等）及周边环境（是否方便停车等），在抵达餐厅前需电话联系确认备餐情况、餐桌号等相关细节。指引客户入座用餐，并按照菜单（餐标）进行核查。客户用餐过程中，要作 1~2 次巡视，在不影响客户用餐的前提下主动询问客户，关注菜肴的数量、质量和口味。定制行程若不含餐，导游需提前熟悉景点、酒店附近的用餐情况并适当给予客户推荐，尤其是产品中披露的推荐餐厅，更要熟悉餐厅位置、预订情况、口味等详细内容。如客户提出代订用餐的需求，需协助客户订餐，并将详细的情况告知客户，针对合理范围内餐厅提供接送服务。

酒店住宿。导游需提前确认客户入住的酒店房型、是否含早餐、如何办理入住等相关信息。提前查询好行车路线。协助办理入住，告知早餐时间地点，提示客户检查房间设施（如有问题，需协助客户与酒店沟通换房等）。在确认客户可以入住后方可离开酒店。

（3）送机服务

清楚了解客户返程时间、地点、具体航班 / 车次等信息，预做安排。送机前一天 18:00 前（短信 / 电话）联系客户。提前抵达接站点，抵达后短信通知客户已抵达。导游协助客户退房、提前抵达酒店在大堂等候客户。提醒客户勿忘物品，如有酒店消费、物品损耗等发生费用的情况需协助客户办理。如客户返程当日司机送机，司机需至少提前 10 分钟抵达接站点，抵达后短信通知客户已抵达。需与客户核对姓名、人数等信息无误后，方可带领客户上车，为客户搬运行李。客户下车后，仔细检查车辆，若有遗留物品及时归还。

（4）行中突发情况处理

如遇行程或资源使用受阻（常见的有到店无房、到场无车、到场无机票、到场无门票、到场无地接人员等），客人受到人身伤害，以及客人需要立即给出解决方案的场景，需要定制师或相关工作人员第一时间安抚客户并协助客户处理突发状况。对于其他不影响行程继续的如不满类咨询、新增需求等场景也应及时响应。

3. 行后服务

（1）发票开具

在客户返程后，需按照以下要求为客户开具发票，开票前需与客户核对发票信息，包括：抬头（个人 / 公司）、公司名称、税号等。客户未明确开票时间，且在返程前提出开票需求的，应在返程后的 3 个工作日内为客人开票并邮寄 / 发送。客户未明确开票时间，且在返程后提出开票需求的，应在客户提出后的 3 个工作日内为客户开票并邮寄 / 发送。

（2）退款操作

若订单涉及退款，已与客户约定退款时间的，按照客户需求操作并通知客户。未与客户约定退款时间的，在返程后的 2 个工作日内为客户操作退款并通知客户。

（3）投诉处理

客户直接向定制师投诉，紧急情况建议在 15 分钟内回复。客户直接向公司客服投诉，定制师或相关服务人员须配合客服人员，协调调查，处理投诉。对投诉的初步核实结果，应该在 2 个工作日内回复给客户，整个核实过程需要在 2 个工作日内完成。

二、定制旅行服务的特点

（一）行前服务个性化明显

近年来，人们对旅游的质量需求越来越高，很多人已不再满足于开眼界、到此一游、拍照打卡，而是追求更深度的体验、更高品质的享受。导致定制旅行具有定制化、私人化、小众化、个性化的特点。那么定制旅行的行前对客服务就要有明显的个性化服务特征。旅行定制师相当于一名旅游管家，在行前服务中，应该利用自己的经验和资源对接游客的出行预算，帮游客设计旅游线路，安排全程事务，满足游客的个性化、定制化旅行需求。

（二）行中服务综合性凸显

定制旅行是介于传统跟团游与自由行之间的第三种旅游方式，韩娜（2020）认为定制旅行是伴随着旅游业的发展和游客对“新奇特”旅游体验的追求而产生的旅游形式，是旅行社通过与游客一对一沟通交流获取游客的个性化需求后，在游客参与下为其量身设计专属行程和服务的一种个性化、专属化旅游方式。① 这种“新奇特”的追求和专属化的要求，更加凸显了旅游活动涉及面广的特点。定制师需要具有丰富而广博的知识，例如够用的政治、经济、历史、地理、天文、民俗、建筑、心理学、美学等方面的基本知识，还必须了解我国当前的大政方针和旅游业的发展状况及有关的政策法规，掌握旅游目的地主要游览点，了解客源国（或地区）的政治倾向、社会经济、风土民情、宗教信仰、禁忌习俗等，以便在定制旅行线路制定、行中各处各环节提供更完美的对客服务。

在实施定制旅行服务时，游客与旅游企业之间是一种合作关系，游客在

---

① 韩娜 . 定制旅游产品设计及实现研究［D］. 山东师范大学专业硕士学位论文，2020，5.

旅行过程中有任何问题都要随时和定制师进行沟通，对定制旅行服务提供者的方案提出意见和建议，这个过程相较于传统旅游方式的参与程度得到了很大的提高。因此，旅行定制师的工作量也非常大，在旅行游览过程中的介绍、讲解，需要更多技能和知识储备，也要随时随地应游客的要求，事无巨细的帮助解决问题。旅游旺季时，往往会连轴转，整日、整月陪同游客出行，体力消耗大，又常常无法正常休息。因此，要求旅行定制师具备较强的事业心和良好的身体素质。

（三）行后服务高效率彰显

定制旅行的主要特征之一是游客的获得感明显提升。由于旅行完全是按照游客的要求和想法来进行设计，游客在旅行过程中会得到与众不同的体验，旅游偏好得到满足，游客的获得感有了大大的提升。因此，定制旅行的后续跟进服务务必讲求高质量、高效率，努力做好编筐编篓的收口工作，即定制旅行行后服务。

定制旅行来源于客户差异化的旅行需求，目的是让游客享受到高质量的旅游产品和服务。因此，在行后服务的财务处理、满意度调查、投诉处理等环节要高标准、严要求，及时高效。尤其是在旅行结束后，要对游客进行真诚的满意度调查，及时对自己的服务进行调整，以求得到客户的认可，进一步维护定制客户的友好关系，来真正地维系定制旅行“以客户为主导，满足客户的需求”的理念。

第二节 定制旅行服务流程及要求

一、定制旅行服务流程分析

定制旅行是根据游客的不同需求，为其量身定做的旅游行程设计，并提供行前、行中、行后服务。因为个体个性化、差异化的存在，让每个人的需求层次和内容不尽相同，进而对旅游产品供给和服务也有不同的要求，这些不同体现在游客对旅游目的地、酒店、项目等选择和服务要求的细节区分上。

（一）基本流程分析

1. 选择项目：定制旅行不提供景点、午餐和特色自选的单项服务，如有需要必须和导游一起预订；其他项目（如酒店、用车、导游），旅行者可以根据需求任意选择单项或多项预订。

2. 提交行程：选择项目后，可提交意向表，通过邮件、电话、各种即时通信方式联系。

3. 缴纳定金：了解顾客需求后预付定金，设计初步方案核算报价。

4. 协商确认：共同商定您出行的具体事宜。

5. 如期付款：行程确定后，支付全款。

6. 预订落实：行程确认后，旅游公司会安排具体行程。

7. 开心出游：旅游顾问将全程跟踪服务，随时解答旅行者路线途中的问题。

8. 归来回访：旅行结束后，会对旅行服务进行反馈。

（二）细化流程分析

定制旅行服务团队人员分为：定制师和操作（OP）。旅行定制师负责接单、制作方案、报价和签约。OP 负责预订机票、酒店、地接。旅行定制师和 OP 都需要对客户的行程进行跟踪。定制流程分为成团后流程、出团前流程和出团后流程。

定制师和 OP 组成团队，为了方便协作大家通过 SVN 进行资料共享，主要包含：首先是团包，它是关于每个出行旅行团的基本信息，包括住宿、酒店、机票、餐饮、景点、地接等信息；其次是财务，包含工资水单、接团单、结算明细、付款凭证资料；然后是 OP 文件包，包括通讯录、流程规范、行程名单、运营账号等信息，总体定制流程如下图 5-2 所示：

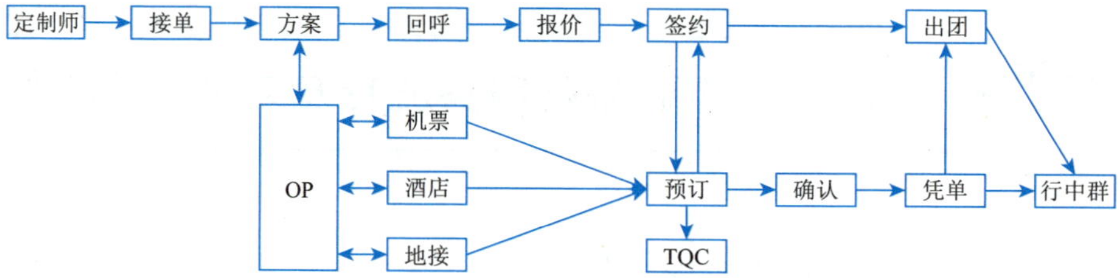

图 5-2　总体定制流程图

总体定制流程如下：

1. 手机端、PC 端进行抢单操作。

2.PC 端寻找业务需求单，查询客人手机号码，进行首呼（抢单后 1 个工作时之内），确认客人需求，在系统上进行备注。

3. 按照客人的真实需求（航班要求、酒店要求、行程要求、预算情况等）进行初步的方案制作。

4. 初步方案制作完毕，发送给客人微信或者二呼客人，了解方案不足之处，之后进行方案的再调整。

5. 及时跟进 A 类客户，不断沟通并完善方案直至成交订单。

6. 成交订单流程：定制师完善方案—客人确认最终方案—定制师提供合同—客人确认合同—定制师发起收款—客人付款。

7. 成交订单后，收集客人护照信息、联系方式至后台 OP 处，进行酒店、机票、签证等预订操作。

8. 合同确认后建群拉代表客户以及行中服务人员，进行客人行中服务。

成团后流程如下：

1. 获取客人护照信息，联系方式，预订机票，酒店等资源，若有签证需要办理，统计入表，及时送签。

2. 做好备忘录，提醒定制师让客人及时补充机票占位等材料不全信息。

3. 制作简易行程交于地接报价，整理客人名单，尽快落实预订资源。

4. 整理结团单，备注待定资源，估算成本以及群中注明相关垫款记录。

5. 整理团包，团包名称。

出团前流程如下：

1. 出团前若干个工作日准备简易出团通知书，机票行程单，酒店确认件等出团文件，分发机票行程单。

2. 出团前一个工作日 12 点前拉行中服务群，按格式备注群名，包括出团团期、目的地、客户姓名、需求单号、客服，问候客人并介绍服务人员，分发出团通知书、酒店确认件，有行李额的发行李额确认件。

3. 出团前 1 天为即将出团客人购买保险，核对出团客人的机票、酒店、地接等资源预订情况（最后核查）。

出团后流程如下：

1. 及时回复客人行中询问，及时处理紧急事宜。

2. 出团归来后，问候客人以及提交结算。

（三）总体流程内涵

总体上，对客提供定制旅行服务按时间进度一般分为行前服务、行中服务、行后服务。这也是一种服务流程的体现。那么在此三个阶段，分别需要完成如下任务。

1. 定制旅行行前服务与执行

定制方案设计沟通：客户沟通中的形象塑造；把握客户决策心理与行为；定制中重要信息的获取与技巧；定制旅行服务中的沟通艺术与技巧。

定制旅行服务方案设计：定制旅行服务方案设计逻辑；行程方案服务设

计与修订；行程设计与串联需要注意的技术问题。

定制旅行线下服务预订操作：定制方案合同签订与订单支付；定制旅行资源的预订；定制旅行资源凭证的填写。

定制旅行线上服务预订操作：定制方案合同签订（电子签），电子订单线上支付；定制旅行资源的咨询预订；定制旅行资源的网络系统数据填报。

2. 定制旅行行中服务与执行

行中服务流程：合同签订后的注意事项；出发前服务准备；及时关切客户感受；及时反馈客户感受。

行中服务要求：专业水平要求；专业态度要求；服务要求底线；服务个性追求。

行中服务技能：拍照、录像及后期制作；客户传播技巧；深度讲解技巧；当地资源协调；行中特殊专项技能。

行中供应商管理与协调：提前检查；及时了解；反馈情况；预案预设。

行中应急与安全管理：定制旅行安全防范与应对；行中突发情况处理。

3. 定制旅行行后服务与执行

发票开具与退款操作：发票开具；退款操作。

定制旅行客户满意度：定制客户满意度；定制客户忠诚度；定制客户需求再挖掘。

定制客户服务投诉处理：定制客户抱怨与投诉的原因；定制客户抱怨与投诉的心理；定制客户服务补救的原则；定制客户服务补救的方法。

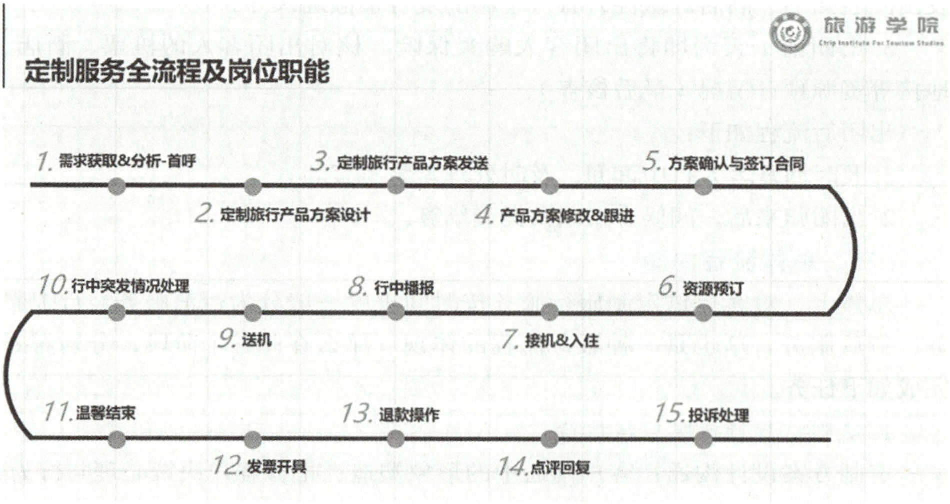

图 5-3　携程旅游学院定制服务全流程

二、定制旅行服务岗位要求

携程定制平台提供的数据显示，2020 年国庆长假，国内定制需求单同比增长 75%，恢复并且超过去年同期的水平。特别是国内的高端定制需求增长 300%。得益于我国在疫情防控方面所做的努力，平台上从事国内游定制的 1000 多家供应商全面复工，旺季定制师供不应求。未来随着旅游市场不断变化，私人化、定制化、小众化将持续成为市场上的新趋势。而这些现状和趋势对定制旅行服务人员的岗位标准提出了更高的要求。

定制旅行服务人员包括旅行定制师和操作（OP）。旅行定制师的岗位任务涵盖接单、制作方案、报价和签约。操作的岗位任务涵盖预订机票、酒店、地接。同时，旅行定制师和 OP 都需要对客户的行程进行跟踪。

（一）定制旅行良好发展总体要求

1. 服务供给方（旅行社）与需求方（旅游消费者）都应该以诚信为基本原则。双方共同维系“契约精神”，按照合同履行应尽的责任与义务，按章办事，避免争议。

2. 在原本的供需关系、买卖关系外，加强买卖双方的联系。定制旅行应该是一件“双赢”的事情，双方应该基于诚信而产生信任，因为信任产生友情，从而使供需关系变得稳定、可持续。

3. 小众的定制旅行相比大众标准旅游成本通常会高一点，“优质优价”是理所应当的事情。定制旅行应以服务质量求生存、赢口碑。

4. 选择定制旅行的游客都对自己的旅游线路、线路上的景观有着个性化的选择和独到的审美。在为他们做线路规划的时候，一定要多多与游客做沟通，充分了解客户需求后再做出合理的线路规划。

（二）旅行定制师的岗位要求

2016 年，携程定制旅行平台正式上线，其业务规模便迅速扩大，需求单量连续 3 年以三位数速度增长，到了 2019 年，该平台就聚集了 1500 多家供应商、6000 余名定制师。

越来越多的旅行定制师为了更好的服务定制客户，需要遵守岗位要求，积淀核心素质。高毓泽在《中国青年报》（2019-04-09 第 012 版）“旅行定制师的‘幸福职业’生涯”一文中提到旅行定制师应必备如下“硬核”素质。①

第一，应变能力强、反应快。

① 高毓泽 . 旅行定制师的“幸福职业”生涯［N］. 中国青年报，2019-04-09.

定制师反应要迅速，及时应对旅途中随时随地的突发状况，快速想到不同的方案，帮助客人顺利解决问题，前往下一个目的地。

第二，思维逻辑强。

定制师跟客户沟通时需要非常清楚、有条理地把线路要推荐的东西表达出来。每一个推荐基于什么目的，或者基于什么因素来考量，推荐的酒店、餐厅等是否与路线匹配等，都需要定制师对线路所包含的国家、地区有非常充足的了解，避免规划不合理，景点散乱。

第三，耐心细心。

定制师是一个服务性职业，服务意识是一个软实力，在帮助客户设计线路时，需要经常搜集大量资料，反复确认，也经常会出现一些突发事件，使得旅行攻略要推翻重来。很多时候客人也会有一些不合理的想法，定制师要适当地劝说和解释，帮助客人将预期合理化。

第四，沟通能力强。

定制师需要与客户、供应商、各种人脉资源等沟通。整个定制分工非常明确，那么整条线路相关的上下游及供应商都需要对接，沟通能力至关重要。

第五，足够的知识储备。

定制师对目的地的国家或地区的地理、风土人情、社会环境等十分熟悉，在当地需有一定的资源人脉、生活经验，以便为客人设计体验更好的行程。

第六，丰富的经验。

定制师不能纸上谈兵，自己应有丰富的旅行经验。

第七，探索精神。

定制师要具备探索精神。既包括对目的地的了解，还包括日常的搜索能力。定制师时常会被打破砂锅问到底，比如这个景点到底位于什么地方，有什么特别之处，因此定制师需要做大量功课，搜集各种资料。

（三）操作（OP）的岗位要求

操作（OP）和旅游定制师组成团队，通过 SVN 进行资料信息的便捷共享，信息包含：团包是关于每个出行旅行团的基本信息（住宿、酒店、机票、餐饮、景点、地接等信息）；财务（工资水单、接团单、结算明细、付款凭证资料）；OP 文件包（通讯录、流程规范、行程名单、运营账号等信息）。

操作（OP）在操作部经理（主管）的指导下，全面参与部门的日常事务。一般包括对内接待，安排旅游团，对外计划、协调、发团等若干职能的执行；负责掌握团队项目设计需要采购的各项常规业务如：各类酒店、各类餐厅、各类型旅游车、飞机、客船、各景区（景点）、各购物店、各娱乐活动项目等在不同季节的成本价格；根据日常业务量，对性质相同的有关协助单位进行排序分档，并将排序分档表上报操作部经理；参与产品介绍与推广的跨部门协调。

负责制定、修改和完善公司既有的产品线路的行程及具体安排；接待顾客电话咨询和当面咨询，提出符合顾客要求的定制旅行线路产品及报价建议；按照规定与合作单位或客户签订旅游合同；负责定制旅行产品接待计划中所采购服务项目的具体落实；安排协调定制旅行服务过程中提出的旅游合同中没有涉及的特殊要求；负责各环节预约的导游员、司机、行李员和票务员等人员的有关业务调配；按照合同约定的情况和实际发生的费用情况及时催收团款。

负责出行客户的跟踪服务，协助旅行定制师解决突发事件；负责行程结束的回访工作；负责团队资料的整理和归档，并定期进行团队接待信息分析、上交操作部经理。

（四）行中服务管家的岗位要求

定制旅行的行中服务期间，旅行管家是非常重要的服务岗位。旅行管家的使命是尽最大努力维护客户出行时的精力和愉悦的心情，免去客户在行程中的劳顿和繁冗费时的各类手续和等待，让客户的精力和注意力全部绽放在旅程中最精华的时刻，为客户带来最难忘的旅途回忆。

旅行管家在行程进行中始终与客户相伴，提供最及时的消费、娱乐和休闲信息；提供当地城市及景点的介绍，以便客户更好地了解当地的风土人情。全程围绕客人提供管家式服务，协助客人实时安排行程，帮助客人打理行程中的杂务、办理各类手续，根据客人喜好推荐目的地的饮食、娱乐信息；在保护客户的私密个人空间的同时，提供最具人性化的服务和必要的协助。协助客人办理各类手续、城市概况及景区景点讲解、餐食推荐、娱乐推荐、交通信息提供、特产代购、门票代订、车辆代订，以及其他法律法规允许内的活动。

定制旅行管家的三个等级服务要求

第三节 定制旅行服务品质与创新

案例导入

定制需求从被动到主动，彰显服务品质创新

基于定制旅行市场发展的大趋势，携程定制旅行平台对入驻平台的商家

所提供的“公共品”进行一系列创新，开启“定制旅行+”时代，在拥有大量能提供旅行解决方案的供应商的基础上增加了专业的生活服务提供商，上线了一系列如定制旅行+投资置业、定制旅行+户外探险、定制旅行+研学游学、定制旅行+婚礼蜜月、定制旅行+健康体检等特殊品类主题产品。

据了解，携程定制旅行平台所展示的案例是方案聚合的产物，是一种简约的特色行程展示形式，强调特色玩法体验、特色景点、商家的资源和服务能力。而更具体详尽的方案维度则会根据定制游客的个性化需求来调整输出，这一小创新给原本就省心省力的定制游模式又增加了一种“懒人模式”。

（资料来源：国家旅业）

【案例分析】

诚然，定制已经是很个性化的销售服务手段，是提升服务品质的重要方式。在定制旅行服务的领域，携程等公司也开启了“定制旅行+”的时代。被“+”的内容都可以通过定制旅行的方式呈现更好品质的服务。但如何确保品质的实现，如何让品质之树常青呢？是持之以恒的质量保证，还是持续的服务创新？亦或其他？你又如何理解定制旅行服务的品质和创新呢？

随着个性化旅游需求的增长，以及消费者消费能力的不断增强，定制旅行已经开始进入“寻常百姓家”，而且该类产品已成旅游业的“金矿”。相比同质化的跟团旅游，定制旅行更多体现在细节差异，以及基于个体需求的精耕细作上。定制旅行服务提供者应根据消费者的需求，“投其所好”地去设计旅游产品并进行过程服务，让游客有行遂所愿的舒适体验。如此，定制旅行服务提供者才能赢得良好的口碑，整个行业的发展也才能健康稳健。

一、定制旅行服务品质

携程网 2018 年发布的《国庆旅游消费升级报告》显示，当年国庆假期，百姓旅游消费升级，游客更愿意把钱花在体验上，追求品质与个性化。目前，旅游市场上选择自助游、定制游的旅客大幅增加。有预测称，更加个性化的深度游将成为未来旅游市场发展趋势。

（一）定制旅行服务品质塑造的必要性

定制旅行的主题内容非常丰富，人们对于世界边界的探索以及不同文化的追求，还有越来越个性化的服务。当所有定制旅行网站都在推荐同一个小众路线的时候，那这样的路线也就不小众了。定制游的消费者往往都是高收入人群，这类人的特点就是追求消费的个性化。如果忽略用户需求，又令定制旅行的服务同质化，必然会招来用户的不满。所以应该根据用户需求提供高品质的服务。

有业内人士认为，在国内定制游发展不起来主要有两个原因，分别是企业和用户两方面。在企业方面，主要是很多企业都弄错了定制游的本质，他们将宣传和工作的重心放在路线的定制上。而定制游的本质应该是提供管家式的贴心服务，着重解决用户在旅行中遇到的问题，并根据各种情况对用户的旅游路线进行实时调整，让用户在旅游的过程中省心省力。而现在做定制游的企业则一直在推一些小众的旅游路线，单纯地让用户走别人不走的路，这样的做法是对用户需求的一种忽视。比如用户在第一次去北京的时候，推荐的路线不是故宫游而是小众景点，这肯定是一条不能满足用户需求的路线，而现在很多定制游网站却正做着这样的事情。

随着全民消费水平的提高，对生活质量要求的提升，高端定制旅行作为一种时尚的高端个性化消费方式应运而生，它能按照高端消费者对旅游苛刻的要求，量身策划设计属于高端旅行者的高端定制旅游产品。相较于传统的定制旅行产品，高端私人定制旅行并不仅仅在交通方式、住宿这些方面有差别，它更能符合高端消费者的旅游诉求，体验到旅游带来的幸福感。

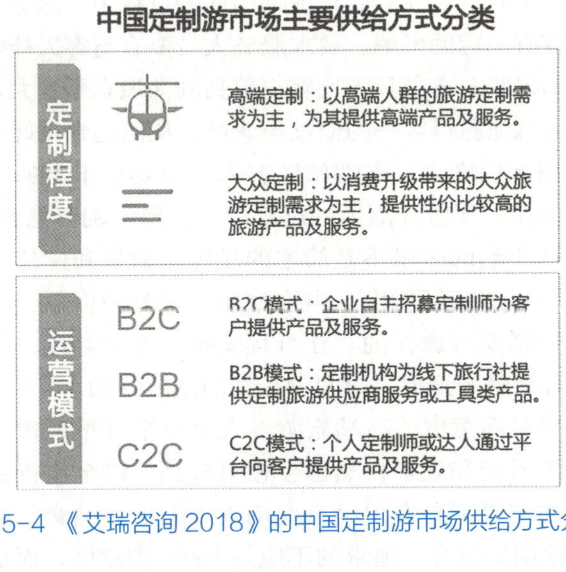

图 5-4《艾瑞咨询 2018》的中国定制游市场供给方式分类

大众定制旅行主流形式是根据用户提出的初步需求，给到一个已有的模板方案，再根据客户提出的建议进行反复修改，最后根据方案采购资源或代为预订。从用户端来看，新兴的中产阶级均为潜在用户，目标用户规模非常大；从资源端来看，用户对稀有资源的需求并不大，多数现有资源已经可以满足，因此资源的搭配和组合能力是企业竞争的重点之一；从产品端来看，满足客户休闲度假体验的需求并帮助解决不用花费时间精力去做攻略和预订的“懒”的问题是企业关注要点。

从竞争现状而言，OTA 自有定制版块依靠自身优质品牌、资源、渠道等，在行业内已有一定的用户认知度，而创业企业从零到一的发展较为容易，但从一到十、从十到百遇到的阻力非常大，在能力提升和宣传推广等方面尤为明显。因此，小包团的规模化方式以及同业定制的线下客源扩张方式都是业界可以考虑的方向。越来越多的消费者选择定制旅行，这在未来将会成为一种大的趋势，更多的人愿意去享受高品质、更精致的旅游。

刘维渺（2017）认为高端定制旅行服务围绕旅游者这一中心完成相应的旅游行为的进程设置，旅游者能够亲身参加旅游路线的选择和设置，把各类旅游服务，比如住宿、交通等各种旅游元素依据自己的需要搭配在一起，甚至可以舍弃原本的模式，制定完全属于个体的、新颖的服务产品。①

满足高端定制旅行需求很大程度上依赖于服务水平的高低。硬件上的高档次需求是容易达到的，而服务水平的高低完全取决于服务人员的综合素质，不同水平的服务人员要对应具有相应水平需求的客户。

第一，知识水平对等。在与客户前期沟通的过程中，服务人员需要对客户所希望安排的内容有一定的了解。要求服务人员要有与客人能够匹配的知识储备和见识见解，如果服务人员具备比客户更高的知识水平，尤其是旅游相关知识水平，就可以更多地赢得客户的信赖与认可，从而达到很好的沟通效果。

第二，服务细化程度高。高端旅游客人已经具有丰富的出行经验，他们对服务细节尤为关注。在服务落地的过程中，需要特别留意客户的细节要求。例如：为客人挑选车辆的时候不是简单的品牌、数量和座位的选择，而是要有更多细节的考量，座椅倾斜度、内饰材质、行驶公里数、车身颜色甚至气味等这些细微之处都要考虑在内。在行程安排上亦是如此，每一个项目的安排在时间上需要有精确的把握，时间轴是精确到分钟的。

第三，服务质量满意度。高端旅游客人也是平日里最常接受高档次服务的人群，对于服务质量和效果自然也会相对较高。诺金旅行总经理张彦龙先生认为，服务成功与否不是客户满意度调查表上的“满意”而已，而是在服务中给客人超过预期的惊喜，追求的不应是100%满意度，而是100%美誉度。

（二）高端定制旅行的个性化服务更受期待

胡润研究院联手万豪国际集团《2016 中国奢华旅游白皮书》表示，中国

① 刘维渺．“诺金旅行”高端定制旅游服务的运营［D］．广西师范大学硕士学位论文，2017，4

年轻人最热衷于旅行社提供的个性化服务。比如，在旅行社的挑选上，他们更为重视个性化服务、化解问题的能力和行程的科学规划，此三项的比重都在五成之上。其中，对于旅行社提供的服务，飞机服务属于年轻人高端旅游客户意见最严重的地方，占据 28%。其次，行程规划，占据 27% 的比重；饮食，占据比重 27%。之外，这个群体的旅游者非常喜欢定制化的服务，对此类服务的认可程度较高，其中占据 73% 比重的旅游者都提及有私人定制服务的经验。

对于酒店的遴选，高端旅游人员希望有更加多样的服务可以挑选。在 2015 年最受欢迎的酒店品牌评定中，丽思卡尔顿排名第一，四季、半岛紧随其后。干净整洁的客房服务是这一群体挑选酒店的时候最重要的参照因素之一。其次，充满个性特征的酒店服务也是参照因素之一。比如，这一群体希望可以享受到和价格对等的酒店服务，他们支付奢侈酒店的价格，就需要享受到高品质的居住感受。比如，房间的香味要清新怡人，各类设施要具有尽可能多的功能，柔和的灯光、舒适的床铺、光线很好的窗户等，以及加入具有本地特征的设计等。同时，能够提供管家式服务（68%）和电子化互动服务（61%）的酒店属于最受年轻高端旅游者喜爱的酒店。他们能够对酒店充满个性化的服务充满期待，期望和酒店人员结为朋友，凡事可以换位思考，多为客户考虑，保证提供的服务更加贴心，此外，还期望酒店可以对顾客的个人爱好有适当把握，时机合适的时候给予一些小的惊喜。然而，他们也很重视私人空间的保护，不想因为服务而打扰自己的个人体验。高科技数字化设施也是年轻高端旅游者挑选酒店的主要参照元素，比如无线 Wi-Fi（73%）、智能电视（55%）等。这些设施不但可以让旅游者得到更好的住房感悟，而且可以密切和旅游者的关系，让服务显得更为个性化，而且可以更为直接地感受住房服务。从年轻的高端旅游者的角度进行分析，高科技不仅高在硬件配置，更重要的是其软件设施，比如对旅游者的兴趣和喜好进行自动保存，为旅游者下次住宿提供更为细致化的服务奠定基础。

国民旅游休闲发展纲要

（三）高端旅游的核心要素

高端旅游面对的是个性化、满意度需求极高的少数高端人群，就要提供高端的产品和高品质的服务，与普通旅游截然区分。

首先高端旅游在产品设计上需要不断推陈出新，设计者需要搜集整理大量的高端旅游资讯，并且要保证资讯的前沿性，在对这些资讯筛选后，还需要寻找渠道进行联络与采购。有一些高端的旅游地点或者活动内容是有一定壁垒的，例如有一些欧洲的古城堡是一些古老的贵族家族经营，城堡主人对合作伙伴或者客人是有挑选的。高端旅游包含多个方面的内容，其对象是高素养的旅游者，高品质、个性化的旅游产品、高品质和充满特征的旅游服务，甚至还有高素养的旅行者、投资方和治理部门等。他们联合起来，衍生出一种充满时代特色的新的旅游样式，打造出一个全新的旅游市场——高端旅游市场。这一市场通常需要有着极高收入的客户群体，具备高额消费的能力是组建市场的必要条件，但是并不是充分要素。

其次，高端旅游体现高端的核心并不是如酒店、机票、用餐等所谓的硬件组成部分，因为只要消费者付出相应的费用，硬件条件就可以很容易达成，但这并不能体现真正的高端，而理念、意识、效率、服务等这些软件方面的因素才是真正体现高端旅游的途径，这些因素都是由提供服务的人来实现的。定制旅行产品设计的品位和水平体现着设计者的个人素质和理解，能否在见识、文化素养、旅游经历等方面与高端旅游消费者相匹配也尤为关键。

第三，为高端人士提供服务需要掌握更多的服务细节，需要有服务经验丰富的专业人士对客人的出行习惯了如指掌并在服务的各个环节能够顺畅地进行衔接。例如：作为长期客人，可以指定专门的服务人员为其进行专属服务，按照客人习惯的服务方式提供服务。这种服务既保障了一定的私密性又保障了服务的连贯性。

因此，做好高端旅游的品质服务可以归纳为三个核心，一是要能很好地把握稀缺资源；二是对高端旅游具备相应的欣赏技能；三是具备服务高端人群的技巧，并以高端的硬件配套，管家服务，极大的私密空间，稀有资源，高度细化为标记。

高端旅行更为关注定制及服务，在旅游过程能够依据游客的需要及时改变旅程。根据交通等各项因素，确定适当的航班、餐饮、住宿等多方面的内容，这些都对服务人员提出了较高的要求，必须具备专业素养才能达到预期目标和服务品质。

（四）定制旅行品牌化的建议

定制旅行的优势在于依据游客个人需求，可以随心所欲地制定特别行程计划。奢华不是旅游本身，而是一种更加完美的生活方式，为拥有一段美好时光和长久的记忆。因此，从品质服务提升的角度看，定制旅行服务应注重品牌化的塑造。

1. 开发大数据和人工智能的智能匹配

善于沟通交流是服务行业从业人员需要具备的一项重要的工作技能，在此基础上配合多种形式的辅助工具，能更好地规避因为沟通不到位以及获取信息不准确等因素带来的误差。旅游企业市场细分要越来越清晰，精准锁定游客需求，并提供符合游客期望的旅游服务，如通过游客消费行为大数据库和人工智能进行智能匹配和路线推荐等。

2. 组建旅游产品元素库

旅游企业需要精选当地具有典型性和代表性的高质量旅游元素进行产品模块化（张晓晓，2015）[①]。旅行社在定制游中往往采取选取目的地已有的旅游产品，如景点、酒店以及交通等各种当地资源再进行符合定制主题的规划，并制定关于资源整合的策划案。而定制游因为带有强烈的目的性，所以在旅游组合产品的挑选方面天然带有一定的局限性；旅游业应在市场上寻找合适的与主题相关的旅游元素，且该元素应具备符合游客预期感知的游览价值。定制师既要从专业角度出发去审美产品所属的层次，还需要以游客的心态和旅游消费习惯去衡量他们旅游体验的预期效果，找到定制游价值传递的关键点，从而打通游客心目中理想目的地和现实目的地两种印象平衡的突破口，让对旅游目的地充满求知欲和探索欲的游客在回去之后还能反复回味旅行过程，尤其是启发游客精神层面的旅行领悟，注重旅行产品对消费者的积极影响，体现旅游产品的感知有用性和感知易用性。只有经过长期的积累，优质的旅游服务才能推动旅游企业在市场上形成良好的口碑传播效应，促进定制游品牌化建设。

3. 形成服务闭环并进行垂直把控

要想提升定制游的整体品质，旅游企业可以在形成服务闭环时塑造统一协调的产品体验，这更适合大型的旅游企业有规划地实施。在目的地打造自有酒店，组建定制游专用车队并进行专门的服务培训，使客人在基本服务中有一个统一的沟通对象，形成整体的印象。让定制师能垂直控制每一个环节服务的末端，最大限度地规避体验断层。再从目的地旅游元素库中挑选本地自有的特色文化节事项目等，例如，在草原观看动物迁徙，在藏民家中和他们一起制作经幡等没有商业化包装或非本地的人工创造性的旅游项目。

（五）定制旅行品质服务的关键举措

华东师范大学庄志民教授曾在《中国旅游报》发文：定制游前景可观，但品质服务是关键。庄教授认为：

1. 供给方（旅行社和景区等）与需求方（旅游消费者）都需坚持以诚信为本的原则。在适应如上所述的营销重心的转移时，双方要共同维系标准化时代养成的“契约”精神，按照规定签署并履行必要的合同，然后按章办事，

---

① http//m.chaoxing.com/mqk/read_38502727e7500f26c258a3e68dc68e16456e3818a248bf411921b0a3ea255101fc1cf1fbb4666ae65a6c4f3e28052f80fd70b01f994ab46d1d5b82548947f29659ca8b47aa7809f24bcfb2583c6b0488?uid=105515596&aid=9362&from=screen.

从而避免争议。

2. 供需双方在原本经济社会的买卖关系之外，逐渐加大文化社会的“朋友圈”关系比重。定制旅行坚守的是“双赢”原则，企业在意“成交”，而消费者更在意“成功”。这就要求双方必须基于诚信而产生信任，由信任而产生友情。这是很多定制旅行的供求关系（主要指特定旅行社与组团的散客间的关系）变得相对固定、因而可持续的关键所在。如上所述的教师与旅行社协商定制的以色列—约旦之旅大获成功，就是建立在以往多次愉快合作的基础之上，旅行社（特别是领队）与游客建立了彼此信赖和相互理解的朋友关系。

3. 小众定制旅行相对于大众标准旅游，前者的成本往往会高一些，“优质优价”是顺理成章的事情。例如某提供“定制服务”的机构在营销时特别强调其由“专业团队”加上“全程服务”所构成的复合型“品质旅行”保障系统。具体内容是：专业全职定制师团队（由平均在当地生活两年以上、设计过 500 多条专属行程的定制师所组成，不仅懂目的地，更懂如何自由行）；专属旅行顾问团队（全程“一对一”的跟进服务，不必自己操心行前准备，让游客直接联系到人，而不是层层转接的客服电话）；24 小时出行保障团队（拥有丰富的紧急问题应对经验，出行 7×24 小时无时差全中文服务，即时响应）。如果以上承诺名实相副，花费自然不菲。因此，对价格过于敏感的客群建议慎入定制旅行。定制旅行组团社则需以服务质量求生存、赢口碑，在用脚投票的旅游消费者的理性选择中，让劣质服务的经营者难以为继。

4. 需要特别关注那些热衷于定制旅行的客群中的知性审美取向。这是指那种比纯感性多一层内在底蕴的洞照，隐含理性深度。如此介于感性和理性之间的知性审美，将引导人在经济承受能力范围之内，顾及“适情顺性”的天然合理性，洒脱走天下显得格外恣肆汪洋（包括消费在内）；同时，品位不俗，立志存高远，携“诗”（美学追求）走“远方”。其目的地的定制指向，涵盖大漠荒原、高山草甸、高峡河谷等。如此能用知性化的“第三只眼睛”看世界的定制旅行者，目前看来尚属小众，但示范效应强，影响力大，具有潜在的可观成长性。

5. 从文化哲学视角审视定制旅行，马克思在《一八四四年经济学——哲学手稿》中的论断特别富有启发性：人的“类”特性在于其“自由自觉的活动”。旅游“定制”的“预设”成分较高，因此而体现了人的“自觉”；而人生的“逍遥游”，所追求的往往是率性而散淡的人性自由。足以彰显人的自由自觉本质力量的旅游方式，理应是“随心所欲而不逾矩”，但定制旅行在自由度上还显得不尽如人意。当下流行的定制旅行绝非旅游人对于美好生活追求的终点，业界的探索还在路上。

二、定制旅行服务创新

（一）定制旅行服务创新的四维度

定制旅行是旅游领域一种新的服务形式，是旅游服务创新产生的新概念。马秋玲，龙春凤两位老师认为，定制旅行服务创新可以看作是旅游领域的概念创新。

根据服务创新四维度模型，任何服务创新都涉及四个维度的具体组合。新的旅游服务通常意味着新的服务概念，企业必须开发新的服务传递系统，员工必须改变他们的工作方式或与旅游者的互动关系，在提供旅游服务中也要使用必要的技术提高服务质量。

在不断变化的战略、市场、管理理念和技术机会的背景下，更重要的是这些维度之间的联系。推出针对现有客户或新客户的新服务理念需要对市场的触觉；与旅游者进行对接以及调整服务传递系统需要了解服务如何传递，在哪里生产，以及如何交付服务；是否开发新服务需要组织知识，考虑当前组织能否提供新服务，以及可能需要的组织变更。这些维度之间的联系通常是由负责营销、开发和销售的人员在实践中制定。

因此，定制旅行服务创新需要新服务概念、客户界面、服务传递系统和技术选择等维度的相互作用。根据以上四维度的研究，定制旅行服务创新需要回答以下问题。

表 5-1　定制旅游服务创新的四维度

维度		涉及问题	其他
维度 1	新服务概念	定制旅游提供的产品是什么？ 竞争对手提供的产品是什么？ 如何与消费者沟通向其提供服务？	是否要改进现有组织、营销与销售方式以适应定制旅游业务？
维度 2	客户界面	如何与顾客沟通？ 竞争对手是如何处理的？ 谁是我们的潜在顾客？	
维度 3	服务传递系统	怎样提高从业人员的定制服务技能？ 怎样有效地管理定制服务人员？	
维度 4	技术选择	哪些方面可以利用技术提高效率？ 如何将技术应用到定制旅游的服务过程中？	

（二）定制旅行服务创新策略

1. 确定旅游服务交付系统

制造业中有生产系统，服务业中的生产系统即服务交付系统，要建立此系统，企业必须确定提供什么样的服务，在何处提供服务以及对谁提供服务。旅游业中出现的定制旅行既是一种新的服务形式，也是一项需要不断创新交付系统的服务。

（1）确定服务项目

1987 年，莫提河建立的旅游者行为模型中，将旅游者行为分三部分。

第一，先前决策和决策过程。从旅游刺激到购买决策的过程中，旅游业要想办法减轻或消除旅游者的旅游风险，及时提供如实的信息以减轻旅游者的顾虑，提供真正优质的旅游产品。一方面，旅游企业要营造良好的定制氛围，增强人们对定制旅行服务的兴趣和信心；另一方面，在旅游产品的推销过程中要实事求是，将不可抗风险传达给顾客，做好心理预防。

第二，购后评价。在实际消费后，旅游者往往会产生购买后的疑虑，又称为购买后失调。这种状态往往是由于旅游者对未体验事物的怀疑，导致在做出购买决定后心理上产生的一种不安全感。这就需要旅游从业人员与旅游者保持联系、重视沟通，消除顾客疑虑，同时在售后认真处理投诉、跟踪顾客的反馈。

第三，未来决策制定。主要是分析旅游者的重复购买行为，以此来研究其后续行为。旅游者选择定制旅行是需要学习的，学习使旅游者从不成熟走向成熟，学习可以使人形成习惯、偏好。人们通过对具体的旅游产品或服务的体验，会产生感知评价、情感态度，形成旅游偏好，影响对此产品或服务的购买频率。所以，旅游业要通过沟通交流掌握顾客的特点、偏好以及兴趣变化，在提供服务过程中，通过信息、经验影响旅游者的学习行为，使之形成习惯。

（2）选择服务平台

线上、线下服务平台是两类主要形式，而目前提供定制旅行服务的旅游企业或平台可以分为三类，一类是综合性旅游企业，如去哪儿、同程等，另一类是自助旅游企业，包括班敦、马蜂窝、驴友俱乐部等，还有一类是定制旅行企业，如棕榈定制旅行机构、6 人游。综合性旅游企业的优势在于具有资源基础和客户基础，不管是线上还是线下重要的是整合资源、提炼客户、宣传推广，问题在于如何协调与其他产品模块的投入比例。自助旅游企业由于其客户多为自由行热爱者，客户接受程度较高，产品特色相对突出，重点在于做好产品组合吸引更多客户。定制旅行企业相对起步较难，因为客户群体集中，没有广泛的市场基础，所以更重要的是挖掘客户及潜在客户，另外，这类企业目前多为高端定制或主题定制，如何开发更有吸引力的特色产品也是重点。

（3）明确服务对象

企业管理及销售人员大都知道消费者的盈利能力是不同的，由此产生的二八定律是最简单的二层金字塔模型。根据顾客价值生命周期理论，位于顾客金字塔不同位置的旅游者都有自己的价值生命周期。企业要尽最大的力量，尽量延长每个顾客的价值生命周期。旅游者对定制旅行的认知以及自身的客观条件决定了他对于定制旅行的消费需求，但这种认知会随着旅游的推广而发生变化，自身的社会经济条件也不会一成不变，这就需要旅游企业依据更新的用户信息，重新评估顾客价值，构建新的顾客金字塔。

2. 加强需求市场互动

不同细分市场或不同客户的需要都会对企业服务有不同的要求，旅游企业根据顾客特定的需求，以服务为导向而进行创新，解决特定问题，这个层面是由客户即旅游者主导。大多数旅游者出游经验不强，专业知识不够，与供应商间存在沟通障碍。定制旅行强调对客户个性化信息的收集与分析，这既依赖于服务过程中企业人员与顾客的大量沟通与互动，同时也依赖于企业的用户信息管理。

（1）了解消费者

企业可以通过建立顾客信息数据库，保存消费者个人条件、兴趣爱好、旅游偏好等多方面信息，并在后期的产品设计、营销沟通和服务过程中为其提供精准的个性化服务，让消费者感知到该项目对其个性化需求的全方位满足，引起其强烈的认同感，提高旅游定制项目的成功率。除了收集顾客信息，旅游企业可以引入顾客金字塔理论，根据客户的当前水平和未来发展评估终身价值，并结合企业盈利能力，构建顾客金字塔，分级管理，按照顾客终身价值划分顾客群，挖掘旅游者潜在需求。

（2）削弱沟通壁垒

旅游企业通过传统的网站、邮件、电话和新媒体下的微博、微信、App等构建顾客沟通平台，与旅游者进行有效沟通。一方面，沟通平台的优化要结合数据库中的顾客信息，不同属性的旅游者所依赖的交流方式不一样，所以与旅游者交流要考虑到顾客群的沟通习惯；另一方面，企业与客户间的双向沟通缩减了触摸距离，扩大了接触范围，旅游企业便能掌握旅游者旅游过程的动态信息与旅游生涯的需求变化，完善顾客信息数据库，更好地提供定制化的服务。

（3）优化产品销售流程

为了支撑定制模式的落地，销售流程也要进行颠覆，由串联变成实时并联。串联是传统企业的ERP流程，也就是传统的供应链，信息传递非常慢，很难快速响应用户的需求。现在要将所有节点转到用户的需求上，用户的信息可以同时到达全流程各个环节，通过这个流程的变革真正实现对用户需求的快速响应。网络技术的应用在一定程度上也缩减了旅游企业与消费者之间的距离，减少了销售的中间环节。

（4）创新产品营销策略

首先，可以以需求导向定价等方式优化营销环境，针对不同消费层次的旅游产品进行区别定价。对于质量高、个性足的高端定制，以高价保证精服务、高利润；对于相对简单的定制旅行产品，在基础组合价格上添加多种自费项目。其次，可以通过开展“分期付款”“付定金旅游”等营销活动吸引消费者，或借助营销事件打开市场。旅游企业可以发挥创意开展有活力、有特色的营销活动，通过话题事件提升活动热度，吸引大众，传递品牌，通过营销组合的方法把旅游营销做出花样，增强趣味性和传播力度。

3. 储备专业服务人员

（1）培养适应性从业人员

必须认识到虽然利用现代技术能够提高服务效率，但旅游作为一项需要人情味的接待活动，旅游者最大的满足仍然来自旅游接待人员的服务质量。定制旅行服务产品的质量在很大程度上取决于旅游从业人员的专业性与灵活性，特别是要注重旅游顾问的选择与培养。一方面可以通过组织员工定期接受院校或机构相关知识的专业培训，增强员工知识储备，如邀请国内外旅游管理相关的专家学者来进行指导、培训；也可以组织从业人员内部学习，激励员工积极创新，提高旅游从业人员的业务能力，在与顾客的接触中能够根据旅游者的兴趣爱好、出游时间和预算，为旅游者设计出独特的旅游线路。

（2）建立定制顾问人才系统

在知识经济与分享经济的时代下，服务商之间可以通过提供支持创新过程的知识资源，影响旅游企业内部的创新过程。这种创新模式主要表现为知识密集型服务业的作用过程。一套定制旅行方案的产生，可能是从业人员的知识成果，也可能是新模型优选下的最佳方案，知识的作用显而易见。参与定制旅行的服务人员，需要融百家之识，了解各项旅游服务内容，才能定制出令顾客满意的产品。为此可以建立定制顾问人才系统，由导游、学者、学生、当地居民经过筛选、培训、考核作为专职、兼职顾问，负责某一区域的定制服务工作。旅游企业所要做的就是人员管理以及信息共享。

4. 完善信息技术服务

（1）构建产品设计操作平台

旅游企业若想实现定制生产模式和模块化生产，可以通过网络、数据库技术构建定制旅行操作平台，提高服务效率与工作灵敏度，迅速响应市场变化和需求。Gionis、Lappas 等人重点关注用户在城市环境中定制旅行的问题，他们将用户的需求称之为 TourRec 问题，并通过研究 TourRec 问题的两个实例，根据它们的复杂性，提出了一套高效的算法解决方案。国内学者徐扬、步一等人在大规模个性化定制模式下提出了一个旅游创新模型，为了论证模型的有效性与可行性，作者以承德旅游为例，利用设计的模型对景点选择、旅游路线进行分析，筛选出最优方案，然后尽可能地利用其中的重合部分降低成本，力求通过定制满足客户需求，通过规模化生产控制成本。

（2）充分利用现有的网络资源

若要建立定制旅行操作系统及数据库，需要更多的内容储备，这就需要 UGC（User GeneratedContent，用户原创内容）的辅助。目前，中国在线 UGC 主要存在于两类企业中：一类是以自助游为主营业务、以攻略为主要内容的垂直 UGC 企业，如马蜂窝、穷游网等；另一类是将攻略作为单元社区或频道的综合型企业，如去哪儿、携程的攻略单元。UGC 企业或单元的作用在于将用户上传的多元化内容进行标准化处理在海量信息中抽取标准 POI。旅游企业可以加强 UGC 频道的建设或与在线旅游 UGC 企业 / 单元合作，将 POI 与客户需求匹配，完善个性化产品设计。

第四节 旅行定制师的职业素养

案例导入

行业亟须高素质的旅行定制师

“能做自己喜欢的工作，能到达很多地方，能有很多不一样的人生体验，是我选择做一名旅游定制师的理由。”入行已有 5 年的旅游定制师卢某在经过慎重的考虑之后，毅然决然辞掉了当时稳定的工作开始投身到定制旅行行业中。不过卢某说，想要成为一名合格的旅游定制师并不是一件简单的事，不是光热爱旅游、有丰富的旅游经验就可以。从入行至今，卢某也都还是在不断摸索、不断学习如何做一名更出色的旅游定制师。

里米旅行的创始人胡先生在接受采访时说："旅游定制师是一个很全能的职业，不是随随便便就能胜任这份工作的。"里米旅行是在南宁较早就开始做定制旅行的公司，如今定制旅行越来越火爆，很多传统的旅行社也都纷纷转型投身这一市场中来，导致旅行定制师的需求量越来越大。

"一名合格的旅行定制师，其实是需要花很长时间去培养的。首先，需要储备很全面的专业知识，具备很专业的职业素养。其次，作为一名旅行定制师，需要同时担任很多角色，既要是好的'客服'，可以和客户沟通无碍，挖掘客户的旅行需求；又要是好的'策划师'，可以根据客户需求制定出最适合他们的旅游路线；还要是好的'摄影师'，可以在旅途中为游客拍出各种他们心仪的照片；再者不同方向的旅行定制师还会有不同的需求，例如海外定制旅行，还要求定制师能够掌握当地的语言或是有当地的留学经验等。"胡伍鹏说，虽然旅行定制师的岗位需求量在攀升，但就目前整个行业来说，这方面的人才还是非常稀缺的。

（资料来源：广西新闻网，《旅游定制师火了！这样的旅游，你体验过吗？》）

【案例分析】

你是否也非常认同旅行定制师卢某的观点呢？如果你也和卢某一样想成为优秀的旅行定制师，那么你需要储备哪方面的技能呢？还欠缺哪些岗位素养呢？了解胡先生接受采访的观点后，你也许非常乐意尽快成为一名旅行定制师。那么就努力让自己在胡先生提到的多重角色、多种技能等方面积极积累、尽快成长起来吧。

私人定制旅行有美好的愿景，也有现实的困惑。关键之一就是旅游定制师的供需平衡。高端私人定制旅行在中国的发展，基于两个基础。一方面，高速发展的中国经济催生出一个极具消费实力的群体，他们有追寻精神营养和心灵体验的需要。另一方面，提供私人定制旅行的俱乐部亦各有千秋，力图为客户提供充满个性体验的旅行产品。供与需一拍即合，私人定制旅行方式开始在上海、北京、广州等城市兴起。展望 FORECAST 旅行社人士普遍认为，定制旅行将是以后旅行市场发展的重要方向。

陈晓鹏（2018）认为定制旅行市场尚在初级阶段，消费者对定制旅行没有充分的认识，相关产品缺乏特色，特别是缺乏高素质的定制旅行相关人才。

而培养综合素养较高的旅行管家或者旅行定制师，也不是一蹴而就的事情。[①]

旅游定制师需要有明确的志向、足够的能力和端正的态度，来为专业技能的培训奠定专业素养的根基。

一、志向培养

定制旅行是介于传统跟团游与自由行之间的第三种旅游方式，具有定制化、私人化、小众化、个性化的特点。旅游定制师相当于一名旅游管家，利用自己的经验和资源对接游客的出行预算，帮游客设计旅游线路，安排一应事务。

旅行定制师要发自内心地喜欢这样的工作，有决心努力成长为更加出色的定制师。近年来，大众对旅游的质量需求越来越高，追求更深度的体验、更高品质的享受。要提供专业的旅游攻略和后勤服务，又要满足游客的自由选择权，让游客在少操心或不操心的前提下深度体验相关主题、尽兴游玩放松。明确的从业志向和长期有效的培养，显得非常必要且重要。

旅行定制师是新型的旅游从业人员，同样需要遵守旅游职业道德。旅游职业道德是适应旅游业的要求而必然产生的道德规范，是旅游从业人员在履行本职工作过程中所应遵循的行为规范和准则的总和。它规定旅游从业人员在旅游活动过程中“应该”做什么，“不应该”做什么；“应该”怎样做，“不应该”怎样做。

旅游职业道德具备实践性特征，其表现为旅游职业道德的原则和规范是在旅游职业活动实践中，根据旅游职业责任和旅游职业纪律的要求总结和概括而成。这些原则和规范大都表现为具体可行的行为守则。因此，包括旅行定制师在内的全体旅游从业人员必须在实践中高度自觉地遵守这些行为准则，养成良好的职业道德习惯。

（一）旅行定制师要有明确的从业精神

旅行定制师工作中必须积极提倡社会主义精神文明，遵守旅游职业道德，工作思想和行为不断跃上新的台阶，成为情趣高尚、有明确奋斗目标的强者，以崭新的道德风貌为社会主义旅游事业作出更大的贡献。

旅游从业人员素质的提高，在很大程度上取决于加强旅游职业道德的教育，培养良好的道德品质，使旅游从业人员能自觉地履行自己的岗位职责和职业道德规范。

---

① 陈晓鹏．定制旅游在我国的发展现状、问题及对策［J］．商业故事，2018，18.

（二）旅行定制师必须热爱旅游事业

热爱旅游事业要求旅游从业人员要明确旅游工作的目的和意义，热爱自己从事的工作，忠实地履行自己的职业职责。把热爱旅游事业作为旅游职业道德的一项基本要求，应当包括以下三个方面的内容：

1. 正确认识旅游事业的性质和任务

我国的旅游事业，既是经济事业，又是文化事业；既要为国家建设积累资金赚取外汇，又要扩大我国的对外影响，增进同各国人民之间的相互了解和友谊，开展民间性质的文化科技交流。同时，随着我国经济的迅速发展，旅游又日益成为人们生活不可缺少的重要组成部分，成为进行社会主义精神文明建设以及提高国民素质的重要途径。只有正确认识旅游事业的性质和任务，才能激起旅游从业人员热爱旅游事业的道德情感，才能正确处理与旅游者之间的道德关系。

2. 培养敬业、乐业的道德情感

敬业是敬重我们自己所从事的旅游事业，有职业荣誉感。为此，必须在旅游职业实践中树立劳动光荣、旅游服务工作光荣等新的道德观念。

乐业是以主人翁的姿态，热爱旅游事业，乐于为广大旅游者服务，并且以做好本职工作作为自己最大的快乐，即有职业幸福感。旅游从业人员只有具备了乐业精神，才能真诚热心地为旅游者服务，不断提高工作效率和服务质量。

3. 树立勤业、创业的精神

勤业是要为发展我国的旅游事业刻苦钻研业务，勤学苦练过硬本领；在平凡而琐碎的旅游服务过程中兢兢业业，尽心尽责；在职业实践中养成忠于职守、克勤克俭的良好习惯。

创业是以高度的主人翁精神，进行创造性的劳动，并积极参与各方面的工作，专注研究定制旅行业态发展，专注定制旅行产品设计。

（三）旅行定制师必须勤于钻研业务、提高技能

定制旅行行业仍处在初级阶段，旅行定制师作为新兴旅游工作岗位，必须认识到钻研业务、提高技能是旅游从业人员履行工作职责、提高工作效益的基础和前提，是旅游新型人才迎接新时代市场激烈竞争和挑战的实力积累。

1. 树立明确的学习目标，持之以恒

旅行定制师要有明确的学习目标，凡是涉及旅游者需求的知识领域，都要努力学习、孜孜不倦、锲而不舍，做到牢固掌握。例如：（1）认真学习文化基础知识，打下坚实的文化基础；（2）努力提高自己的语言表达能力，做到准确、生动、流畅；（3）努力学习礼节礼貌方面的知识，在接待服务过程中做到

大方得体，彬彬有礼；（4）加强美学知识学习，不断提高审美能力；（5）关心时事政治，关心社会热点，关心世界形势。

2. 掌握学习的规律和方法，不断进取

旅行定制师的业务学习要讲究方法，要善于学习。要通过书本和资料向前人学习，要虚心向同事和老师学习。学习要有进取心，虚怀若谷，善于听取别人的不同意见，做到不耻下问，理论联系实际，知行统一。

3. 掌握过硬的基本功，努力提高专业技能

旅行定制师为旅游者提供优质的服务，必须要有熟练精湛的技术技能。因此，在投入工作以前，一定要练就扎实、过硬的基本功；在定制旅行服务接待的过程中，要对工作精益求精，要有创造求新的精神。只有熟练掌握了岗位的基本技能，并具有创新精神，才能胜任自己的工作，才能在对客服务中取得满意的服务效果，显示出良好的职业素质。

二、能力培养

定制旅行服务对旅行定制师的能力要求非常高。他们需要熟悉旅游地的一切，如各家酒店的特点和性价比、餐厅的分布和风味、各种线路的设计与行程安排等，还要拥有强劲的沟通能力，便于与用户沟通交流。

如何让目标客户群了解定制旅行，并对之产生兴趣，培养长期客户是定制旅行须突破的瓶颈。例如在客户关怀方面，旅行定制师给客户提供行前、行中和行后的服务内容。行前的服务内容为出游提示（天气、行李物品安排、证件准备等）、行程确认等；行中的服务内容为24小时客服服务、每日行程播报等；行后的服务内容为发票的开具、退款、客户评价回复、投诉处理等。如果是专属私人定制，则提供的是一种个性化、专属化、“一对一”式的高品质服务，更需要旅行定制师拥有丰富的、综合的、足够的定制能力。

“亲朋好友，自成一派”

（一）强化服务意识

1. 以客户为中心

旅游行业是服务类行业，服务核心即服务人员的服务意识。员工需要积极主动地站在客户的角度去考虑，想客户所想，思客户所思。需要主动热情地了解客户并和客户开展深入交流。对客户提出的问题和询问，需要在第一时间给到客户相应的答复。

2. 重视客户价值

客户对企业来说就像一种投资资产，带来一个客户未来就能带来利润。重视客户的价值，其实就是要对每一个客户都是十足的诚心和虔诚的服务，努力让客户对每一次服务和产品都是满意的。

（二）增强服务技能

1. 提高服务能力和水平

定期培训。让员工多参加行业内培训，拓展员工的专业知识面；定期阅读旅游目的地地理、文化、历史相关资讯；在旅游淡季组织员工对目的地进行踩线旅游，既可作为对员工的奖励，也可以增加员工对目的地资源的认识，并可以知识考核。

2. 客户关系维系责任制

对不同岗位员工，如旅游咨询师、旅游定制师、出票员等实行岗位职责，每一个员工的责任全部落实到人，每一个员工安排维系几个客户，并定期检查维护的结果。让每一个员工都很清楚自己的岗位和维系的责任和任务。

对于维系员工，如取得客户的有效反馈或者意见给予奖励，来提高员工维系客户的积极性。员工的工资与他的实际工作和维系客户效果为考核，两个方面共同来评估员工的收入。

在与客户的沟通、关怀、互动中具体落实责任，并对客户接触的结果进行整理分析。

3. 增强服务过程衔接

制定衔接表，哪个时间段由哪个人员来服务，并根据服务严格按照衔接表进行工作交接。在衔接表上对客户的特殊情况进行备注，描述客户在上一段服务情况，以便下一个服务人员可以直接了解客户情况，进而提供更具针对性的服务。

4. 重视服务过程细节

完美的服务往往从细节中展现出来。出行前给客户送上“旅游三宝”（眼罩、耳麦、靠枕），当地服务人员的仪容仪表，车上配备矿泉水和车载 Wi-Fi，在用餐的时候为客户拉出椅子，客户送往酒店后目送客户上楼再离开。对于一些带老人或者小孩的客户，更加需要注意老人和小孩的一些特殊情况，比如可以准备一些糖果给小朋友。在餐厅的选择上可以根据来源地选择一些能够更加适合客户口味的餐厅。对于一些喜欢拍照的客户，可以主动地为客户拍照，或者也可以将客户的照片制作成纪念册送给客户。整个服务过程中会有很多的小细节的存在，当真正注意到了一些细节，说不准某个细节就真心地打动了客户。

5. 服务过程增加有型展示

在服务过程中对公司品牌形象通过有型展示的方式来进行诠释。比如赠送带有公司 logo 的地图册，制作一些当地旅游纪念册并附上公司 logo，准备一些小礼品，等等。目的地服务人员可以举着带有公司 logo 的接机牌。如果条件允许，也可以在餐厅、酒店、景区为客户给出公司的专属位置、专属前台、专属进景区通道，并全部以有型展示的方式展现在客户面前。

（三）注重客户关怀

对于已建立关系的客户，保持长期有规律、有特色、有针对性的关怀。比如每到节假日的时候对客户进行慰问，并且根据客户的自身情况，选择不同的慰问方式，比如送礼物或者微信祝福等。

1. 关怀规律性

根据客户的特殊情况，整理出一年的关怀计划。比如一个月一次关怀，节假日关怀，生日关怀等。让客户感受到公司时刻都在关心着客户。

2. 关怀特色性

对于客户的关怀可以采取多种形式。比如在内容上的改进，或者是现今社会的热点，或者旅游行业新闻，等等。比如在关怀方式上的改进，微信、电话、邮件、送礼物等具有特色的各种关怀。

3. 关怀针对性

针对不同的客户要给予具有针对性的关怀，首先可以将现有客户进行分类，根据客户的分类了解不同类别客户的喜爱、客户的职业、客户的年龄、客户的性别等因素，给予具有针对性的关怀。比如对于喜爱历史人文的客户，我们可以在关怀中涉及历史人文类的因素。

三、态度培养

定制旅行是在精准的目标人群细分、兴趣细分、需求细分的基础上，整合能满足游客个性化需求的旅行供应商与跨行业资源的合作伙伴，遵循以客户体验价值为导向的产品设计原则，不仅关注产品的成本和销售价格，更关注游客的时间成本和体验成本，游客也将参与产品的设计与选择，按需定制，在前期组团中，更多的是提供顾问式服务，行程中的服务要素是灵活、周到、流畅、专业。

定制旅行的本质是提供管家式的贴心服务，着重解决用户在旅行中遇到的问题，并根据各种情况对用户的旅游路线进行实时调整，让用户在旅游的过程中省心省力。定制旅行是一种很好的旅行方式，能够基于用户的需求按需提供满意的产品和服务，某种程度上也意味着用户有着更丰富的旅行经历、更多样的体验需求，同时伴随着更贵的价格、更好的服务、更灵活的安排。

因此，旅行定制师需要具备端正的服务态度、专业态度，才能确保提供更优品质的定制服务。旅行定制师的态度培养是十分重要的。

（一）热心为旅游者提供服务

培养旅行定制师的热心服务意识。热心是人的道德情感和道德行为的表现，是人们对某件事情有很深的情感，从而爱好、关心和积极主动地做某件事情的心理倾向，是一种具有积极意义的道德情感和行为。热心为旅游者服务，关心和爱护每一位旅游者，尽可能满足他们的合理需求，是旅行定制师热爱旅游事业和本职工作的具体表现。

（二）加强职业责任心和道德义务感

热心服务、积极的工作态度以强烈的责任心和义务感为基础。职业责任心，是个人对实现职业责任所持的态度；道德义务感，是个人对履行某种道德要求的高尚情感。二者都同责任、义务等有关。定制旅行服务中有许多烦琐的小事，看似平凡，却又不普通。旅行定制师务必要以自己的高度责任心和道德义务感，使旅游者能愉快顺利地进行游览活动，满足旅游者的定制旅行体验需要。

（三）努力改善服务态度，提高服务质量

定制旅行服务的行前、行中、行后，都不可避免的会有琐事和突然事情，有些问题会影响到定制师的服务状态。服务态度是服务人员在接待服务对象时所持的神情、举止表现。在提供定制旅行服务的过程中，服务态度非常重要，是旅游者直接感受到的情感，是评价服务质量优劣的直接因素。服务质量，是服务人员为服务对象提供服务的优劣程度，准备工作、服务设施的状态产品或商品的性能、操作的技巧性和工作的效率都体现在定制旅行各个阶段的服务过程。定制旅行服务质量如何，将直接关系到旅行定制师岗位的生命力和社会影响度。

（四）坚持热情友好、宾客至上的工作态度

热情友好、宾客至上是旅游企业赢得客人信赖与支持的基础，是旅游企业在激烈的市场竞争中获胜的法宝，是旅游企业取得良好声誉和经济效益的重要保证。

1. 主动招呼客人，为客人着想

在定制旅行接待服务过程中，定制师要主动、热情地为旅游者提供服务，要想客人之所想，急客人之所急，预见客人需求并予以合理满足。

2. 尽力满足客人的要求，不怕麻烦

在定制旅行接待服务过程中，定制师要为旅游者提供周到、细致、耐心的服务，尽心尽力满足旅游者的要求，不怕琐碎。不怕麻烦，不但要满足旅游者明确提出的合理要求，而且还要善于发现旅游者隐藏的合理要求并予以满足。

3. 为客人服务，要注意礼仪

现阶段，具备定制旅行需求的旅游者大多是旅游体验、经验、需求较高的人群。定制旅行服务中的礼仪礼节礼貌更需注意。礼仪是礼节和仪表的合用。礼是在与客人交往中对他人表示尊敬、诚恳、谦虚、和善有度；仪是在与客人交往中注重自己的仪表、仪容、姿态、举止和风度等。旅行定制师在为旅游者进行服务的过程中应注意仪表整洁，举止大方；语言优美，谈吐文雅；面带微笑，耐心倾听；多用征询、商量式的服务用语。

旅行定制师在个人成长中需要有明确的志向、足够的能力、积极的态度。在对客服务中应保持端庄大方、真诚礼貌待客，积极高效地为客人提供个性化服务和特色化的定制旅行产品。充分地认识到文明礼貌、优质服务是旅游从业人员最基本的行业规范要求，是旅游企业在激烈的市场竞争中求得生存和发展的需要。

中英文专业词汇

定制旅行服务	Customized travel services
旅行定制师	Travel advisor

思考与练习

1. 定制旅行服务的内涵有哪些？
2. 旅行定制师的就业生态圈如何？
3. 定制旅行的行中服务包括哪些内容？
4. 定制旅行品牌化的建议有哪些？
5. 如何更好地成长为旅行定制师？

实训项目

驴妈妈：匠心精神，极致服务

驴妈妈定制游业务开始于2010年，2013年即在官网开通单独的定制游版块。经过多年发展，在资源端，驴妈妈借助母集团景域集团的力量能够获取到非常多的优质资源；在产品端，驴妈妈旗下数十名定制师均拥有多年旅游行业工作经验，足迹遍及全球五十多个国家，同时对各自负责的目的地有极其深刻的认知和理解，能够最大程度地理解客户需求，并给出客户满意的定制游方案；在流量端，驴妈妈拥有OTA的天然优势，即为跟团游及自助游用户提供定制的备选方案。2018年，驴妈妈致力于提高用户体验，将给予用户自主选择定制师的权利，帮助用户与定制师建立信任，从而实现用户留存率及返客率的提升。（据艾瑞咨询2018）

结合本章内容和以上案例，分析定制旅行服务现状和趋势。

第六章 定制旅行管理

本章导读

近年来，定制旅行异军突起，随着每年尝试定制旅行的旅游者成倍增长，“旅行定制师”逐渐进入人们视野，成为深受年轻人喜爱的新兴职业。尤其是现代的旅游者和年轻消费群体对于为服务买单越来越认可，期望得到差异化、定制化的旅行服务。本章通过梳理定制旅行的业务管理与在线定制平台的管理，来界定旅行定制师的业务范围、团队管理模式以及客户管理机制，进而对定制旅行实行信息化管理。通过本章的学习，学生可以了解定制旅行管理的业务范围，掌握旅行定制师的相关概念、等级评定等相关内容，为学生考取旅行定制师及增长实战经验提供智力支持。

思维导图

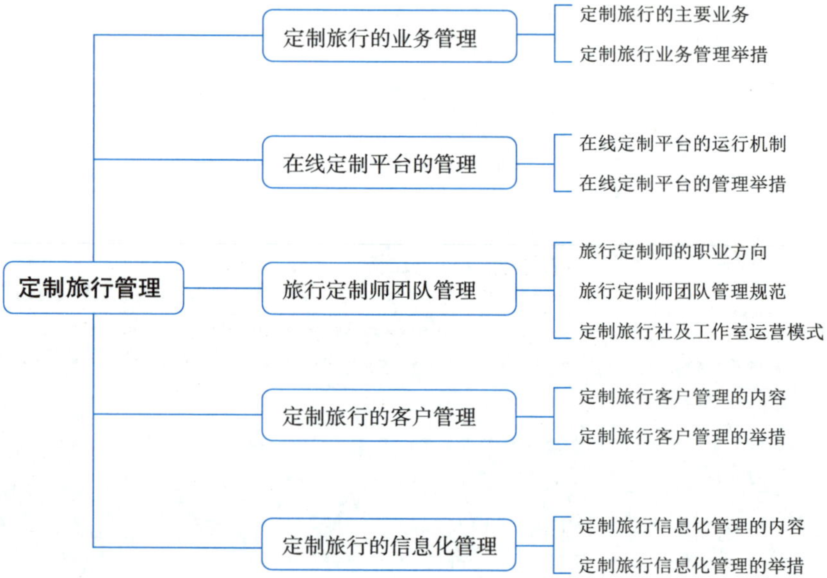

学习目标

职业知识：掌握旅行管理的业务范围、在线定制平台的管理举措、旅行定制师的团队管理、定制旅行的客户管理以及信息化管理的相关内容与价值意蕴。

职业能力：能够对定制旅行大数据进行分析，并熟练运用定制旅行管理的相关知识对在线定制平台进行操作与管理，精准定位潜在客户群。

职业道德：明确旅行定制师的职业方向以及客户需求，通过在线定制平台的管理与大数据的分析，不断调整客户服务的项目。

案例导入

居某冉于2017年6月22日与A旅行社签订《团队定制游（出境）委托服务协议》，约定居某冉等九人参加A旅行社组织的“美国黄石15天定制游行程”，该协议中委托方（甲方或旅游者）为居某一行9人，其中2大1小当地参团，受托方（乙方或旅行社）为A旅行社。协议第二条第四款词语释义及说明第三项内容为：“定制游：本协议所称定制游为旅行社按照旅游者所指定的行程安排，接受旅游者委托而安排的旅游行程。”第八条甲方的权利和义务第二款内容为：“要求乙方按照其指定的需求定制行程单，同时按照本协议及《行程单》的约定履行相关义务。”第九条乙方的权利和义务第七款内容为：“按照本协议和《行程单》约定的内容和标准为旅游者提供服务，不擅自变更旅游行程安排，不降低服务标准。”

该协议旅游费用一条写明：成人23 900元/人，共6人；其中当地参团2大人11 410元/人，儿童1人8 910元，前述费用不包含机票费用。《出团通知书》酒店信息中洛杉矶入住酒店为The Hotel Fullerton Anaheim（待定）四星，但居某冉行程最后三天实际入住的是洛杉矶鲍德温公园万怡酒店Courtyard Los Angeles Baldwin Park），该酒店在携程网上的评分为4.4分（满分5分）。居某冉另提交《报价确认单》，该报价单写明：境外司导工作为10小时/天，超出的以150美元/小时境外直接和导游结算。

以下为法院判决：

关于A旅行社在履行合同中是否存在违约行为，首先，需要明确对“定制游”如何理解，居某冉认为“定制游”的含义是已支付的旅游费包含交通、酒店、餐费、门票等费用，居某冉无须另外支付费用，在旅游中双方可协商变更行程。A旅行社认为“定制游”指行程开始前双方可以对行程进行协商，到达目的地后应按照行程单的约定安排行程，旅游者自愿参加的行程单约定之外的项目需加收相关费用。法院认为，居某冉、A旅行社签订的《团队定制游（出境）委托服务协议》中对“定制游”的含义做了明确约定，所谓“定制游”是指旅行社按照旅游者所指定的行程安排，接受旅游者委托而安排的旅游行程。协议中旅游者的权利、义务一条也写明旅游者可以要求旅行社按其指定的需求定制行程单，同时按照协议及行程单的约定履行义务。居某冉、A旅行社签订的委托服务协议，系双方当事人真实意思表示，合法有效，该协议相关条款已经对“定制游”的概念进行了约定，旅游者在签署协议时应尽到谨慎审核义务，协议生效后应受到协议约定的拘束，现协议相关条款对“定制游”的释义与A旅行社陈述一致，故对“定制游”的理解法院采纳

A旅行社主张。

其次，需要明确A旅行社支付违约金的标准是否可以适用《报价确认单》中针对境外司机、导游的超时服务费收取标准。居某冉认为，该次行程按照时间而非按景点计算费用，居某冉每天包车10小时，超过10小时境外司机、导游的费用按照150美元/小时计算。A旅行社认为《报价确认单》真实性无法确认，且不属于合同附件，导游、司机的服务费与居某冉损失亦不同。法院认为，《报价确认单》明确写明境外司、导工作时间和超时服务费标准，表述清晰，并无歧义，无论《报价确认单》是否为旅游合同附件，该服务费标准均明确为境外司、导超时服务费标准，居某冉未举证证明该项约定可适用于旅游者。如前所述，“定制游”含义中亦不包含该项标准，故对居某冉该项主张，法院不予采纳。

此外，居某冉认为A旅行社擅自变更入住酒店，降低服务标准，与出团通知书中承诺的酒店星级标准不一致，存在欺诈行为。对此，法院认为，出团通知书中写明洛杉矶入住酒店为“待定”，A旅行社根据实际情况调整入住酒店符合行业惯例，在旅游当地酒店行业未制定统一星级标准的情况下，旅行社参照影响力较大的酒店预订网站的评分对酒店星级进行标注亦无不可，但对此应详尽向旅游者进行告知和说明，避免旅游者误解。本案中，A旅行社在该项服务上存在缺陷，但从目前的证据上看，并不构成欺诈。A旅行社对酒店星级标准的描述一定程度上影响了居某冉对旅游产品的选择，造成旅游中体验感下降，综合考虑A旅行社服务中存在的不当之处，法院将酌情判决A旅行社退还居某冉部分旅游费用。

综上，A旅行社虽未构成违约、欺诈，但其作为较知名旅游服务经营者，在对旅游者提供服务时应更加专业、尽责。本案中，A旅行社多项服务明显存在不足，给旅游者的旅行感受带来一定影响，根据行程单内容，综合考虑A旅行社服务中存在的不足之处，旅游产品的价格，包含的项目、天数等，法院酌定A旅行社退还居某冉旅游费3 500元。居某冉其余诉讼请求，法院不予支持。

（资料来源：搜狐——旅行社资讯网）

定制旅行师应当与游客充分沟通，把涉及费用的相关问题务必给游客解释清楚，双方没有异议后方能签署合同，一旦签订合同，如果双方出现问题，要以签订的合同为主。

第一节 定制旅行的业务管理

一、定制旅行的主要业务

定制旅行其本身就是产生于用户在工作生活中出现的多种消费场景，并基于其具体需求来提供服务。而随着生活水平以及消费能力的提高和升级，各场景中的纯标品已经不能满足用户的更高层次的需求，因此定制旅游开始在各个消费场景中出现并提供解决方案。而目前来看，投资、消费和出口这三驾马车都在定制旅游市场有相应的需求出现，比如房产投资、教育消费以及国内旅游资源的出口即国外游客入境游的定制。因此，在多个消费细分市场中，定制旅游所占的比重或者说是其需求场景越来越多，定制旅游的潜在市场也非常可观。

（一）出境旅游市场

在出境游市场中，选择定制的用户呈快速增长的态势，主要原因在于：一是多人出行时，出境游攻略的查询和路线制定难度较高，且需协调多人的不同偏好，因此较为费时费力；二是独自出行时，部分国家治安状况混乱，人身安全较难保障；三是出境游玩时，势必会面对不同国家文化及习俗的不同，以及语言方面的障碍；四是在旅游资源查询及资源购买过程中，出境游的难度要远高于国内游及周边游。而定制旅游形式在行前、行中、行后的服务基本覆盖出境游人群的需求①。

出境旅游定制旅行的注意事项：

（1）行前：只需提出出行需求及注意事项，避免了个人在长期协调出行事宜时花费的时间和精力。

（2）行中：在行中服务和安全保障等层面能得到足够的供给。

（3）行后：除了出境销签等服务，定制出境之后的反馈对复购率有极大影响。

① 艾瑞咨询 . 2018 年中国在线定制旅游行业研究报告 .

（二）国内游及周边游市场

由于目前国内游和周边游的主流形式为跟团游及自助游，定制旅游的价格偏高且沟通时间较长，因此暂时并不能成为国内游及周边游用户的首选。其主要原因如下。

（1）在资源获取上：跟团游的低价资源获取能力强；随着国内 OTA 及各在线垂直旅游企业的快速成长，自助游用户非常易于获取国内旅游产品资源。

（2）在线路设计上：由于国内攻略平台的普及，定制游可以制定出的线路本质上与跟团游及自助游的线路差距不大，用户为定制付出溢价的意愿不强。

（三）国际游学市场

随着中产阶级对子女教育需求更加多元化和多样性，游学成为众多家庭选择的一种了解国外名校及体验国外教育方式的途径。因此在定制旅游行业，也出现了专门针对游学需求来提供服务的企业。

（四）移民置业

目前来说，移民置业不仅仅是一个家庭或个人为生活或工作学习而做出的选择；在置业选择上，也有越来越多的人为房产投资而做出这个决定，并由此产生了定制旅游行业为此类需求提供的相关服务。

（五）企业定制

企业定制作为长期存在并将继续稳定增长的细分市场需求，主要包括企业会议会展、奖励旅游、节事活动，等等，不仅仅只有定制游企业能够提供服务，还有大量的商旅管理企业也能做到，但定制游企业的优势在于有更优质的旅游资源。

二、定制旅行业务管理举措

（一）完善的供应链数据及全面的服务保障能力奠基高端定制旅游

高端定制旅游的判定核心是资源的稀缺性和服务环节的极致性。从用户端来看，主要的用户特征为高净值用户，追求体验感的中产阶级也逐渐成为目标用户群体之一；从资源端来看，高端定制旅游的资源需求较大众定制旅游来说更需要独特资源和深度体验，主要原因在于高净值用户在短暂假期中会更加需要身心的易投入感及惊艳感。从产品端来看，高端定制旅游在人才需求上不仅仅是对于目的地的高认知度，还包括对客户需求的独特理解以及匹配资源的能力，能够从方案上就给到客户耳目一新的感觉，从而从行前阶段即赢得客户的信任。

从发展前景看，由于目标客户群体较为小众且增长较慢，新进入者面临的壁垒极高，且多数业内玩家的客群早已固定，新客来源皆为口碑及社群传播，因此大多数企业呈现小而美的状态，天花板明显，但也不会消亡，因此规模化发展的难度非常高。从另一个角度来看，高端定制旅游市场中的某些细分业务线可发展性非常高，例如游学定制，对于有教育市场资源的企业来说，随着国内中产阶级人群数量的持续扩大，子女教育投资市场存在非常大的机会点。

（二）提供便捷及省心服务是大众定制旅游重点

大众定制旅游主流形式是根据用户提出的初步需求，给出一个已有的模板方案，再根据客户提出的建议进行反复修改，最后根据方案采购资源或代为预订。从用户端来看，新兴的中产阶级均为潜在用户，目标用户规模非常大；从资源端来看，用户对稀有资源的需求并不大，多数现有资源已经可以满足，因此资源的搭配和组合能力是企业竞争的重点之一；从产品端来看，满足客户休闲度假体验的需求并帮助解决不用花费时间精力去做攻略和预订的“懒”的问题是企业关注要点。

从竞争现状而言，OTA 自有定制版块依靠自身优质品牌、资源、渠道等，在行业内已有一定的用户认知度，而创业企业从零到一的发展较为容易，但从一到十、从十到百遇到的阻力非常大，在能力提升和宣传推广等方面尤为明显。因此，小包团的规模化方式以及同业定制的线下客源扩张方式都是业界可以考虑的方向。

（三）凭借概念定型及质量控制成为市场主流

B2C 模式分自营和平台两种模式。自营模式即企业招聘并培训定制师，直接向客户提供定制旅游服务；平台模式即自营 B2C 定制机构在平台上以店铺形式向客户提供定制旅游方案、预订等服务。以市场主流模式存在的 B2C 模式存在其优势和缺陷，自营类 B2C 定制机构的优势在于可以直接把控产品的质量及提升定制师的能力，利于企业的长期发展，而其缺陷则在于模式较重，线下人工成本过高，规模化存在一定难度；平台类 B2C 定制机构的优势及缺陷则恰恰相反，优势是轻模式利于规模化扩张，而缺陷则在于产品质量风险较高，平台的口碑较难建立，且基于信任和交流的定制旅游客户极易流失到各个提供产品的定制旅游机构。

第二节　在线定制平台的管理

一、在线定制平台的运行机制

（一）旅行定制平台录入规范

1. 信息准确性

定制旅行平台在信息准确性录入方面，需要注意其规范分类、缺陷简称、违规行为和奖惩标准，尤其缺陷简称和违规行为方面务必要认真完成，以免出现重大工作失误[①]（具体详见表 6-1）。

表 6-1　定制旅行平台录入规范 <信息准确性>

规范分类	缺陷简称	违规行为	奖惩标准
方案录入	方案信息不详细	首次方案的主要信息、次要信息；末次报价的主要信息、次要信息，不符合《方案详细度要求》。 【公司定制】需求单末次方案中，团队订餐的餐标不低于 40 元 / 人或 400 元 / 桌的情况下，未在餐饮报价备注中披露详细菜单	线上 A
	报价明细	末次方案中录入的费用包含和费用不包含不详细。（举例：景点大门票和小门票，酒店加床，早餐，行李额度）	
	未拆分报价	包含大交通、酒店的资源未拆分报价。酒店报价拆分至每间夜，同酒店同房型可合并报价	
	方案信息准确性	方案中涉及的信息录入错误或不准确，包含但不仅限于：行程资源类型或报价类型选错；方案特色与行程无关；出行人数或出行天数不符合实际等	线上 B+
需求单 / 订单录入	出行人信息录入不一致	未在客人出行前维护出行人信息或出行人信息不准确	线上 A-
	未备注取消原因	【高端】定制师未按规定备注订单取消原因（无法满足客人全部需求、无法联系上客人）	
	未备注跟单进度	【高端】未在 VBK 系统中每周备注跟单进度	线上 B+

① 携程旅游网络技术（上海）有限公司.《定制旅行管家服务职业技能等级标准》. 2021.4.

续表

规范分类	缺陷简称	违规行为	奖惩标准
行前透露报价	行前透露报价	【渠道】备注说明中不得添加报价明细（如退改签规则涉及的金额不计入）	线下 8S

2. 服务可靠性

定制旅行平台在服务可靠性录入方面，需要注意的是务必要查看方案的准确性，录入是否正确，务必要核查清楚方案中的相关条款，确定无误后，才可以进行发票操作录入（具体详见表 6-2）。

表 6-2 定制旅行平台录入规范 < 服务可靠性 >

规范分类	缺陷简称	违规行为	奖惩标准
方案录入	方案录入	定制师任意一次或多次未通过携程 VBK 后台操作报价及方案调整	线上 B+
发票操作	发票操作	发票内容开具错；携程发票重复开票	线下 B+

3. 服务满意度

定制旅行平台在服务满意度录入方面，需要熟练使用平台录入的微信小程序操作，务必把相关联的服务内容输入到微信小程序，方便顾客对服务进行线上评价（具体详见表 6-3）。

表 6-3 定制旅行平台录入规范 < 服务满意度 >

规范分类	缺陷简称	违规行为	奖惩标准
微信小程序	微信小程序	【除渠道外】微信中未使用小程序发送方案	线上 A

（二）定制旅行平台服务规范

定制旅行平台服务规范是对定制旅行的基本服务规范。主要包括服务及时性、服务感受和服务可靠性三个方面。

1. 服务及时性

服务及时性是定制旅行平台服务规范的核心内容。服务及时性主要体现在与客户联系是否及时、方案报价是否及时、联系沟通的过程是否及时等三个方面，它决定了旅行社是否能够第一时间抢占定制旅行客源市场（具体详见表 6-4）。

表 6-4　定制旅行平台服务规范 < 服务及时性 >

规范分类	缺陷简称	违规行为	奖惩标准
联系及时性	未及时联系	抢单后超过规定时间联系即认定为未及时联系：非法定节假日周一 0 点（含）至周五 17 点（含）：接单后超过 1 个工作小时联系客人；非法定节假日周五 17 点（不含）至周日 15 点（含）：接单后超过 3 个工作小时联系客人；非法定节假日周日 15 点（不含）至 24 点（不含）：接单后超过周一早上 10 点联系客人；法定节假日前一天的 17 点（不含）至最后一天的 15 点（含）：接单后超过 3 个工作小时联系客人；法定节假日最后一天 15 点（不含）至 24 点（不含）：接单后超过下个工作日 10 点联系客人。客人有明确指定联系时间的，不计入缺陷	线上 A-
	未按要求联系	客人指定联系渠道为非电话或 IM，客人有指定联系时间的，未按客人需求联系的即被认定为缺陷	线上 A-
	非有效首呼	有效首呼定义： 第一类：电话打通，判定为有效首呼 第二类：电话未打通时，若同时满足以下两个条件，也判定为有效首呼 Ø 条件 1：自接单起，8 个工作小时内拨打次数≥ 3 次 Ø 条件 2：每次拨出时间间隔≥ 30 分钟	
方案报价及时性	未联系	接单后（含指定单）8 个工作小时内未外呼，或未使用 400 系统、IM 系统联系的即均被认定为未联系。首次联系时限内客人主动取消询价单，指定单显示已联系的，不计入缺陷	线上 A
	未发方案	定制师接单后 3 个工作日内未通过携程平台发送方案及报价的，即被认定为未提供行程方案及报价	线上 A
	未及时发送方案	接单后未在规定时间提供方案 【除高端定制】方案报价规定时间：国内短途（同省—同省、江浙沪皖—江浙沪皖、京津冀—京津冀）2 个工作小时，国内长线 4 个工作小时，海外短线 6 个工作小时，海外长线 10 个工作小时 【高端定制】方案及报价时间：国内 6 个工作小时、海短 8 个工作小时、海长 12 个工作小时。如客人指定联系时间晚于规定时间的，客人告知暂不需要方案及报价等，务必在备注中注明	线上 A-
过程回复及时性	未回复	400 电话或 IM 未回复。定制师 10 分钟内未回复客人即被认定为未回复，未回复包含但不仅限 IM 的结束句非定制师发言的对话组，规定时间内未通过 400 电话回拨等	线上 A

续表

规范分类	缺陷简称	违规行为	奖惩标准
过程回复及时性	未及时回复	400 电话或 IM 未及时回复。包含但不仅限于定制师自行设置服务时间内，且为在线（包含忙碌及空闲）状态下，IM（首次及过程）回复超 120 秒	线上 A-
	其他未回复	接单后 1 个工作日内未通过除 IM、400 电话外其他渠道回复客人	
	其他未及时回复	非 IM 渠道咨询，北京时间周一到周日 9：00-18：00，未在 1 小时内回复	
	未确认发票信息	未在提供合同前确认发票类型及发票内容	线上 A

2. 服务感受

服务感受是顾客对本次定制旅行的综合服务感受。顾客的直观感受源自服务缺陷中的重要信息提示、沟通技巧等是否与顾客沟通到位，以及在服务过程中是否存在违规行为（具体详见表 6-5）。

表 6-5　定制旅行平台服务规范 <服务感受>

缺陷简称	违规行为	奖惩标准
出行重要信息未提示	出发日期前未明确提醒和出行相关的重要信息，包含但不仅限于：预订起飞时段为 0：00-06：00 航班的客人实际前往机场的日期及时间等	线下 A
未确认发票信息	未在提供合同前确认发票类型及发票内容	线上 A
出团通知书未及时发布	【公司定制】未在客人出发前一个工作日 18：00 前于行中微信群内按要求发送出团通知书	线上 A
定制师技巧差	包括但不仅限于：自我介绍不规范；用语不当或目的地知识欠缺引起客人反感；与客人交互过程中，提及携程佣金、平台服务费等相关信息；签证操作不专业导致反复沟通	线上 A-
未按 checklist 核实需求	制作首次方案前未按 checklist 与客人确认需求点位，国际、港澳台未提醒证件有效期（即使不提供证件办理服务）	

3. 服务可靠性

服务可靠性是顾客对本次定制旅行的客观评价。服务的可靠性可以为顾客带来安全感和信任度，也可以为旅行社带来经济效益（具体详见表 6-6）。

表 6-6　定制旅行平台服务规范 < 服务可靠性 >

缺陷简称	违规行为	奖惩标准
未及时回复群消息	客户所在当地周一至周日 08：00-20：00 内的问询或抱怨，2 分钟内未回复客人行中微信问询	线下 A
行中投诉处理不及时	行中如资源发生到场无法使用后 15 分钟以内，其他障碍 30 分钟以内，未提供客人解决方案	
微信未建群	未按微信群规则创建微信群，包含但不仅限于未将机器人账号邀请入群聊，特殊情况下未向定制机器人微信报备。【群成员：微信群内除定制师和客人外，必须包含定制机器人管家】	线下 A-
未及时建群	未及时建群，包含但不仅限于规定建群后一个自然日中午 12 点前未将机器人账号邀请入群聊	线下 B+
建群不规范	建群不规范，包含但不仅限于群名称不规范，建群顺序等不规范，群名称要求:【FIT】【CORP】群名中未包含“# 订单号 #”或订单号、符号错误;【渠道】群名称未包含“销售”和“# 订单号 #”或订单号、符号错误，建群顺序要求如下。第一步：先邀请含机器人及客人在内的群成员；第二步：按要求设置群名称；第三步：按照要求进行自我介绍	
发票开具不及时	客人返程前要求提供的发票未在返程 3 个工作日内开具并邮寄，或客人返程后要求提供的发票未在提出后 3 个工作日内开具并邮寄。未在 2 个工作日内操作退款并提醒预计到账时间	线下 B
私自取消需求单	未联系客人，自行取消需求单（包含但不仅限于定制师提出申请取消需求单被客人拒绝）；联系客人不成功，且未满足有效首呼的条件；【公司定制】客户变更目的地后无法继续为客户提供服务，取消询价单未电话通知对应大客户运营，或发送邮件	线上 A
行程报价与需求不符	包含但不仅限于客人提出的需求，定制师未安排或安排有误；定制师未按承诺设计线路、安排资源；客人需要安排的资源未报价等	
虚假建群	虚假建群：如群内只包含供应商和机器人管家微信，而无客人微信，即视为供应商建立空壳群	
微信群名不规范	【高端】微信群名称：须同时包含的关键字段为：“高端定制”和“# 订单号 #”，（例如：××× 高端定制 #123456#×××），关键字段如有错别字或订单号错误	线上 A-
昵称和头像使用不规范	【渠道除外】邮件、微信和定制师页面昵称未采用实名制，微信头像和定制师页面的头像不一致	
行前说明会不规范	【高端】包含但不仅限于：未开电话行前说明会：需提前与客户确认行前说明会时间，按时召开行前说明会。国内游出行前 4 个工作日，境外游出行前 7 个工作日。（下单时间距出行时间过近的情况除外）；未在电话行前说明会之前发送行前通知书：行前通知书最低应以高端定制行前通知书模板内需提供的信息为准	

续表

缺陷简称	违规行为	奖惩标准
定制师昵称	群内定制师昵称规范：身份 + 实名，姓名须与平台登记一致，举例：定制师张三。客户明确表示不出行，希望定制师取消需求单后定制师未操作	线上 B+
需求单取消原因错误	未根据实际情况选择取消原因；未根据实际情况选择取消原因	
机器人介绍话述	【高端】定制机器人管家介绍：（供参考）定制师话述："高端机器人管家微信号是机器人宝宝，无法直接参与群聊，但群内的对话都会被机器人宝宝记在心里。一旦识别到，您有对定制平台出面协助的需求，平台将安排专业的客服为您服务。"可自拟，但不能含有针对机器人账号的负面描述	

二、在线定制平台的管理举措

（一）在线定制平台管理规范

在线定制平台根据各个供应商的实际情况，依据《旅游法》《旅行社管理条例》《定制旅行标准》等，制定平台相应的管理规范与举措。具体管理规范与举措如下。

（1）处罚条款所列罚则为对客人订单退、赔款以外的加罚。

（2）平台采取缺陷单均累积扣分制度对供应商子账号进行质量管理。

（3）平台将质量考核周期分别设置在每年度五月至十月、十一月至次年四月。

（4）子账号根据不同业务属性分别设置周期内质量分数初始值，每月初平台核算并公示上月定制师子账号扣分情况。

（5）如子账号任意业务线当月单均扣分超上限值，操作关闭该子账号对应业务线接单权限 7 天，账号质量分数不恢复。

（6）考核周期内质量分数扣满（即单均累积扣分≥质量分数初始值），即刻关闭子账号对应定制师的所有业务线接单权限，直至定制师重新参加定制师培训并通过考试后方能申请恢复。此时账号质量分数恢复为初始值。

（7）考核周期内质量分数未扣满，周期结束时扣分清零，账号质量分数恢复为初始值。

（二）在线定制旅行平台规范类标准及处罚手段

1. 单位缺陷扣分标准

考核周期内平台采取单位缺陷均累积扣分制度对供应商子账号进行质量

管理。单位缺陷扣分即使通过线上平台管理规范进行累计积分，积分标准是按照缺陷的严重性进行加减分，积分达到一定的限制进行奖励或者是关停（具体详见表 6-7）。

表 6-7　单位缺陷扣分标准

缺陷严重性	单位扣分
线上 A	4
线上 A-	2
线上 B+	1
线下 8S	40
线下 2S	30
线下 A	24
线下 A-	12
线下 B+	6
线下 B	4

2. 质量分数扣除方法

（1）当月单均扣分 $= \dfrac{\text{（当月）扣分}}{\text{（当月）需求单量}}$

以定制师小 A 为例：如当月判定 A 类缺陷 20 次，线下 A 类缺陷 5 次，则当月扣分共 200 分（具体详见表 6-8）。

表 6-8　质量分数扣除方法 <当月单均扣分>

月份	当月扣分	当月需求单量	当月单均扣分
第 1 月	200	100	=200/100=2 分
第 2 月	400	250	=400/250=1.6 分
第 3 月	300	200	=300/200=1.5 分

（2）单均累积扣分 $= \dfrac{\text{（周期内）累积扣分}}{\text{（周期内）累积需求单量}} \times$ 累积月份数

以小 A 为例：如第一月扣分 200 分，第二月扣分 400 分，则第二月为止累积扣分为 600 分（具体详见表 6-9）。

表 6-9　质量分数扣除方法 < 单均累积扣分 >

月份	累积扣分	累积需求单量	单均累积扣分
第 1 月	200	100	=200/100 × 1=2 分
第 2 月	600	350	=600/350 × 2=3.4 分
第 3 月	900	550	=900/550 × 3=4.9 分

（3）子账号考核周期内初始分值及当月单均扣分上限（具体详见表 6-10）。

表 6-10　质量分数扣除方法 < 子账号考核周期内初始分值及当月单均扣分上限 >0

供应商子账号属性	初始分值	当月扣分上限
KA	7	2
FIT（除 KA）	8	3
CORP	10	2
高端	8	3
渠道	8	4

以 KA 定制师小 A 为例：小 A 子账号会在第 1 月公示质量分数后被关停 7 天，但第 2、3 月由于当月单均扣分不足 2 分，不会被关停。如小 A 单均累积扣分达 7 分，子账号对应定制师即刻关闭其所有业务线的接单规则，直至定制师重新参加定制师培训并通过考试后方能申请恢复。

第三节　旅行定制师团队管理

一、旅行定制师的职业方向

旅行定制师（travel advisor）是指依托定制旅游产品相关资源、服务、组织以及供应链体系，提供定制旅游产品设计方案和实施方案的从业人员。

（一）岗位职责

1. 根据客户订单需求提供专业优质的旅游咨询服务。

2. 仔细认真倾听，了解客户出行目的，机票、酒店、用餐等。客户需求，根据需求提供贴切、专业、个性化的出行方案。

3. 根据公司提供的资源为客户拟定出行方案，给出适时、准确的报价。

4. 跟踪客户需求变化，调整方案及报价，以最专业优质的服务促成订单。

5. 对成交业务进行后期跟进，确保服务达到承诺预期。

6. 根据工作中实战经验，深挖目的地碎片化资源。

（二）职业方向

1. 旅行定制师助理

旅行定制师助理首先要负责前期跟客人沟通交流需求，多方面多层次了解客户需求及偏好，协助定制师为客人设计符合需求的行程并报价，引导客人成单；其次是结合实际的操作成本，为客户挑选预算内性价比最高的酒店和航班；最后是做好出行前的细节提醒，并随时关注客户的出行情况。

2. 初级旅行定制师

初级旅行定制师证

全日制普通高等学校在校生应持有有效学生证或相关在读证明；或是旅游行业从业人员，须有高职 / 大专以上学历（或同等学力），1 年（含）以上工作经验，并提供工作证明；非旅游行业从业人员，须有高职 / 大专以上学历（或同等学力），且有 2 年（含）以上工作经验，并提供工作证明；不符合以上条件的，应具有高中以上学历，且从事旅游相关业务 3 年（含）以上，并在地方或全国范围内具有带动示范作用（应有任职单位证明，县市级及以上行业协会或行政主管部门出具的证明材料），才有资格报考初级旅行定制师。

3. 中级旅行定制师

如果学历是高中的话，从事旅游定制师相关业务 5 年以上的相关企事业单位的现职中高级管理人员或业务骨干，且能提供独立完成的旅游定制产品业务案例才可以具备成为中级旅行定制师的资格；如果是取得初级旅行定制师证书的从业人员，具有 2 年以上初级旅游定制师的从业经验的现职中高级管理人员，且能提供独立完成的旅游定制产品业务案例，才有资格申请并考核成为中级旅行定制师。

4. 高级旅行定制师

具有硕士研究生及以上学历（或同等学力），且能提供独立完成的旅游定制产品业务特色案例或者是大学专科及以上学历（或同等学力）并具有 3 年以上从事旅游定制业务或相关从业经历，且能提供独立完成的旅游定制产品业务特色案例或者是具有 2 年以上中级旅游定制师的从业经验，且能提供独立完成的旅游定制产品业务特色案例，才有资格申请并考核成为高级旅行定制师。

二、旅行定制师团队管理规范

2020 年 9 月 1 日，中国旅行社协会标准管理委员会批准发布《旅游定制师等级划分与评定》团队标准，编号为 T/CATS 001-2020，自发布之日起实施，并在全国标准信息公共服务平台（std.samr.gov.cn）、中国旅行社协会门户网站（cats.org.cn）公开。对定制游的企业的服务标准进行统一，也对“旅游定制师”有了明确的从业能力评定和团队管理规范。

（一）等级划分依据

旅游定制师等级分为三个级别，由低到高分别为初级旅游定制师、中级旅游定制师、高级旅游定制师。

（1）三个等级旅游定制师应具备规定的所有条件，不同等级旅游定制师应具备规定的相应条件，且遵循逐级晋升的原则。

（2）对达不到规定的从业经验的某一领域的专家型人员，经自愿申请，接受相应级别旅游定制师的专业课程培训并考试合格者，予以评定。

（二）旅行定制师团队管理规范

《旅游定制师等级划分与评定》对“旅游定制师”“定制旅游产品”等相关术语进行了明确定义，对“旅游定制师”进行了等级划分，对初、中、高三级“旅游定制师”的任职资格、知识要求和技能水平提出了相应的要求。同时，建立“旅游定制师”退出机制，不同等级旅游定制师评定结果的有效期为 2 年，并依据职业发展情况和相应的知识技能更新，进行重新评定和复核。

1. 基本条件

（1）遵守国家法律、法规，遵守职业道德和行业规范，遵守社会公序良俗。

（2）秉承先进的服务理念和服务意识，践行服务精神。

（3）爱岗敬业，尽责守信，具有团队合作精神。

（4）善于表达和倾听，大方得体，具有一定的文化底蕴。

（5）以客户为中心，提供优质服务。

2. 等级评定方法

（1）采取本人自愿申请，资格审核培训与考试相结合的评定方法，对旅游定制师进行综合评定。

（2）综合评定结果可作为从业人员业务考核、职业发展、能力提升等方面的依据。

（3）建立旅游定制师退出机制，不同等级旅游定制师评定结果的有效期为 2 年，并依据旅游定制师职业发展情况结合有效期内不少于规定学时的继续教育情况进行重新评定予以复核。

（4）归口单位负责组建全国旅游定制师评定委员会，组织并监督落实审核、培训、考试、评定、证书颁发、继续教育、复核等工作。

3. 考核模式

旅游定制师根据等级的划分进行考核，同等级考核依据资格要求、知识要求和技能要求进行考核，考核通过的人员才有资格参加高一级的测试，如果在工作期间出现严重的工作失误，则面临被淘汰的风险。目前初级、中级和高级旅游定制师的考核要求如下。

初级旅游定制师

资格要求（应具备以下一项或多项条件）：

（1）具有大学专科及以上学历（或同等学力）。

（2）全日制大学专科及以上学历的在校生。

（3）高中毕业并从事旅游定制师相关业务 2 年以上的相关企事业单位的现职中高级管理人员或业务骨干。

知识要求：

（1）熟悉旅游定制师业务流程和标准。

（2）具有旅游接待咨询基本知识。

（3）具有消费者心理学基本知识。

（4）具有旅游市场营销、品牌推广的意识。

（5）了解旅游目的地资源开发相关知识。

（6）了解目的地地理、历史、文化、风俗民情和当地法律法规等基本常识。

（7）了解旅游产品定价方法及旅游产品价格构成，熟悉旅游安全和应急处理等相关知识和程序。

技能要求：

（1）具有较强的创新能力、组织能力、应变与适应能力、学习能力。

（2）具有基本的客户沟通协调能力，能够捕捉客户的核心需求。

（3）具有基本的定制旅游产品相关资源、服务、组织以及供应链体系的适度匹配能力。

（4）具有基本的旅游定制产品成本控制与报价能力。

（5）具有基础的文字、图片、视频处理能力，掌握新媒体应用和传播技巧。

（6）具有捕捉市场信息，了解旅游消费市场变化趋势的能力。

（7）具有熟练应用旅游基础知识和专业知识的能力。

（8）具有独立完成个性化旅游定制产品设计与服务业务流程所需的其他技能。

（9）具有履行安全告知义务的能力，并具有向客户普及事故预防、突发事故处理等措施的能力。

中级旅游定制师

资格要求（应具备以下一项或多项条件）：

（1）大学本科及以上学历（或同等学力），且能提供独立完成的旅游定制产品业务案例。

（2）高中毕业并从事旅游定制师相关业务 5 年以上的相关企事业单位的现职中高级管理人员或业务骨干，且能提供独立完成的旅游定制产品业务案例。

（3）具有 2 年以上初级旅游定制师的从业经验的现职中高级管理人员，且能提供独立完成的旅游定制产品业务案例。

知识要求：

（1）掌握旅游定制师业务持续优化与创新知识。

（2）熟悉目的地地理、历史、文化、风俗民情和当地法律法规等基本常识。

（3）熟悉旅游定制产品策划、实施、品牌管理和媒体传播知识。

（4）熟悉旅游定制产品定价方法及旅游定制产品价格构成。

（5）掌握旅游定制产品相关资源、服务、组织以及供应链体系的相关知识。

（6）掌握制定旅游定制产品运行计划及采购和调度相关旅游服务及资源的工作流程。

（7）掌握旅游安全和应急处理等相关知识和程序。

（8）熟练掌握消费者心理学基本知识。

技能要求：

（1）具有目的地文化特色提炼，树立旅游产品品牌的能力。

（2）具有独立完成文化和旅游产品的组合和线路规划的能力。

（3）具有旅游定制产品的科学定价能力。

（4）具有独立进行旅游产品采购、议价、报价并达成协议的能力。

（5）具有创新创意能力，设计的产品和线路要有独特的文化特色和地域特点。

（6）具有独立完成市场调研的能力，能够准确把握旅游消费市场趋势，并根据消费趋势对旅游产品和线路进行相应调整。

（7）具有合理安排不同客户的跟进优先级，有效跟进多个需求的能力。

高级旅游定制师

资格要求（应具备以下一项或多项条件）：

（1）硕士研究生及以上学历（或同等学力），且能提供独立完成的旅游定制产品业务特色案例。

（2）大学专科及以上学历（或同等学力）并具有 3 年以上从事旅游定制业务或相关从业经历，且能提供独立完成的旅游定制产品业务特色案例。

（3）具有 2 年以上中级旅游定制师的从业经验，且能提供独立完成的旅游定制产品业务特色案例。

知识要求：

（1）深谙目的地地理、历史、文化、风俗民情和当地文化内涵。

（2）深谙品牌营销知识，能够为目的地量身定制品牌方案。

（3）深谙媒体传播学知识，精通新媒体传播技巧。

（4）精通经济学，管理学和消费心理学相关知识。

（5）精通旅游服务规范标准和相关法律条文。

（6）精通旅游安全和保险相关业务知识和流程。

技能要求：

（1）具有独立进行目的地旅游产品开发的能力。

（2）具有独立进行目的地旅游产品营销策划和宣传能力。

（3）具有较强文字功底和图文视频编辑能力，善于通过多媒体手段，提炼、总结和展现目的地文化特色。

（4）具有其他领域专业知识，文化底蕴深厚，知识面广。

（5）具有独立进行旅游市场调研数据分析能力，能够对目标客户群体或市场产生引导效应。

（6）从事境外定制旅游业务的定制师，应具备熟练运用主要业务区域的语言进行文字编辑、语言沟通与服务的能力。

旅行定制师案例

三、定制旅行社及工作室运营模式

（一）传统经营模式

1. 做品牌及连锁门店

做品牌及连锁店的代表就是春秋、中旅、国旅、青旅等企业。做品牌旅行社投资大，时间也太长，一般需要十几年甚至几十年的积累和铺垫才行，而且现在这些所谓的品牌旅行社大多成立并发展于20世纪80、90年代缺乏竞争的环境下，并且不少大型国有旅行社还掌握了大量无偿的国有资源。所以当今天还要想投资建立一家靠品牌知名度取胜的旅行社，只能说要走的路，要投入的时间、资金，不是一般人或机构能够承受的。西藏路上有家这几年才打通的旅行社，就在走靠黄金地段开设门店、连锁化、广告轰炸等方式努力想成为一个新兴品牌，虽然它已经通过主营短线旅行错开了和春秋这些品牌社的竞争，但前途并不被看好，最主要一点就是核心竞争力的缺失①。

2. 做渠道

渠道或者说成关系，比如有旅行社把某银行全国的旅游业务垄断了；有大型企业直接建立解决职工旅游问题的旅行社，比如宝钢旅行社；还有专做高端的如在沪台湾人的东南旅行社；等等。换句话说，这些中小旅行社靠渠道和关系，各显神通发展着自己的业务，而且多是接企事业单位的团队。这样的旅行社大有要么不开张，开张吃10年的味道，比起品牌旅行社要轻松很多。但就是有两个致命伤，一是可以赚钱，而不能做大做强，毕竟这样的靠渠道和关系网的事是最难标准化的，而且业务量也是有限的；二是老板累，因为渠道客户，都要老板自己去常年“维护”，渠道和关系客户，需要公司谨慎经营。做渠道能赚钱，但很难做大做强。

3. 做同行

这类旅行社可能最不被普通消费者所了解。其实所有的旅行社，包括大型品牌社，都不可能所有线路通吃，自己来经营，而都是找的供应商，IT行业叫OEM。特别是中小旅行社，几乎所有的业务都要靠交给同行社来完成。做同行的旅行社有个特点就是专业，做西南线的永远做西南线，做拉萨的一心做拉萨，做新疆的十年只做新疆，也正因为专业，才使他们在这些线路上有价格优势。而做同行，是靠价格取胜。

4. 做异类

代表就是携程、同程等，这些企业抓住了旅游行业中最能标准化的三个环节：机票、宾馆预订、自由行，通过标准化流程化的运作，及跑量来提供较有竞争力的产品及价格。之所以说这样的旅游企业是“异类”，是因为这样的经营模式需要一个强大的平台（包括网上的Website，网下的Call Center），这些企业在某种形式上是介于旅游企业、互联网企业、新兴咨询企业之间的。

---

① 狄蓉，赵袁军.旅游“新零售”背景下在线旅游运营模式——以携程旅行网为例［J］.中国流通经济，2019，33（7）：45-52.

（二）大型旅行社常用经营模式

1. 特许经营（翻牌特许方式）

广之旅是最早使用特许经营的旅行社企业：具体经营模式是广之旅的特许经营方式主要采取以与广州市外有实力的旅行社合作，由广之旅对合作伙伴进行考核，认可其管理经营、市场开拓、接受广之旅企业文化及经营理念的能力后，签订广之旅商标许可合同，许可对方使用广之旅商标，并由广之旅统一输出企业文化、经营管理制度、管理技术、管理软件、旅游产品等，然后每年按一定的比例从其营业毛利中提取商标使用费。特许经营企业与总部实行形象、价格、线路的统一，在团队计调操作上则有一定的灵活性，即散客可由总部统一运作，团队则既可由总部操作，也可由特许经营单位选择与经总部考核合格的接待社合作。

2. 建立非法人分社

国家旅游局重新颁布的《旅行社条例》（已废止）及《实施细则》再一次重申，年接待量超过 10 万人次的全国百强旅行社可以在外地设立不具法人资格的分社，这无疑为全国性民族旅行社品牌尽早形成起到了催化的作用。广之旅作为符合设立非法人分社的旅行社，准确把握住了这一契机，在省内外各客源丰富的地区设立非法人分社，大力推进公司品牌化、网络化进程。

3. 参股、控股当地旅行社

广之旅目前就以参股、控股形式发展了四川峨眉广之旅、上海广之旅、北京有朋广之旅、广州广联旅游有限公司、广州康泰国际旅行社、惠州广之旅、汕头广之旅等旅行社。对于参股、控股的发展方式，广之旅也有一套自己的路子：由广之旅通过资金或品牌、企业经营管理理念、管理技术和管理软件入股，旅行社命名或更名为“××广之旅旅行社有限公司”，广之旅控股或相对控股。同样由广之旅对其经营管理人员进行考核，各股东按所占股份比例分成。控股旅行社与总部保持统一的形象，并接受广之旅的企业文化和经营管理制度。

（三）“新零售”运营模式

“新零售”是在网络电商人口红利消失、消费升级、线上获客成本高昂的背景下提出的，无论是线上成本过高还是线下商业不景气，都多多少少会使旅游行业遇到各种发展困境。旅游“新零售”运营模式就是线上线下与智能物流，但如何实现线上线下的转换、线上线下物流的融合，如何实现新技术和新资源的运用，才是企业需要重点考虑的。目前来看，携程旅行网的“新零售”模式转化效果比较直观，携程旅行网在“新零售”模式下采用线下门店加盟模式，整合线上线下资源，改变自身原有的线上零售方式与方法，以门店营销、线上流量、渠道整合的方式实现旅游“新零售”。携程旅行网一直秉持以消费者为中心的原则，以服务产品 + 数据为依托，提供全渠道一体化服务。携程旅行网大量发展线下门店，并非仅仅简单地开发另外一个渠道，而是要将线上线下彻底打通，使线上与线下的优势充分结合，避开劣势，带给消费者更加优质、更加快捷的消费体验。

第四节　定制旅行的客户管理

案例导入

开启定制旅行新时代，倡导别墅旅行新方式

如果规划一个 100 天的自助游行程，据不完全统计，旅行者平均要访问 142 个网站，而如果选择定制游，也许只要访问一个网站。

今年春节，35 岁的网店店主小陶想给自己放个长假去北美散散心，一路有几个城市需要停留见朋友——西雅图、芝加哥、迈阿密、多伦多……她通过达美旅行网联系到了平台定制师，经过详细沟通后，定制师为其规划了 63 天的旅行路线，玩遍了美国、加拿大所有著名城市，总计 10 万元。为了让小陶一个人在各个城市间飞行和入住酒店都能最省心便利，定制师还为其安排了接送机和几个可以完美衔接的当地活动。小陶玩得非常开心，回来后还特意给定制师写了感谢信。

“大部分旅游者不知道什么才是最适合自己的，怎样才能玩得最好，而我们的定制可以帮助他们。就像乔布斯当时生产苹果产品一样，他告诉大家这就是最好的，你们来感受吧。”北京达美国际旅行社 CEO 付华曾经这样说过。

作为中国公民赴美个性定制旅行的最大服务商，达美国际旅行社旗下的地接品牌美国海德专注深耕北美市场 27 年，目前已接待赴美旅行的中国游客 27 万余人次。从创立之初接待政府公务团，到如今服务全国中高端定制游需求的人群，美国海德在海外旅游接待体系上不断健全完善。作为达美国际旅行社 COO，殷文琦对这些年旅游市场的转变怎么看？达美国际旅行社的应对策略又有哪些？近日，殷文琦接受了《中国经济周刊》记者的专访。

个性化定制业绩过亿

殷文琦介绍，1991年美国海德在洛杉矶创立；1995年推出透明报价体系，将美国服务行业“成本+服务费”的方式引入地接行业；2008年进入中国市场，同时成立北京、广州、上海三大操作中心，成为第一批NTA法定授权接待中国团组的单位。2011年，北京达美国际旅行社成立，美国海德成为旗下地接品牌。2012年，正式推出达美旅行网（dameiweb.com），开启线上订购旅游模式。电商的优势在于获客，而传统旅行社的优势在于转化。2014年达美网专赴美大型客服中心成立，个性定制线下操作中心成立，同年业绩过亿。

殷文琦透露，海德最早是在美国接待公商务团的，即美国公司邀请中国客户去考察和培训的团体游项目，“当时，在中国市场上能见到的主要跨国公司公务团，海德多数都参与了接待和安排。特别是中国客户来美国往往会到各地分支机构及研发中心，这令海德有机会在创业最初便架构了完善的接待体系。”目前，海德在美国可以直接提供接待服务的城市数量已超过100个。这使达美在国内市场上与其他同行相比，具备了巨大的竞争力，以更合理的价格和更高端的服务来面对中国的定制游客群。

此外，达美还拓展多元化的旅游资源以满足游客的各类需求。达美在国内市场一直做中高端的定制游，在过去这些年中，接到过各种需求，做过各种主题游，比如婚礼、海钓、驾驶跑车、开直升飞机、航拍……扎根当地的海德积累了各种各样的资源，能够为客户找到最合适的项目，这也是达美区别于做常规团组同行的优势。

殷文琦表示，2015年，达美已整合海德地接资源，设立了“海德标准”，不仅完成了北美50多个城市资源的直采，而且目的地也从美国和加拿大扩展到整个北美洲的23个国家及加勒比海13个地区，并推出一系列改变中国人出行方式的独家优势产品。例如：“五真游学”系列的哈佛麻省、斯坦福伯克利产品；国内首家国际露营产品“营遍美国”系列的80天环游美国48个州、21天穿越南部等产品；阿拉斯加国际马拉松中国独家代理“午夜阳光”、夏季“穹顶之上”、冬季“极光猎艳”等产品；“驾到美国”“房车环游”以及宝马精英驾驶培训等北美自驾产品；“健行美国”麻省总院基因检测医疗产品；“CEO校园回归”企业家游学及公商务培训项目等。这也是达美依托海德广泛的资源和高品质的服务基础，在国内市场突显出的强大的产品研发优势。

《OP 课堂》倡导别墅旅行

达美旅行在业界有“黄埔军校”的美誉。据了解,《OP 课堂》是其独创的分享模式，从 2009 年开始，至今已经成功开课 400 余场，共邀业界同仁 40 000 多人。《OP 课堂》将实际操作过程中有代表性的案例进行筛选整理、汇总、更新，以事实为依据与更多人分享美国旅游工作中的经验，同时依托项目展示优势帮助旅业同仁。

今年的《OP 课堂》将在 3 月中旬到 4 月末先后在全国各地开展，主要围绕别墅旅行这种高端旅游方式展开。

据了解，此次达美将推出的别墅旅行项目是与全球最大的民宿租赁平台进行合作。分为高端别墅和大众别墅两大类，拥有 300 万个房源，覆盖 5 万个城市，包括阿拉斯加、夏威夷、佛罗里达、加利福尼亚等。所有资源皆为直接采购，在价格上拥有极大的优势。

以迈阿密海景高端别墅为例，其地理位置处于一座私人小岛上，别墅面积 370 平方米，包含 5 间房，可住 12 人，而且私密性较好，消费者可以充分享受私人码头、棕榈树绿洲、每天 24 小时的管家服务等体验。

“因各别墅所在的地理位置较分散，有处在富人社区的，也有隐秘山间的宅邸等，所以为了客户体验方便，我们在钥匙上下了一番功夫，一把钥匙，既能轻松入住，又能自助退房。”殷文琦说。

据悉，作为个性定制旅行服务商，此次别墅旅行项目，达美旅行亦可完全根据消费者的预算、需求进行个性化定制，打造真正属于自己的、随心所欲的旅行经历。

（资料来源:《中国经济周刊》2017 年第 12 期）

【案例分析】

个性化定制对于定制旅行的重要性不言而喻，如何在个性化产品的基础上留住客户，达到客户的满意，是定制旅游最终目的。

游客定制需求大致分为高端定制游和品质定制游。其中，选择高端定制游的游客对定制行程设计的独特性、定制师的服务能力以及隐私信息安全保障等方面有着较高的要求。而选择品质定制游的游客则较为在意游玩形式的自由多样，对旅游资源的要求较为分散，其需求较为考验企业的资源丰富度和价格优势。那如何按照旅行客户类型来管理客户，是本章节重点问题。

一、定制旅行客户管理的内容

（一）定制旅行客户的分类

1. 按照属性划分

从属性上可划分为两大类：即个人（家庭）客户和单位（企业）客户。个人（家庭）客户服务选择主要集中在三方面：一是侧重行程中的物质享受，偏好于对服务的选择；二是力求旅游的独特性，比如去那些具有独特地理特点的地区旅游甚至去参加滑雪、跳伞等体验式活动；三是靠近疗养式旅游，根据不同地区的气候特点选择目的地，从而进行专门的健康养生类体验。

单位（企业）客户服务选择主要是以会议、团建、奖励性旅游等方面的定制群体。

2. 按照营销渠道对象划分

从营销渠道对象上可分为线上客户和线下客户。线上客户是指通过旅游平台定制旅行产品的客户。线下客户是指通过旅游实体机构（旅行社门店、个性化服务旅行企业）现场定制的客户。

3. 按照消费水平划分

从消费水平划分可分为高端定制客户和大众定制客户。高端定制是以高收入人群的旅游定制需求为主，为其提供个性化、高端旅行产品及服务。高端定制旅行注重私密性深度体验，虽旅游费用昂贵许多，却可以满足个人的特殊需求。

大众定制客户是以在大众需求的基础上消费升级，注重性价比高的旅游产品。

（二）定制旅行客户管理的内容

旅游市场在不断地变化，从之前的“以旅游产品取胜”转变成“以旅游服务取胜”，客户服务质量已变成旅游企业至关重要的一部分。如何做好定制旅行客户管理，有效整合客户资源，在充分了解客户的基础上为其提供针对性的个性化服务，持续不断地给予客户关怀，增强旅游企业与客户的互动，提高客户黏性，变得至关重要。

1. 划分客户群体，分析客户价值

建立客户资源库，以客户信息资源为主体，将新老客户的信息如：联系方式、职位信息、客户公司所在地以及客户定制的需求，详细可以深入到客户兴趣爱好、特殊习惯及其他方面的信息进行详细地汇总统计，便于销售人员多方面深入了解客户，尽量避免因为不了解客户习性造成误会等，从而更好地促成合作。

此外，对新老客户以及不同类型的客户进行分类和筛选，根据分析，确定客户的价值，给客户贴上不同类型的标签，比如将客户分为高价值客户、中间客户、低价值客户等。

2. 不同客户施行不同的跟踪办法

比如对产品有一方面需求，但不是必须需要的客户，可以归为潜在客户；对产品特别需要，但在犹豫对比的客户，可以归为目标客户，等等。针对不同类型客户，提供不同的服务以及营销手段，提高成交率。

针对成交客户的需求有方向性地进行产品推广和宣传。对于未成交的客户，分析未成交原因，减少出现同类问题。

3. 设置客户回访机制，增强客户黏性

采取线上与线下相结合的方式，定期主动对已经合作的客户进行回访。在回访的过程中了解客户动态，询问客户需求，收集客户的意见与建议，根据客户提供的反馈信息及时调整产品，使产品得到进一步提升。

尊重每一位客户的反馈，及时解决客户所遇到的后续问题，可以以此增加企业与客户之间的黏性，再通过老客户发展新客户。

总的来说，客户是很重要的一部分资源，而客户管理是客户关系管理的重要组成部分，因此做好定制旅行客户管理是维护客户的核心。

二、定制旅行客户管理的举措

（一）个性化跟踪服务管理

个性化服务越来越受到重视，这既是以人为本的必然结果，也是社会进步的反映。定制旅行本身就是一对一服务的目标。根据客户需求制定适合的产品，并在产品和服务上突出旅游资源的独特性和高端性、私密性，让客户感受到物超所值。

（二）会员制管理

会员制是一种人与人或组织与组织之间进行沟通的媒介，它是由某个组织发起并在该组织的管理运作下，吸引客户自愿加入，目的是定期与会员联系，为他们提供具有较高感知价值的利益包。国内大部分私人定制旅行公司都实行了会员制，虽然是免费加入，但他们还是愿意设置一些“高门槛”。例如“太美旅行网”的黑卡会籍申请表中要求提供申请人的公司名称；是否上市公司；公司年营业额等信息。

（三）对客户进行动态管理和维护

对于需要经常维护的客户，在档案建立后不能置之不理，否则就会失去价值。通过调整已经变化的资料，及时补充新的资料，在档案上对客户进行追踪，使客户管理保持动态性。定制旅行客户的特点决定了动态管理的必要性。

（四）线上线下相结合管理

"互联网旅游企业凭借现代网络技术，对旅游销售终端掌握了很强的垄断性优势，综合实力和竞争力不断增强。在此情况下布局线下门店，向产业链的上游拓展业务，有助于增强产业链的整合能力，不断拓展业务，不断提高综合实力。"北京联合大学旅游产业研究所所长张金山表示。所以，线上线下相结合的管理模式是定制企业势在必行的发展道路。

第五节　定制旅行的信息化管理

旅游企业信息化建设一直面临的最大困境就是统一的、标准化的信息化系统不能完全满足自己企业的实际需求，但是如果企业自己完全要定制开发一套专业的信息化管理系统，是不科学的，因为它的费用太高、周期太长、风险太大，而且如果开发者没有丰富的旅游从业经验和软件开发能力，那么他们开发的定制旅行产品可能还不如市面一般的标准化旅游产品。

所以对于传统的旅游企业来说，在原旅游管理信息系统供应商的产品基础上，进行个性化定制产品是相对经济的选择。所谓个性化就是结合该企业的实际情况进行开发，这时要注意的是开发得不能太随意，一要符合内控要求，二要符合信息化系统要求。

那么定制旅行管理在哪些方面需要信息化以及定制旅行信息化管理的举措就显得尤为重要。

一、定制旅行信息化管理的内容

（一）客户调查信息化管理

客户调查是企业实施市场策略的重要手段之一。通过人口特征、生活态度、生活方式、消费历史、媒介消费等对目标客户进行分析，迅速了解客户需求，及时掌握客户信息，通过客户信息化把握市场动态，调整、修正产品与服务的营销策略，满足不同的需求，促进产品及服务的销售。

（二）客户开发信息化管理

在竞争激烈的市场中，能否通过有效的方法获取客户资源往往是企业成败的关键。况且客户越来越明白如何满足自己的需要和维护自己的利益，客户是很难轻易获得与保持的。因此加强客户开发管理对企业的发展至关重要。客户开发的前提是确定目标市场，研究目标顾客，从而制定客户开发市场营销策略。营销人员的首要任务是通过对客户开发前期调研并形成客户开发信息化管理，开发准客户，通过多种方法寻找准客户并对准客户进行资格鉴定，使企业的营销活动有明确的目标与方向，使潜在客户成为现实客户。

（三）客户综合信息管理

客户综合信息管理是客户管理的重要内容和基础，包括客户信息的搜集、处理和保存。建立完善的客户管理系统，对于企业扩大市场占有率、提高营销效率、与客户建立长期稳定的业务联系，都具有重要意义。运用客户信息，区分准客户、新客户和老客户，区分大客户和一般客户，并实施不同的市场营销策略，进行客户关系管理。

（四）客户服务管理信息化

客户服务是一个过程，是在合适的时间、合适的场合，以合适的价格、合适的方式向合适的客户提供合适的产品和服务，使客户合适的需求得到满足，价值得到提升的活动过程。客户服务管理是了解与创造客户需求，以实现客户满意为目的，企业全员、全过程参与的一种经营行为和管理方式。它包括营销服务、部门服务和产品服务等几乎所有的服务内容。客户服务管理的核心理念是企业全部的经营活动都要从满足客户的需要出发，以提供满足客户需要的产品或服务作为企业的义务，以客户满意作为企业经营的目的。形成客户服务信息专业化统计，通过分析提高客户服务质量，并将此导入企业的经营理念和经营过程中。优质的客户服务管理能最大限度地使客户满意，使企业在市场竞争中赢得优势，获得利益。

（五）客户促销信息化管理

促销是营销人员将有关产品信息通过各种方式传递给客户，提供产品情报、增加消费需求、突出产品特点，促进其了解、信赖并使用产品及服务，以达到稳定市场销售，扩大市场份额，增加产品价值，发展新客户，培养强化客户忠诚度的目的。促销的实质是营销人员与客户之间进行有效的信息沟通，这种信息沟通可以通过广告、人员推销、营业推广和公共关系四种方法来实现。而促销信息化管理是通过科学的促销分析方法进行全面的策划，选择合理的促销方式和适当的时机，对这种信息沟通进行计划与控制，以使信息传播得更加准确与快捷。

二、定制旅行信息化管理的举措

（一）企业领导重视企业信息化管理是关键

企业领导应认识到企业档案信息化管理的建设，是全面展示企业工作和企业各项成就的一个窗口，是使人们认识企业、促进企业间经济合作、为企业发展提供综合信息的一个桥梁和纽带。信息化管理作为一个系统的建设，不仅需要企业领导的高度重视，更需要企业各部门的大力协作配合，企业领导要有战略眼光和务实的作风来抓信息化管理的建设。如果只是口头支持，没有资金、设备的落实，没有技术人员的配合，这项工作单靠某个部门是完不成的。

（二）明确企业信息化管理的规划和实施办法

信息化管理的复杂性、长远性，使之有一个客观指导性的规划和具体详细的实施细则，要有主管信息化工作的领导负责，要有信息技术部门的技术协作。对信息化管理涉及的网间合作、资源配置、协作开发、信息共享、网络建设等问题要有充分的可行性、科学的计划，以求协调配合、共同发展。要结合企业制定的信息化目标进程，确定档案信息化管理的目标、措施、步骤与要求，制定中长期发展计划，并将信息化管理的进程纳入企业的各项工作之中，扎扎实实地推进信息化管理的建设。

（三）加强硬件、软件和人才配置

首先，硬件配置是进行信息化管理的基础保障。其次，软件保障。信息系统软件是原件购买还是自行开发，要根据企业的信息化规模或技术能力而定，软件的开发与选择首先应注意考虑软件的售后问题。注意考虑软件的兼容性，信息网络软件的标准要求在统一的基础上开发研制，可避免版本不一，不能兼容，造成浪费。再次，人才的培养。要具备一定的政治思想素质、科学文化和专业素质，不仅要有熟练的业务管理水平，还要具备计算机操作、外语等现代化管理技能，才能够确保信息化管理工作的顺利开展。

中英文专业词汇

初级旅行定制师	Junior travel advisor

中级旅行定制师	Intermediate travel advisor
高级旅行定制师	Senior travel advisor
"新零售"	New retail

思考与练习

1. 定制旅行师的等级划分依据是什么？
2. 掌握旅行定制师的等级。
3. 了解定制旅行社及工作室的运营模式的种类。
4. 了解定制旅行的客户管理内容。

实训项目

通过本章知识点的学习，你认为作为定制旅行师，应该如何挖掘与维护客户关系。

第七章
定制旅行获客与营销

本章导读

在旅游业产业升级、结构转型、传统业态竞争压力不断激增的情况下，高效率获客、有效转化运营以及精准营销成为定制旅行成功的关键与核心。本章重在探讨定制旅行的获客及营销基本概念和基础理论问题，涉及定制旅行获客的概念、获客渠道、转化运营的概念和重要性、定制旅行转化运营的流程、定制旅行客户关系维护策略、基于平台的定制旅行营销和基于定制师的个人品牌营销等。通过本章内容的学习，培养学生定制旅行方面的获客和营销理念，为日后学习相关课程和就业奠定基础。

思维导图

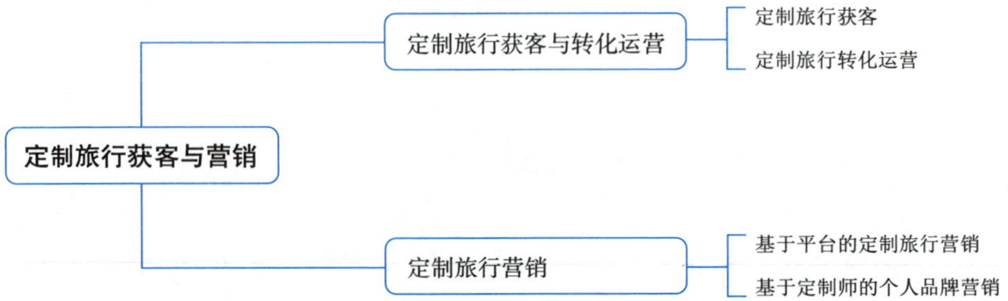

学习目标

职业知识：理解并掌握定制旅行获客的渠道、客户转化运营流程、定制旅行客户关系维护策略和营销策略。

职业能力：能够做好客户转化运营、平台营销和个人品牌营销。

职业道德：对标旅行定制师应具备的能力与素养，做一名合格的旅行定制师。

第一节　定制旅行获客与转化运营

案例导入

携程为用户打造专属的"定制旅行"

随着国民生活水平的逐年提高，外出旅游已经成为日常放松方式之一，用户需求也越来越个性化。携程顺应旅游市场需求，推出了"定制旅行"。为了更多获取客户和更好地维系客户，携程运用了系列手法。

1. 以用户视角为品牌背书

很多时候人们被某个广告感动，不是因为多么震撼的情节，而是广告里的那些日常琐事，处处透露着自己的影子。携程就是洞察了这样的感情记忆，用"身边人"的故事把品牌理念一点点渗透进受众心里，将营销转化成不会引起反感的品牌情感沟通，以用户的视角去展现他们有关亲情与旅行的故事，用朴实真挚的镜头语言，体现了携程在每一段用户故事中扮演的角色，品牌形象很充实，好感度倍增。最大限度地与消费者产生共鸣、进行沟通，在最大范围内俘虏情感消费者，有力营造品牌良好的个性亲和力。使受众在心灵上产生共鸣，拉近和受众之间的距离。

2. 个性化定制服务圆每个用户的"旅行梦"

伴随着国内出行方式的改变，人们外出旅行时可以选择的路线和交通工具越来越丰富，用户的旅行需求越来越多元化。某些需求点在跟团旅行的情况下实现起来是比较麻烦的，于是也就有了携程的"定制旅行"服务，依照用户的"个人需求"定制"专属旅行路线"满足用户在旅行过程中想要的所有。这种"定制化服务"，可以大大提高用户的旅行体验。不仅仅是旅行过程中的服务质量，还有内心的认同感和满足感。"一对一"定制化服务，不仅满足了用户的个性化需求，也让用户觉得自己的"期望"得到了重视。

3. 携手多方品牌资源全方位变革旅行生活

除了努力改善用户的旅行体验，提供更加优质和多元的服务之外，携程还积极与其他品牌进行联合，力求从不同角度触达用户。此前和携程多次进行合作的抖音、建行、浦发、NBA、美联航、Luckin 等品牌，都曾惊醒过不同方向和风格的创新活动。比如携程与抖音联合发起的“FUN 肆趣旅游抖一下”的旅行季活动。席卷 32 亿播放，35.5 万名参与用户，覆盖全球 150 个国家和地区，弹指间造就又一爆款 IP。

（资料来源：搜狐，《携程上线全新服务，为用户打造专属的“定制旅行”》）

【案例分析】

想要满足越来越个性化的定制旅行用户需求，培养用户的忠诚度，达到获取客户的目的，旅游企业必须站在用户角度审视、理解客户心理需求，设计个性化产品和推广方案，最大范围和最大程度关注人性，关注感情，使消费者在心灵上产生共鸣，俘虏情感消费者，有力营造品牌良好的个性亲和力，以此提高企业品牌的影响力和竞争力。

一、定制旅行获客

（一）定制旅行获客的概念

获客，顾名思义是指获取客户。定制旅行获客是指在定制旅行活动营销策划过程中，通过一系列的途径和渠道而获取潜在客户群。

（二）定制旅行获客的渠道

定制旅行获客与转化运营

定制旅行由于个性化特征明显，需要依赖和客户的沟通与互动来落实产品设计方案，客户在定制旅行产品设计过程中可以更改和调整行程，暂时较难实现规模化，所以定制旅行的获客渠道和传统旅游产品获客渠道有所不同，定制旅行的获客渠道主要分为三类，即线下渠道、线上渠道以及合作渠道。

1. 线下渠道

（1）线下门店

定制旅游公司在商圈设立门店，招徕游客并为游客提供咨询、宣传等服务。线下门店的优势是具有安全性、可靠性和稳定性，客户通过来门店面对面咨询后，相对容易达成交易。一般来说，线下门店在选择地点时主要考虑目标市场、方便顾客、位置醒目等因素。门店的设计布局要体现“以顾客为中心”的思想，为顾客提供便利的休息场所，要能够使沟通最大化，实现定制师和客户的双向沟通，门店布局设计还应该与门店的服务流程保持协调一致，使消费者最便利地接受门店的服务。

图 7-1 线下渠道

（2）老客户口碑

在定制旅行行业中，老客户的口碑也是比较重要的线下获客渠道。定制旅行公司在早期积累了一批存量客户资源，通过早期忠实客户的口碑传播产生增量。例如：云南第一家旅行定制服务公司慢蜗牛公司，没有受到传统旅行社的影响，可谓是拥有纯正的定制基因，定制师对行程细节的精心设计，行程中事无巨细的关怀和服务，赢得不少客户的口碑。因此，朋友老客户推荐在慢蜗牛主要的获客渠道中占比达到 50%。

（3）企业内部公众传播

企业内部公众包括组织内部全体成员构成的公众群体，如员工、股东等。积极发展企业内部的员工对定制旅行产品的分销作用，带动自己身边的人际圈子和资源。目前并不是每个人都熟悉定制旅行，如果人们能够通过做旅游的朋友那里了解并体验定制旅行，再把美好而独特的体验传播出去，就能带动更多的人来尝试和关注定制旅行。这种方法虽然范围较小，却不失为一种有效的获客渠道。

2. 线上渠道

新媒体和网络媒体已经成为消费者主要获取旅行产品信息的渠道，相比传统渠道，线上渠道传播更加快速，范围也更广泛，尤其手机移动端已经成为客户选择旅游产品的主要渠道。

（1）新媒体

微信、微博、抖音、快手等新媒体已经成为人们主要的生活和娱乐方式，定制旅游企业可以利用新媒体的开放性和互动性，追踪了解客户的需求变化，与游客进行互动，不断地创新和改进新产品。利用新媒体沟通减少了中间环节，降低成本，而且广告和促销形式多样化，更新及时，实现了同步互动营销的效果。微信是目前新媒体获客渠道中最具有优势的渠道之一，据《2019微信年度数据报告》公布，微信月活跃账户数超过11亿。微信公众平台除了有编辑模式，还有开发者模式，微信的功能和获客能力越来越显著，而且微信营销便于企业收集客户信息，进行精准营销和大数据分析。例如：携程定制旅行微信公众号的业务板块有个人定制和公司团建，方便客户及时选择业务类型，并且设置了“种草精选”和“案例分享”板块，以供用户分享交流定制旅行经验，提升出游兴趣。

图 7-2　线上渠道

（2）网络媒体

网络媒体渠道主要是指搜索引擎优化SEO，针对定制旅游关键字的曝光率引流到公司网站，提高网站的访问量和品牌知名度，实现公司网站的可持续性自我营销。网络媒体营销有一定的难度和局限性，需要输入和链接关键词。再者，搜索引擎都是以竞价排名的形式按用户点击付费，成本比较高。例如：在百度或者360搜索输入“定制旅游”，就会有很多同类的定制游品牌罗列出来，客户分流很大，较难被潜在客户关注到。所以这种方法只能作为辅助策略，主要是起公关和提升品牌知名度的作用。

3. 合作渠道

定制旅行的合作对象包括两类，一类是有定制旅游需求的企业、高校、幼儿园、俱乐部等单位。利用与其他行业渠道合作可能会实现规模和数量的突破。渠道双方的会员可以交叉互换，渠道和会员的良性互动，可以提升客户凝聚力和忠诚度。柏路旅行创始人&CEO Gabriel 介绍“公司会跟一些机构合作，比如像银行和财富管理公司，他们有客群与我们客户画像吻合，比如黑卡白金卡客户理财顾问，与其客户联系很紧密，会帮忙处理客户很多事情，客户很多生活琐事都会找他，其中也会有旅游出行的诉求，其实服务高净值人群的行业门类很多，这些都是我们尝试的方向。”另一类是尚不具备定制游实力的纯组团社和独立操作的旅行社门店合作。定制旅行企业可以向旅行社同行推广自己的定制旅行产品，因为许多同行也会收到客人提出的定制化需求，而他们未必擅长或者有足够精力去策划这些目的地的细项组合产品，定制旅行企业可以依托自己的地缘优势和定制游操作经验，与组团旅行社协作，完成客户满意的定制化行程。

定制旅游产品除了以上获客渠道外，还可以通过一些传统的传播媒介而获客，例如通过报纸、杂志以及特定宣传资料的传播而获客，但这些传统的传播手段成本比较高，获客能力有限。

二、定制旅行转化运营

（一）转化运营的相关概念和重要性

运营是指一切能进行产品推广，促进用户使用，提高用户认知的手段，运营的核心包括获取用户、维系用户（激活、留存）和转化变现。

客户转换率是用于评估网站的广告效果的一种标准，即通过广告营销手段把潜在用户转变为客户。对于定制旅行来说，客户转化率涵盖两个层次：一是一段时间内定制旅行产品从曝光到浏览的转化率；二是一段时间内顾客由浏览到下单成交的转化率。

转化率对定制旅行企业是非常重要的，它是定制旅行企业营销推广活动所追求的最终目标，因此，定制旅行客户转化运营就是围绕着客户来做一系列的产品和运营机制，最终的核心目的是为了用户的最终付费转化。

（二）定制旅行转化运营的流程

借鉴硅谷著名风险投资人戴夫·麦克卢尔（Dave McClure）2007 年针对用户生命周期中的五个阶段提出的 AARRR 漏斗模型（因其掠夺式的增长方式也被称为海盗模型，也被称为增长黑客理论模型），定制旅行客户转化运营流程包括获取（Acquisition）、激活（Activation）、留存（Retention）、变现（Revenue）和传播（Referral）五个阶段。

图 7-3　定制旅行转化运营的流程图

1. 获取

即获取用户，定制旅行服务的第一步是获取用户，也就是通常所说的推广。此时推广人员经验就显得很重要：首先要分析定制旅行产品的特性以及目标人群，与渠道用户进行定位和匹配，要摸清楚每个渠道量级与用户质量，不同产品时期选择不同渠道，是前期铺量还是稳定期保质量。

然后通过选择合适的用户触点、触达方式，在合适的时机触达特定的用户人群。就线上获客渠道而言，主要围绕着注册引导来开展活动，在用户注册过程中对短信验证、邮件验证、第三方快捷登录及注册退出进行挽留提示等。推广人员要做好客户细分，每位定制旅行用户都有各自的个性和属性，要想做好产品的精细化运营，首先要对人群做层级细分。比如，常见的细分方法是通过地域、年龄、阶层、性别来划分，将用户画像具象化。

2. 激活

激活在这里是指提高用户活跃度，如何将新增使用者转化为活跃用户，是运营者面临的关键问题，通过引导或者吸引使用者进行下一步操作，主要分为进入产品后的操作引导和产品本身是否能激起用户的探索欲两个方面。

（1）用户进入平台后的操作引导。页面元素优先级、页面元素突出强弱可以对用户进行视觉上的引导。通过页面浮层的形式指导用户如何进行操作，这也是在产品设计中，对新用户的一种引导方式，是为了消除用户对新鲜事物的陌生感和手足无措感。

图 7-4　携程定制旅游个人定制业务引导页面

（2）产品本身是否能激起用户的探索欲

用户的探索欲是建立在定制旅行产品是否能够满足客户需求的核心诉求点。定制旅行产品如何激起用户的探索欲可以从这些方面考虑：定制旅行产品整体视觉表现、使用流程的体验是不是够吸引人？是不是有属于产品本身吸引人的点？产品是否对使用者产生持续的吸引能力？产品的任务流程设置是否合理？正常情况都是由简单到复杂的程度设置任务。例如：定制旅行平台可以推出免费设计行程拉活策略，引导客户提交出行需求，为客户匹配定制师设计定制旅行方案，不满意客户无须付钱。用户付出了时间精力，收获相关初步定制旅行服务等，更有可能付费进行购买。例如：摩拜产品是先让用户填写个人信息，最后才提示充值押金。站在使用者的角度来看，已经把个人信息都出卖给平台了，还在乎那 200 多块钱吗？不然你让他把流程倒过来试试，先充钱，再填信息，估计没多少人会用。

3. 留存

留存在这里是指提高用户留存率，通常维护一个老用户的成本要远远低于获取一个新用户的成本。定制旅行产品客户分为活跃用户和沉默用户。对于活跃用户留存，可以设计一些活动鼓励客户参与，例如：每日在平台签到打卡获取一定的积分，定期参与活动计划、吸引用户不定期参与与节日或者特定时间相关的活动。对于沉默用户的激活，可以采取主动激活的方式，通过优惠发放和推送、短信触达等方式刺激用户回心转意。推送和短信要注意何时推送、推送什么内容、推送频率，等等。

4. 变现

变现在这里即指获取收入，它是定制产品运营最核心的一块。旅行定制师工作的重中之重就是尽最大的努力实现客户转化，从而获取收入。旅行定制师能否为客户设计合理的行程，检查资源搭配的合理性，提升客户旅行体验的满意度，是否能就行程向客户正确清晰地报价，是否能顺利地进行服务，独立应对旅游突发事件和意外情况。在行程结束之后，是否能够及时进行客户回访，给予客户关怀。这些都是实现客户真正转化，获取收入的关键因素。另外，平台是否在完成指定路径和操作后能够再次继续吸引用户使用，定制旅行新产品上线后是否有优惠活动，关系到客户能否成为忠诚客户从而持续转化。

5. 传播

传播是指用户通过你的产品，推荐引导他人来使用你的产品，这是产品由点向面扩展的重要一步，成为分享和传播中的新渠道，用户是传播者或是营销者都已经不再重要了，重要的是分享过程中彼此信任的人格背书。为产品导入社交分享的属性，增强用户的社交互动。鼓励用户正向传播，传播分享得优惠，邀请好友获得优惠券、邀请好友帮你完成任务等。例如：携程定制旅行微信公众号设有“种草精选”和“案例分享”板块，通过案例更好地推动销售转化。

（三）定制旅行客户关系维护策略

客户维系是指产品或者服务的供应商在保持和持续维系“未建立”或者“已建立”的客户之间的关系，最终达到能够使顾客不断重复的购买产品或服务的目的。1997 年美国高德纳咨询公司将客户维系列为客户关系管理的核心思想和本质。客户维系的实质和目的也就是客户的保留，使客户的流失率降到最低，并且让客户能够不断反复的购买公司的产品和服务。

1. 追求定制旅行产品差异化创新，提升产品品质。针对不同的细分市场设计主题特色鲜明的产品，体现不一样的玩法。在旅游的六要素上也尽力做到风格独特，保持和供应商稳定的联系。

2. 同客户建立信任关系，注重前期沟通，合理做出承诺。旅行定制师充分了解和记录客户需求，准确分析判断客户需求的核心诉求点，不要为了签单而对客户做出过高的承诺。同时，对客户提出的问题要积极主动给予回应和解决，如果汇报后仍然无法解决，真诚地向客户说明情况。

3. 提升客户服务团队的服务能力和水平。旅行定制师要取得相应等级的从业资格证书，客户服务团队要强化服务意识和责任，提升服务能力和水平。例如某私人定制旅行公司实施了客户关系维系责任制，对不同岗位的员工，如旅游咨询师、旅游定制师、出票员等实行岗位职责制，每一个员工的责任全部落实到个人，每一个员工安排维系几个客户，并定期检查维护的结果。

4. 改进和完善售后服务。对于已建立客户关系的客户，完善的售后服务也是提高客户满意和缓解客户不满的一种方式。可采取的具体措施有建立客户回访体系、制定客户挽留机制、注重客户关怀、奖励客户忠诚、激活沉睡客户等。

案例 7-1

碧山旅行创始人张玫将定制旅游做成哈佛商学院案例

张玫，云南人，WildChina 碧山旅行创始人兼 CEO，8 次入选全球知名旅游生活杂志 Conde Nast Traveler（《康泰纳仕旅行者》）榜单，毕业于哈佛商学院，曾就职于麦肯锡。为了让更多人近距离感受中国的美，她辞去了麦肯锡的工作，2000 年创立了 WildChina 旅行公司，提供定制化的旅行服务。

1. 创立 WildChina 的初衷：旅行不该只有一种方式

2000 年左右的中国旅游市场，以大巴跟团旅游为主，服务模式单一。而大巴跟团旅游，是张玫以及身边的朋友们并不会考虑的出行方式。因为大巴跟团旅游对于没那么多时间背包自由行、又想要有深度旅游体验的人来说，根本满足不了他们想要的那种旅游体验，市场存在这样一个空缺。因为身边就不乏热爱旅游，有钱但“不太闲”的朋友，让张玫抢先看到了服务这个群体的先机。WildChina 成立后，张玫找到了华尔街日报等媒体宣传自己的产品理念，得到了当地媒体的认可，随后很多人便通过 WildChina 的网站来咨询了。她的第一批客人是自己的朋友，来自她的跨国婚礼团队，那次旅行她带着朋友从萨尔温江地区翻山、徒步、野营，从高黎贡山走到梅里雪山的茨中，“走路是辛苦的，但服务是享受的。挑夫驮着一只活鸡陪我们一起走，总是在我们人没到的时候就把营地扎好，茶烧好。第三天，那只鸡就成了我们的告别晚宴主菜”。如果不是特殊的“定制旅游”，客人就没有机会以这样的方式旅行。

2. 颠覆旅游行业的传统，做“反旅游行业的旅游人”

WildChina 的运营之路，有一些做法与当时的旅游业格格不入。张玫对导游的要求非常高，她面试导游时会准备五页面试指南，和他们聊天对话，了解他们的学识背景，询问他们最近读的书，读《导游手册》的扣分，读《万历十五年》的加分。公司不从客人集合地派领队跟至目的地，一方面是为了节省成本，另一方面领队通常对目的地的风俗习惯、特色资源缺乏了解，相比之下高品质的当地导游是最关键的。其次，张玫不允许导游带游客进店购物，认为行业的产品一旦朝着廉价做，这种行业也就廉价了，客人的尊重也就不够了。定制旅游客户以精英群体为主，他们有素质也有品位，导游通过自身知识和服务可以获取工资，也能赚到精神上的尊重。正是因为坚持实地考察和面试导游，注重挖掘当地文化生活，绝对不进购物点等服务特色，WildChina 曾一度入选哈佛商学院的经营案例。

3. 定制旅游是精耕细作的服务，只需将小众变得出众

定制旅游是精耕细作的服务，客流量大幅增长很难，举一个实例：有一对父母带着两个孩子，通过碧山预订了三晚泰国 Soneva Kiri 酒店的住宿，自己买了机票去泰国，结果航班延误了。这次延误的成本是 1 万元。因为不能及时赶到，第一晚住宿浪费了。他们给碧山打来电话，碧山在二十四小时内做了以下几件事:（1）和酒店协商把他们没能入住的那一夜保留到下一次;（2）迅速安排泰国临时转机的酒店;（3）改签航班。碧山没有多收客人一分钱，而能搞定这件事的原因是:（1）碧山认识酒店的总经理;（2）碧山和酒店有协议，让客人付的价钱比官网低，而且得到的服务更周到;（3）碧山的旅行定制师除了是旅行达人，也是项目运营老手，知道如何应对风险。近年来，在新的市场需求下，催生出了大量服务于定制旅游市场的创业型和成长型公司。但放弃大众客户端而转向

同业合作的定制社越来越多，不少业内人表示，直客端钱难赚，定制游领域似乎也陷入了僵局：拿到融资就想起量，但聚集大量定制游客户又无法一蹴而就。

4. 定制旅游需要同业合作

定制旅游需要精耕细作，快速增长客户群对于定制旅游来说不太现实。做定制旅行需要长期投入，出新产品的时间跨度长、成本高，定制旅行社纷纷转向同业合作。首先，定制服务将产品交付于客户的过程中需要使用一些技术工具，例如将机票、酒店、当地活动等碎片化信息整合，一起打包给客户。其次是定制社需要技术支持来管理 CIM 客户信息管理系统。另外一个同业的商机是，高端定制游成本较高，能承受这样服务的客人并不多，如果针对企业或机构，达到小团体的量，客人在享受高品质服务的同时，成本也会降低。张玫认为自己的客户群是多个漏斗叠加后筛选下来的精准客户群，目前并没有一个成型的渠道可以将这类客户聚集到一起进行开发。张玫创立了“碧山讲堂”，和她的专家朋友们一起分享做旅行的实操干货和从业经验，帮助更多人学会更好更专业地旅行服务。张玫认为，“旅行是一门艺术，如果做好了可以帮助很多人，也可以帮助自己”。

（资料来源：搜狐，《旅游刊——营销“大家”说》）

【案例分析】

随着民众生活水平的提高，越来越多的人注重旅行的品质，定制旅游逐渐成为旅行方式的新宠儿，但定制旅行产品没有标准规范，定制旅行的路线和体验项目也与旅游企业的专业程度和能力息息相关。作为一个新的旅行业态，定制旅游需要为客人提供多元化个性服务，需要精耕细作。从事定制旅行的企业需要坚持高标准，只有多一些像张玫、像碧山团队的业内人，精耕细作，做出有实质内容的个性化产品，才是行业实现自我保护，能长远发展的关键。

第二节　定制旅行营销

一、基于平台的定制旅行营销

定制旅行处于行业生命周期的快速成长期，互联网的发展是其业务量剧增的加速器。对于定制旅行平台来说，以 4P 营销理论为基础，从产品、价格、渠道、促销四个方面分析具体的营销策略能够实现平台的发展和业务提升。

定制旅行营销

（一）产品策略

定制旅行产品的特点是个性化、一对一的服务理念，最先考虑的是如何满足客户的个性化需求，最注重的是产品的服务和质量。客户的满意是定制旅行企业保持活力的动力，不断壮大的生机。定制旅行平台可从以下几个方面入手采取多样化的产品组合策略。

1. 把握客户需求，分析客户的核心诉求点

明确客人的核心诉求点是定制旅行产品营销的第一步。客人需要什么平台就做什么，解决客户存在的痛点，同时也要创造客户痛点从而去解决它，平台型企业在满足需求—创造需求之间不断的轮换和调整。例如：每位无二之旅的顾客，都会有一本属于自己的路书，它是旅行定制师专为客户制作的出国旅游攻略。从封面到每一页，全部量身定制。客户没想到的细节，路书都替客户想到了，解决了客户需要详细了解当地游玩攻略的痛点。

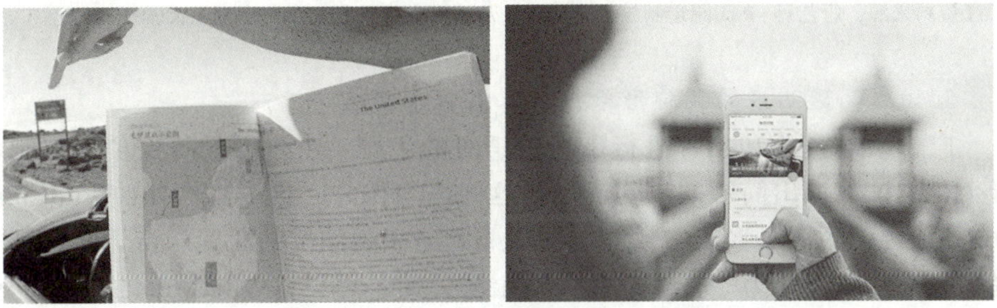

图 7-5　无二之旅为客户量身定制的纸质版和电子版路书

2. 寻找产品独特的体验感和卖点

定制旅行产品要注重个性化、新鲜感，深度体验性和高品质。在旅游的服务营销中，定制旅行市场上的产品需要给到客户更大的附加值，产品体验上独特，同时能够带给客人心灵的宁静、体验不同文化地域的差异、体验生命的精彩。除了在物质上享受高标准外，更要看重精神层面的提升，要增加产品的多样性和客户的体验性，而不仅仅是走马观花。俗话说“酒香也怕巷子深”，就是要给产品找特点，做差异化，和别人不一样。同样是出境线路，你的定制路线、定制服务、附加玩法有没有什么新花样，比别人高大上，还是比别人接地气？这些问题在线路设计时都是要考虑的。

表 7-1　某定制旅行平台重点开发的旅游资源及产品

重点产品	产品类型	重点旅游资源	资源特征
亲子旅游	境外高等学府旅游、境外学生户外拓展旅游、境外访学旅游	拥有文化属性的资源	拥有丰富的历史古迹、文化背景故事以及丰富的文化底蕴，例如诺曼底登陆点、马奇诺防线等
婚庆旅拍	海岛蜜月、自由旅拍等	热门网红景点资源	网络上知名度以及曝光率比较高的景点，例如韩剧《太阳后裔》拍摄点
探险旅游	太空之旅、热气球观光之旅、热带雨林探险之旅、极地之旅	自然生态旅游资源	森林、大地、海景等
时尚旅游	高尔夫假期、奢华钟表之旅、古堡会议、时尚之旅等	疗养休闲旅游资源	拥有自然温泉、疗养院的旅游资源
购物旅游	国外免税店之行	其他旅游资源	北极、巨石阵、亚马逊、二战纪念地等资源

（资料来源：唐艺丹 . P 高端定制旅游公司服务营销策略研究［D］. 华南理工大学，2019.）

3. 树立高透明度的品牌形象，获取消费者信任

广告语是企业和品牌进行市场营销时的主题、主张及品牌定位，定制旅行企业应该设计出简短的一句话涵盖这些内容作为广告语。例如：WildChina Travel（碧山旅行）多年来致力于提供兼具品质与品位的深度旅行体验，被美国《国家地理》评为“全球最佳探险旅游公司”之一，WildChina Travel 的使命是为客户提供改变生命的体验。当前市场上具有一定规模的定制游公司也都根据自己公司的市场客户群体细分有针对性地进行品牌化建设。例如名仕优翔主打医疗旅行主题游，极之美主打极地旅行主题游，自驾中国俱乐部主打自驾主题游，德迈、众信奇迹和鸿鹄逸游主打环球旅行等。

打造品牌的一个重要途径就是培养消费者，提供给他们足够透明的信息，按照定制旅行产品报价规范，计算每一项产品资源成本及服务费，给到客户定制旅行方案报价，方便客户清晰地了解产品价格明细。这样能够最大程度地消除客户内心深处的不安全感，知道了费用都花在了什么地方。给消费者足够的信息，让他们自己做出选择，是更高效的营销方式。

（二）价格策略

价格策略指的是根据不同的市场定位，制定不同的价格。定制旅行客户在选择高质量的服务时，也会注重性价比。价格也是定制旅行客户选择产品的重要因素，只是相对来说，定制旅游客户对价格的敏感性降低，对服务的

质量要求是首要因素。定制旅行产品的定价不仅要体现出产品的自身价值，也要体现服务价值和知识内涵。定制旅行平台在定价方面可以通过差异定价，分段定价等策略来吸引客户，达成交易，让客户满意。

图 7-6　价格策略

1. 需求差异化定价策略

需求差异定价策略，是指根据客户对同种产品的不同需求强度制定不同价格和收费的方法。价格之间的差异以客户需求差异为基础。

定制旅游产品没有标准化，需要根据不同客户的个性化需求来制定，没有一定的衡量标准和可比性，旅游产品的价格取决于产品的总体价格和服务质量以及客户的满意度。针对不同类型客户要根据他们的需要制定不同的价格策略，尤其是要认真分析客户定制旅行的精神和心理需求。比如，定制游去参观球赛，一般大的国际赛事都在欧美等国家，来回的交通费用已经很高昂，所以针对的客户群体大都有较高的收入或者有某类球赛情怀。这类定制游的产品价格高，同时利润也高，因此定价的空间也就大。这类客户的需求是时间和地点安排合理，客户类型一般男性居多，在旅游公司的选择方面不会花费过多的时间，只要体现出产品的差异性和卖点，符合客户的需求就可以。

商务旅游类定制旅游产品因为客户群多，竞争的企业多，利润又低，所以这一块客户更注重性价比，也就是对价格比较敏感，只有用更具性价比的产品才能吸引客户。这类客户虽然利润低，但是它们的需求量高，每年有固定的需求，同时，这类客户群里的单个客户都是企业的潜在客户，所以，可以作为重点客户来看待。

2. 分段定价策略

在商务奖励旅游中，通常包含了旅游费用和商务考察费用；在研学旅游中，包含了旅游费用和游学参观的费用；足球观赛游中，报价又主要由旅游费用和观赛门票和参观俱乐部球场等费用。在与客户成交前的沟通中，客户通常会关心报价的组成，而其中旅游的费用相对比较透明，市场上可类比的产品价格也比较多。这时候就可以对产品分段定价，旅游费用部分可以相对放低利润甚至平价定价，在商务、游学、观赛等环节的报价可以适当加高利润。这样客户会觉得某一旅行社的价格其实很优惠，只是因为加入了定制化行程，所以总价才显得比相似产品高，高价来自于品质和特色。

（三）渠道策略

1. 选择恰当的渠道，提供优质内容，发挥网络推广的作用

定制旅行的获客渠道更多是基于互联网手段。新媒体这种传播方式具有成本低、传播广的特点，非常适合中小型定制游企业，自有媒体渠道也是要建设的。在选择具体渠道时，首先需要明确细分客户群最常使用哪些新媒体。不论是微信、微博、知乎、头条、抖音，传播的核心都是优质的内容。只有持续为用户提供原创的内容、实用的干货信息，树立专业形象，才能真正吸引并留住用户。例如：对路书的客户行之悦旅行来说，其负责人本身就是一个知乎大 V，经常在知乎上回答各种有关极地游和定制游的问题，还举办了自己的知乎 Live，手把手教大家策划一次南极旅行。很多客户都是通过知乎知道了这个旅行品牌，并最终成为行之悦的忠实客户。

2. 打造粉丝圈

培养一批忠诚的粉丝，做粉丝群。让这批不仅爱旅游也喜欢研究设计旅游的人参与到平台的构建以及产品设计开发过程。比如组织粉丝群考察新的产品线路，让大家体会到产品开发的乐趣。还可以在其他的泛娱乐沟通渠道像微博微信论坛等建立粉丝群。线下粉丝多互动，比如新品发布会，不仅仅是发布新产品，同时也将此做成一个狂欢节，让粉丝们不仅可以在发布会品尝到各地美食还能接触到各地旅游工艺品。

（四）促销策略

1. 开发免费功能

比如平台给予每位客人一定的免费的云空间，让他们存储自己的旅游相册。该相册可以与微信相连接，游客不仅可以在微信上即时发布旅游照片，同时也自动存储到云空间，免去了手机空间有限总是要清理的烦恼。

2. 回馈和维系老客户

可采取的方法有：设立会员制，通过大数据分析，筛选优质客户，定期回访，挖掘购买潜力；运营专门的微信群，定期举办互动活动，为客户提供出行建议等；为老客户拉新等给予一定的物质奖励。

3. 开展定制旅行公关活动

定制旅行公关活动，可以理解为定制旅游平台业通过一系列的营销活动，增加大众对于企业的认知和忠实度，并建立良好的企业形象。这种方式可以补充上述社交媒体广告的受众有限的缺点，面向更为广泛的潜在旅游消费者。公共关系活动可以通过新闻宣传、参与公益项目等方式扩大企业知名度，树立企业的良好形象。

二、基于定制师的个人品牌营销

（一）旅行定制师队伍现状

旅行定制师是“旅行的缔造者”，是为客户提供需求分析、线路设计、方案呈现、行中服务及客户回访等一系列服务的专业旅行策划人员。随着定制旅行市场需求的增多，旅行定制师逐渐成为备受追逐的“幸福职业”。

携程发布的《2019 旅游新职业生存报告》揭示了旅游新职业从业者生存现状。报告显示，持续繁荣的行业前景、大平台的专业扶持赋能、灵活的工作时间和多劳多得的收入机制，成为大波年轻人加入旅游行业的主要动力。

在定制师人才队伍方面，已初显高学历的态势。据携程对平台 6000 多名定制师的调研发现，大专学历的定制师比例最高，占比达 48%；本科学历占比为 38%；高中及以下学历的定制师占比 10% 左右；硕士以上定制师占比达到 3%。携程定制学院首批结业学员中有 20% 的学员具有硕士以上或海外留学背景。2018 年，携程定制旅行平台推出了“定制师岗前认证制度”和“社会化定制师培养计划”，只有取得上岗证才能服务用户。定制师还走进高校成为一门新专业。

对于定制旅行客户来说，一个优秀的旅行定制师直接影响到客户对定制旅行产品的选择，旅行定制师本身就要树立个人品牌的形象。

图 7-7　定制师形象

（二）旅行定制师应具备的能力与素养

要想建立良好的个人品牌形象，实现个人品牌营销，旅行定制师应该从多方面培育和塑造自己，具体来说，要具备以下能力和素养。

1. 较强的学习能力。能快速地学会新的东西，例如新路线、新产品、新目的地、新的销售技巧、新的语言，等等，不断的学习过程中，充实自身。

2. 较强的应变能力。旅途中随时随地会面临突发状况，定制师要有“三头六臂”，快速想到不同的方案，帮助客人顺利解决问题，前往下一个目的地。

3. 较强的梳理能力。在庞大的产品资源中，如何从中选取关键信息，从而便于自己记忆，当客户提出相应诉求的时候，能快速匹配关键记忆点，快速回复客户和做出定制方案的好帮手；当客户人数较多时，不能把客户弄混了，哪怕是标签、备注等多种方法，都是为了记忆而服务。

4. 较强的信息提炼能力。面对客户多方诉求，要做到即便是客户信息混乱，也不能影响到自身信息获取，要根据零散信息，从中分析提炼出有效信息，从而建立相对应的客户数据信息库。做到客户诉求变化再多，也能快速梳理，给出对应的处理方案。

5. 较强的情绪管理能力。面对重复或多变的工作，需要拥有自我调节情绪的能力，能自我消化坏情绪，时刻保持淡定从容，呈现给客户的永远是良好的服务状态。

6. 较强的产品分析能力。不是拿到一个产品只管出售就行，而是需要对产品进行分析，从而了解产品的优劣及相关注意事项，对产品进行自我评定，适合哪些客户人群，需要规避什么风险，等等。

7. 良好的沟通能力。定制旅行包括与客户、供应商、各种人脉资源等沟通，定制旅行线路分工非常明确，涉及整条线路相关的上下游及供应商需要对接，因此沟通能力非常重要。

8. 较强的心理素质。在面对突发事件时，不能慌乱，要冷静应对，可以通过不断尝试，及时找到解决方案。

9. 良好的自我反省能力。作为旅行定制师要学会反思反省，从过去的事件案例中不断吸取经验教训，才能达到行业优秀水平。

（三）基于定制师的个人品牌营销

美国著名家电公司惠尔浦执行总裁惠特克说：“如果我们能拥有客户忠诚的品牌，那么这就是其他竞争厂家无法复制的一个优势。”与之相似，旅行定制师想要在职场中具有别人无法复制的优势，必须拥有个人品牌且能够进行精准有效营销，才能在职场中成为“不倒翁”。

1. 个人品牌的概念

个人品牌是指个人所拥有的外在形象和内在修养所传递的独特的、鲜明的、确定的、易被感知的信息。作为旅行定制师，其个人品牌的形成需要自己拥有良好的职业素养、精湛的定制旅行专业技能、独具特色的工作风格以及个人形象魅力，具备别人不可代替的价值。

2. 定制师的个人品牌营销

一般而言，品牌营销是指企业通过利用消费者对产品的需求，然后用产品的质量、文化以及独特性的宣传来创造一个牌子在用户心中的价值认可，最终形成品牌效益的营销策略和过程。据此，旅行定制师要做好个人品牌营销，必须要在能够制定出符合消费者需求的定制旅行产品基础上，运用适当的宣传方式形成自身品牌效益的营销策略，使自己的个人品牌走进大众消费者心里。

图 7-8　品牌营销

（1）打造个人品牌

打造个人品牌有利于自身和品牌价值提升，可以从个人品牌定位、创建个人品牌理论、包装个人品牌、精选个人品牌平台四个方面入手。

个人品牌定位。客人对旅游需求各不相同，旅行定制师要通过对旅游市场进行深度分析与调研，对旅游市场进行细分，找到自己适合做的定制旅行领域，利用特长做好个人品牌定位。

创建个人品牌理论。个人品牌的理论体系用公式可以表示为：个人品牌的理论体系 =Know how + 逻辑思维 + 知识框架。其中，Know how 包括具有无形资产性质的技术诀窍、专业知识、私家配方。逻辑思维是指将思维内容联结、组织在一起的方式或形式。知识框架是指某方面理论知识整合而形成的体系。作为旅行定制师，要掌握定制旅游行业的 Know how，给自己筑起竞争壁垒，让自己掌握话语权，从而创造一套个人品牌营销理论和运营系统。

包装个人品牌。品牌包装设计，包括造型设计和视觉设计两大部分，视觉设计包括包装图形、色彩、商标及文字等要素。定制师个人品牌包装设计要在符合企业品牌设计要求的基础上凸显人的特性，而不是物品或产品特性，要能较好地展现个人形象、价值观、信任度等。对于定制师而言，品牌命名很关键。品牌命名一般要遵循易读易记性、意义性、嫁接性、适应性和可保护性五原则，做到简洁、独特、新颖、响亮、正能量、亲和力、易读易记易传、让人印象深刻等。在形象风格方面，作为旅行定制师，其形象风格要符合旅游服务身份，但可以在穿着打扮上借助眼镜、服装、饰品、道具为自己塑造一个独特的形象，在言行举止上，借助身体语言塑造一个招牌动作，让人形成较为深刻的记忆。同时，无论是在什么地方注册服务，都要坚持使用完全相同的用户名和自己的真实照片头像，这样更容易让人记住，也更能发挥品牌的宣传效应，以加强个人品牌的标识的重复冲击，形成较为深刻的记忆，更高效地发挥品牌的识别功能和传播功能。

精选个人品牌平台。在自媒体时代，能呈现个人品牌的平台众多，适合打造个人品牌的平台有微信、微博、知乎、头条、抖音、百家号、百度贴吧、360 个人图书馆等，面对众多平台，作为旅行定制师一定要选择适合自己特点的平台打造个人品牌。

（2）做好个人品牌营销策划

营销策划是个人品牌营销的基础，策划一套适合自己的个人影响力品牌营销策略是旅行定制师个人品牌营销成功的关键因素之一。英国“李佳琦”，艾玛·加侬提出的个人品牌营销 6 个策略值得借鉴。

①准备信息资料包。将个人介绍、高清照片、商务联络方式、业务范围、报价等关于个人品牌的核心信息制作成资料包，并且定期更新里面的数据和成绩。当有客人咨询时，可以在第一时间将信息资料包发给对方，这不仅节省双方的时间，还显得个人很专业。此外，当加入社群或者一个新的圈子时，精美、完整的资料介绍，也更易引起别人注意。

②及时更新重要事件。在个人主页、社交 App、内容平台账号上，旅行定制师要定期更新自己的重大事件。这些事件包括：阅读量、影响力、和大品牌合作、和其他 IP 的合作以及已经做成的系列作品案例。这些重要信息不但可以让人更了解定制师的擅长领域，还可以提升个人影响力。从个人心理而言，相较平淡内容，人们更容易被突出的个人事件所吸引。所以，公开宣

传自己的重要事件，是定制师个人品牌营销不可丢弃的工具。

③展示推荐和好评。对于个人品牌而言，用户的好评、成功事迹以及其他 IP 的推荐非常重要，因为这些内容相对重要事件而言更有温度，更能增加客户对当事人的信任度，是最好的个人展示。

图 7-9　用户好评

④让联系方式随处可见。在个人主页或社交媒体页面的显著位置，填写好自己的电子邮件、微信、QQ 等联系方式，以及到新圈子和新社群，都要发放自己的有效联系方式，方便客人在第一时间联系。否则，客人可能会因为找不到联系方式其热情很快就冷却。

⑤不要鲁莽发帖。在网上的每一次点击都是有痕迹的，所以，一定要避免争议性的内容出现。对新闻事件不要贸然站队，平时养成发表正能量，且符合大众道德意识的内容。否则，一旦出现负面内容，品牌价值会迅速降为零。

⑥ 定点投放品牌内容。用广告思维投放品牌内容，能有效提升品牌知名度和价值。在此之前，首先要做好用户画像，了解用户年龄、性别、职业、喜好等，再找符合用户画像的品牌、IP 和媒体来推广，效果会更好。

中英文专业词汇

获客	Get customers
营销	Marketing
获客渠道	Customer channel
线下渠道	Offline channel
线上渠道	Online channel

合作渠道	Cooperation channel
转化运营	Transformation operation
获取	Acquisition
激活	Activation
留存	Retention
变现	Revenue
传播	Referral
产品策略	Product strategy
渠道策略	Channel strategy
价格策略	Pricing strategy
促销策略	Promotional strategy
个人品牌营销	Personal brand marketing

思考与练习

1. 定制旅行的获客渠道有哪些？试分析不同渠道的优劣势。
2. 简述定制旅行转化运营的流程。
3. 定制旅行客户关系维护策略有哪些？
4. 请阐述定制旅行营销的产品策略。
5. 定制旅行如何采取价格策略进行营销？
6. 如何选择定制旅行渠道策略？
7. 定制旅行营销的促销策略主要有哪些？
8. 你认为旅行定制师应具备哪些能力与素养？
9. 旅行定制师如何打造个人品牌？

实训项目

1. 请策划一份定制旅游产品方案。
2. 作为旅行定制师，请为自己拟一份个人品牌营销策划方案。

参考文献

【著作】

［1］B. 约翰夫·派恩二世，詹姆斯·H. 吉尔摩 . 体验经济（修订版）［M］. 北京：机械工业出版社，2008.

［2］Gereffi G，Koraeniewicz M. Commodity chains and global development［M］. Westport：Praeger，1994.

［3］Vroom V H.Work and Motivation［M］. New York：Wiley，1964：21-23.

［4］陈宏民，胥莉 . 双边市场：企业竞争环境的新视角［M］. 上海：上海人民出版社，2007.

［5］戴维·S. 埃文斯 . 平台经济学：多边平台产业论文集［M］. 北京：经济科学出版社，2016.

［6］定制旅行管家服务职业技能等级标准 . 2021.

［7］菲利普·科特勒，约翰·T. 鲍文，詹姆斯·C. 麦肯斯 . 旅游市场营销（第 6 版）［M］. 谢彦君，等译 . 北京：清华大学出版社，2017.

［8］辽宁省旅游局 . 旅游职业道德与政策法规［M］. 北京：旅游教育出版社，2008.

［9］马斯洛 . 动机与人格［M］. 许金声译 . 北京：华夏出版社，1987.

［10］派恩，吉尔摩 . 体验经济［M］. 毕崇毅译 . 北京：机械工业出版社，2012.

［11］全国导游人员资格考试教材编写组 . 导游业务［M］. 4 版 . 北京：旅游教育出版社，2019.

［12］斯蒂芬·P. 罗宾斯 . 组织行为学［M］. 北京：中国人民大学出版社，2001.

［13］宋胜洲，郑春梅，高鹤文 . 产业经济学原理［M］. 北京：清华大学出版社，2012.

[14] 陶婷芳等 . 大型城市旅游业与演艺业的融合发展［ M ］. 上海：格致出版社，上海人民出版社，2020.

[15] 文博 . 定制消费［ M ］. 北京：中国商业出版社，2020.

[16] 谢彦君 . 基础旅游学［ M ］. 4 版 . 北京：商务印书馆，2019.

[17] 徐晋 . 平台经济学［ M ］. 上海：上海交通大学出版社，2013.

[18] 徐郅耘，龙睿 . 定制旅行服务与管理［ M ］. 上海：上海交通大学出版社，2020.

[19] 杨公仆，夏大慰 . 现代产业经济学［ M ］. 上海：上海财经大学出版社，2002.

[20] 杨尊琦 .《大数据导论》［ M ］. 机械工业出版社，2018.

[21] 约翰・斯沃布鲁克 . 旅游景区开发与管理［ M ］. 2 版 . 大连：东北财经大学出版社，2005.

【期刊 / 报刊】

[1] Assaker G，Vinzi V E，O'Connor P. Examining the effect of novelty seeking，satisfaction，and destination image on tourists' return pattern：A two factor，non-linear latent growth model［ J ］. Tourism Management，2011，32（4）：890–901.

[2] Bogue D J.Internal Migration［ A ］.P Hauser，O D Duncan，eds. The Study of Population［ M ］.Chicago：University of Chicago Press，1959：486–509.

[3] Cappelli L and Pisano A. A territorial intergration approach for the quality of the tourism offer：the slot model［ J ］. Journal of Commodity Science Technology and Quality，2008，47（I-IV）：191–208.

[4] Dann G Anomie. Ego-enhancement and tourism［ J ］. Annals of Tourism Research，1977，4（4）：184–194.

[5] Gonroos C. Developing the Service Offering—A Source of Competitive Advantage［ A ］. ed. Surprenant，C. Add Value to Your Service［ C ］. Chicago，IL：American Marketing Association，1987：83.

[6] Hart C. Mass Customization：conceptual underpinnings，opportunities and limits［ J ］. International Journal of Service Industry Management，1995，6（2）：36–45.

[7] Lee E S.A theory of migration［ J ］.Demography，1966，3（1）：47–57.

[8] Linda Peters，Hasannudin Saidin. IT and the mass customization of service：the challenge of implementation［ J ］.International Journal of Information

Management，2000（20）.

[9] Linda，et al. IT and the mass customization of services：the challenge of implementation - ScienceDirect [J]. International Journal of Information Management，2000，20（2）：103-119.

[10] Ohnson K K P，Kim H Y，Munjm，et al. Keeping customers shopping in stores：interrelationships among store at tributes，shopping enjoyment，and place attachment [J] .International Review of Retail Distribution & Consumer Research，2015，25（1）：20-34.

[11] 陈晓鹏 . 定制旅游在我国的发展现状、问题及对策 [J]. 商业故事，2018，18.

[12] 陈旭珍 . 携程旅行网定制旅游营销策略研究 [D]. 中国石油大学硕士学位论文，2019，5.

[13] 陈一越 . 分众市场催生定制旅游 [J]. 中国旅游报，2010.

[14] 邓杨民 . 在线旅游定制平台的分析与研究 [D]. 北京：北京交通大学，2018.

[15] 狄蓉，赵袁军 . 旅游“新零售”背景下在线旅游运营模式——以携程旅行网为例 [J]. 中国流通经济，2019，33（7）：45-52.

[16] 丁雪静 . 携程旅行网定制旅游市场营销策略研究 [D]. 河北大学硕士学位论文，2019，6.

[17] 冯国润 . 天一旅行社定制旅游产品市场营销策略研究 [D]. 兰州大学，2018.

[18] 高毓泽 . 旅行定制师的“幸福职业”生涯 [N]. 中国青年报，2019-04-09.

[19] 韩朝，奚祥英 . 大规模定制生产模式在我国旅游行业中的应用 [J]. 商业时代，2011（7）：122-123.

[20] 韩娜 . 定制旅游产品设计及实现研究 [D]. 山东师范大学专业硕士学位论文，2020，5.

[21] 胡善风 . 浅谈节假日制度变动对我国旅游业的影响 [J]. 旅游学刊，2009，24（10）：9-10.

[22] 黄霄羽 . 出境旅游私人定制市场营销策略研究 [D]. 云南大学硕士学位论文，2017，11.

[23] 寇小萱，卜祥峰 . 在线定制旅游产品创新对消费者购买意愿的影响——基于感知风险的视角 [J]. 中北大学学报（社会科学版），2021，37（2）：65-71.

[24] 李佩镅，陈松 . 大数据在旅游行业的应用：研究述评与展望 [J]. 全国流通经济，2021（12）.

[25] 李茜燕 . 体验经济视域下定制旅游发展研究 [J]. 江苏商论，2018（4）：75-78.

[26] 林爱芳 . 定制旅游研究综述 [J]. 中国科技信息，2012（12）：214.

[27] 刘维渺 ."诺金旅行"高端定制旅游服务的运营 [D]. 广西师范大学硕士学位论文，2017，4

[28] 柳玉清 . 旅游业大规模定制化服务——基于顾客满意度的服务创新策略 [J]. 燕山大学学报（哲学社会科学版），2006，7（3）.

[29] 卢苓霞，王彦勋 . 定制营销：个性化时代的营销 [J]. 经济论坛，2004（11）：90-87.

[30] 卢昕 . 基于用户生成数据的旅游路线规划 [J]. 天津大学，2010.

[31] 马秋玲，柴寿升 . 基于波特五力模型的我国定制旅游企业发展现状分析 [J]. 山东工会论坛，2018，24（3）.

[32] 马秋玲，龙春凤 . 定制旅游服务创新的四维度分析 [J]. 四川旅游学院学报，2018，4.

[33] 马天 . 从满意度到愉悦度：旅游体验评价的一体化转向 [D]. 东北财经大学，2017.

[34] 孟杨，顾耀黎，官智慧，等 . 我国定制游现状及发展对策 [J]. 旅游纵览（下半月），2016（18）：11-13.

[35] 沈洁 . 定制旅游服务模式项目设计与实践 [D]. 云南大学硕士学位论文，2015，11.

[36] 宋瑞 . 定制旅游是大势所趋 [N]. 中国旅游报，2016-04-13.

[37] 覃文静 . 定制旅游在旅游行业中的发展 [J]. 旅游纵览（下半月），2018（14）：39.

[38] 汪纯孝，标准化与定制化服务 [J]. 上海企业，1993（7）：46-47.

[39] 王寿鹏，高天好 . 三个概念的辨析与旅游的本质 [J]. 知识经济，2011（7）：133.

[40] 杨富斌 .《旅游法》的十大制度创新 [J]. 法学杂志，2013，34（10）：19-28.

[41] 杨磊 .《国民旅游休闲纲要》解读：国家喊咱去休假 [J]. 旅游时代，2013（4）：6-7.

[42] 杨懿，李秋艳 . 基于 SERVQUAL 模型的旅行社产品质量影响因素分析 [J]. 中国人口 · 资源与环境，2018，28（S1）221-226.

[43] 杨芸，张卉婷．“一对一”私人定制旅行的发展与展望［J］．知识经济，2020（16）：73，76.

[44] 袁秀霞．个性化需求与定制营销［J］．中国物流与采购，2005（7）：50-51.

[45] 张红，定制旅游的特征及其在旅游企业中的应用研究［J］．旅游研究，2012，4（2）：58-61.

[46] 张建强，赵林丹．国内定制旅游的发展困境与对策——以携程旅行网为例［J］．教育教学论坛，2020（40）：101-102.

[47] 张丽利．基于散客旅游市场的旅行社门市接待工作研究［J］．旅游纵览（下半月），2013（18）：135.

[48] 张莎．BYH私人定制旅游公司客户维系研究［D］．西南民族大学，2020.

[49] 张世满．休假制度与旅游需求实现之间的制约因素［J］．旅游学刊，2009，24（11）：7-8.

[50] 张潇伊，韩春鲜．旅游线路质量的维度与属性构成——基于北京游客长三角区旅游体验视角［J］．江苏商论，2018（09）.

[51] 张杨．定制旅行要向精细化高质量发展［N］．中国旅游报，2019-08-12（3）.

[52] 仲锡徽，胡宇娜，关于我国定制旅游运作模式及出路的思考［J］．旅游纵览（下半月），2020（8）：83-87.

[53] 朱丹．大数据背景下A旅行社门市定制服务流程优化［D］．浙江工商大学，2019.

[54] 庄志民．定制游前景可观，品质服务是关键［N］．中国旅游报，2018-10.

【网页 / 报告】

[1] 2019中国定制旅行发展报告．中国旅游研究院，2019.

[2] 2017定制旅行白皮书——候鸟旅行．百度网．https://baijiahao.baidu.com/s?id=1588535374525032254&wfr=spider&for=pc.

[3] 2017年度定制旅行报告．搜狐网．https://www.sohu.com/a/226753530_117373

[4] 艾瑞咨询．2018年中国在线定制旅游行业研究报告，2018.

[5] 百度百科 https://mbd.baidu.com/ma/s/WBiRUpV8.

[6] 佰悦会定制旅行 https://www.100.travel/t258.

[7] 闯奇科技ASO. 简书．2018 AARRR（用户增长）模型解析：如何做用户增长？［OL］．https://www.jianshu.com/p/8601dd8dcd57.

[8] 定制游趋势报告：女性用户占主导　出游意愿强烈．环球网．https://tech.

huanqiu.com/article/9CaKrnKhXSa.
[9] 高端定制旅游市场研究报告 . 搜狐网 . https://www.sohu.com/a/169160134_186475.
[10] 个人品牌理论体系营建 .https://zhuanlan.zhihu.com/p/94561012.
[11] 个人品牌的 6 个营销策略，都做到你会越来越值钱［OL］. http://www.360doc.com/content/20/1106/05/72261025_944352495.shtml.
[12] 路书科技 . 定制机构该如何筛选地接服务商？搜狐网 . https://www.sohu.com/a/234120804_451231.
[13] 路书科技 . 定制游行业年终大总结，2020 年都有哪些大事发生？搜狐网，https://m.sohu.com/a/441433950_451231.
[14] 模块化定制旅游的别样风采 . 搜狐网 . https://www.sohu.com/a/161237319_505870.
[15] 三叶草旅游定制 . 简书 . 2021 一名优秀的旅游定制师所拥有的能力［OL］. https://www.jianshu.com/p/9757a13331bb.
[16] 他们设计了最浪漫的定制旅游，如何打动顾客 . 看淘网 . https://www.kantao.cn/article/189557.html.
[17] 途牛发布《2020 年国内定制游发展报告》. 中国网 . http://zjnews.china.com.cn/yuanchuan/2021-01-21/267066.html.
[18] 无二之旅官方网站，https://www.uniqueway.com/destination/pR3Jx3V4.html.
[19] 携程发布定制游报告 2019 或成高端定制元年 . 扬子晚报网 . https://www.yangtse.com/content/689131.html.
[20] 携程旅游网络技术（上海）有限公司 . 定制旅行管家服务职业技能等级标准 . 2021，04.
[21] 在线旅游系列报道（2）：定制游是下一个风口吗？网易科技 . https://www.163.com/tech/article/ATBJA4UM000915BF.html.
[22] 指南猫产品分析报告：如何打造定制游的"滴滴"？人人都是产品经理，http://www.woshipm.com/evaluating/665792.html.
[23] 中国旅游研究院 . 中国定制旅行发展报告（2019）. 2019，7.
[24] 中国旅行社协会 . 旅游定制师等级划分与评定［S］. 2020，9.
[25] 中国旅游研究院 . 马蜂窝 - 自由行大数据联合实验室 . 全球自由行报告 2019.
[26] 中青旅遨游发布 2020 私人定制旅行趋势报告 . 腾讯网 . https://new.qq.com/omn/20200915/20200915A02SI900.html.
[27] https://mr.mbd.baidu.com/r/rLCGGhF9bG?f=cp&u=63bba48af1c86bd4.

[28] https//me.mbd.baidu.com/r/rLUFUnUhjO?f=cp&rs=2444738734&ruk=il__9iAkyyRKyeAiC6Fd1Q&u=735e73e3f1370774.

[29] https//article.xuexi.cn/articles/index.html?art_id=15193989378174401584&item_id=15193989378174401584&study_style_id=feeds_default&t=1600425300653&showmenu=false&ref_read_id=e1eda319-095c-4748-8056-d83e22173302_1629340914551&pid=&ptype=-1&source=share&share_to=wx_single.

[30] https//article.xuexi.cn/articles/index.html?art_id=11489401814623632083&item_id=11489401814623632083&study_style_id=feeds_opaque&t=1626423137939&showmenu=false&ref_read_id=e1eda319-095c-4748-8056-d83e22173302_1629340914551&pid=&ptype=-1&source=share&share_to=wx_single.

[31] http//m.chaoxing.com/mqk/read_38502727e7500f26c258a3e68dc68e16456e3818a248bf411921b0a3ea255101fc1cf1fbb4666ae65a6c4f3e28052f80fd70b01f994ab46d1d5b82548947f29659ca8b47aa7809f24bcfb2583c6b0488?uid=105515596&aid=9362&from=screen.

[32] http//ency.chaoxing.com/mdetail/5042DFF3DE5326DB777B2B764CA371CC.

[33] https://www.zhihu.com/answer/1103636220.

[34] http://m.chaoxing.com/mqk/read_38502727e7500f26c92f2f5b92158320d1650edaa47853651921b0a3ea255101fc1cf1fbb4666ae6f72be3e448866eeed102d657f05042a086a131f1b2c943117138a7a1aff4666b222662823a732a97?uid=105515596&aid=9362&from=screen.

[35] http://pages.ctrip.com/tour/ingroup1305/121.htm.